Ceiliog Dandi

Daniel Davies

Argraffiad cyntaf: 2020
ⓗ testun: Daniel Davies 2020

Rhif Llyfr Safonol Rhyngwladol:
978-1-84527-744-4

Cyhoeddwyd gyda chymorth Cyngor Llyfrau Cymru

Darlun y clawr a darluniau mewnol: Ruth Jên
www.ruthjen.co.uk

Dyluniad y clawr: Eleri Owen

Cyhoeddwyd gan Wasg Carreg Gwalch,
12 Iard yr Orsaf, Llanrwst, Dyffryn Conwy, Cymru LL26 0EH.
Ffôn: 01492 642031
e-bost: llyfrau@carreg-gwalch.cymru
lle ar y we: www.carreg-gwalch.cymru

Argraffwyd a chyhoeddwyd yng Nghymru

Cyflwynaf y nofel hon
i fy ffrind annwyl,
Snwff

Diolchiadau

Diolch i fy mam, Nanna Davies, fy nghymar, Linda, a'm chwaer, Jennifer, am eu cefnogaeth.

Hoffwn ddiolch i Lisa, Ieuan, Gwenno, Jessica, a Mari am fod yno i fi.

Hefyd diolch i Wasg Carreg Gwalch am gefnogi'r syniad ac i'r golygydd, Nia Roberts, am y teitl, ei charedigrwydd a'i gwaith trylwyr.

Diolch arbennig i Ruth Jên am y gwaith celf gwych.

Celwyddfeirdd

I

Gadewch imi gyflwyno fy hun. Yr enw yw Dafydd Llwyd ap Gwilym Gam, neu Dafydd ap Gwilym i'm ffrindiau, a'm gelynion o ran hynny. A dwi wedi wynebu digon o'r rheiny yn ystod fy ngyrfa, fel yr ydych chi ar fin darganfod. Dyma hanes fy mrwydr i godi drwy'r rhengoedd i fod ymysg y beirdd gorau yn Ewrop, os nad y byd, pan oeddwn yn fy mlodau. Gobeithio na fyddaf yn sarnu eich mwynhad o ddarllen rhan gyntaf fy hunangofiant drwy ddweud fy mod i wedi llwyddo'n ysgubol i gyflawni'r gorchwyl hwn. Ond y daith sy'n bwysig, ddarllenwr amyneddgar, nid y cyrchfan, ac rwy'n mawr obeithio y gallaf drosglwyddo ambell gyngor am farddoniaeth, athroniaeth, cariad, rhyfela a mwy, llawer mwy, wrth inni gyd-deithio dros yr oriau nesaf. Taith sy'n dechrau ar fore awyr las o wanwyn ym mis Mai 1345 ar y nefoedd honno ar ddaear ...

Cyrhaeddais dde Ceredigion y bore hwnnw yn dilyn dau ddiwrnod o gerdded o'm cartref ym Mrogynin yng ngogledd y sir, deugain milltir i gyd. Fy mwriad oedd aros yn nhafarn yr Hen Lew Du yn Aberteifi y noson honno yng nghwmni beirdd enwog eraill fel Madog Benfras, Iolo Goch a Gruffudd Gryg. Byddem yn teithio fel mintai i blas yr uchelwr a'r baledwr gwael, Rhys Meigen, i gynnal noswaith o glera difyr yn Nanhyfer yng ngogledd yr anialwch diwylliannol hwnnw, Sir Benfro, y noson ganlynol.

Roeddwn oddeutu milltir o dref Aberteifi ac yn sefyll ar Fanc y Warren, gan oedi am ennyd i syllu ar Gastell Aberteifi yn ei holl ogoniant uwchben yr afon, oedd yn llifo'n hamddenol i'r môr. Os cofiaf yn iawn, roeddwn yn meddwl am gywydd am fis Mai pan ddes allan o'm llesmair. O'm blaen gwelais ddyn garw ei olwg yn gwisgo dillad carpiog.

'Talu neu sbaddu!' gwaeddodd y taeog byr, gan chwifio cyllell finiog iawn ei golwg o dan fy nhrwyn. Ond nid yw dynion o'r fath yn codi ofn ar Eos Dyfed. Gwthiais fy het croen afanc steil Ffleminaidd yn uwch i fyny fy nhalcen i gael gwell golwg ar y darpar leidr.

'A glywsoch chi? Talu neu sbaddu!' gwaeddodd hwnnw am yr eildro a chodi ei gyllell yn fygythiol.

Codais innau fy ael chwith a thorchi llewys fy nhiwnig brethyn fermiliwn hyd at fy mhenelinoedd cyn defnyddio fy arf miniog innau, sef fy nhafod.

'Allan o'm ffordd, leidr o'r corrach frid. Wyt ti'n sylweddoli pwy rwyt ti'n ei gyfarch? Y bardd talentog, Dafydd ap Gwilym,' dywedais, gan gymryd cam ymlaen yn fy esgidiau porffor ysblennydd oedd â phig uchel ar eu blaenau.

Serch hynny, parhaodd y cythraul i chwifio'i gyllell gan lygadu'r pwrs oedd yn hongian oddi ar fy melt. A llygadu oedd y *mot juste*, gyfeillion, oherwydd er bod ei lygad chwith yn pefrio roedd ei lygad dde'n hollol wyn ei lliw. Roedd ei law chwith hefyd ar goll. Sylwais yn ogystal fod ganddo friw diweddar ar ei glust chwith. Roedd hi'n amlwg nad oedd hwn ymysg y lladron pen-ffordd mwyaf llwyddiannus a welodd Cymru erioed.

'Dafydd ap Gwilym? Sai erioed wedi clywed amdano fe. Am y tro olaf ... talu neu sbaddu!' gwaeddodd am y trydydd tro.

'Paid â siarad fel'na 'da fi'r pwtsyn. Rwy'n uchelwr! Cer mas o'r ffordd neu bydd yn rhaid imi roi gwers go egr i ti,' atebais gan gymryd cam ymlaen i gyflawni f'addewid.

II

Yn anffodus, methais â chyflawni f'addewid.

Ddeng munud yn ddiweddarach camais i mewn i dafarn yr Hen Lew Du yn Aberteifi. Roeddwn yn hollol noeth heblaw am fy sanau melyn llachar, oedd yn hongian o fy ffroenau, a fy nhrôns, oedd am fy mhen.

Roedd y dafarn yn un o'r rhai unffurf hynny oedd i'w gweld ymhobman yn nyddiau fy llencyndod. Waliau pren tywyll, byrddau pren derw, blawd llif ar lawr, tanceri lledr, poteli gwin gwag gyda chanhwyllau ynddynt. Hollol ddigymeriad. Serch hynny roedd y lle'n llawn pobl yn yfed a gloddesta. Ond tawelodd y dafarn fesul tipyn wrth i'r cwsmeriaid sylwi bod dyn noeth, i bob pwrpas, yn sefyll yn y drws yn dal ei ddwylo o flaen ei bidlen.

'Mas! Mas! Mas! Dim partïon hydd yn fy nhafarn i!' clywais lais benywaidd yn gweiddi o'r bar. Hon oedd y landledi, Dyddgu. Gwraig weddw brydferth, nobl, ond ychydig yn chwerw, yn ei hugeiniau hwyr.

'Ond Dyddgu ... Myfi, Dafydd sy 'ma ... Dafydd ap Gwilym. Mae dyn o'r lleidr frid wedi ymosod arnaf!' atebais gyda chymaint o urddas ag a oedd yn bosib ar y pryd.

Rhuthrodd Dyddgu draw ataf gan dynnu ei mantell oddi ar ei hysgwyddau a'i rhoi amdanaf cyn fy nhywys at fwrdd cyfagos. Roeddwn yn crynu'n ddireolaeth erbyn hyn.

'Mae'n flin gen i, Dafydd. Wnes i mo d'adnabod. Gad imi nôl diod i ti. Rwyt ti wedi cael siglad a hanner. Brandi bach?' gofynnodd. Amneidiais â fy mhen. 'Brandi amdani. Fe wnaiff dy gyd-feirdd edrych ar dy ôl di,' ychwanegodd, cyn rhuthro yn ôl at y bar.

Troais fy mhen a sylwi am y tro cyntaf ar y ddau ddyn oedd yn eistedd gyferbyn â mi wrth y bwrdd: y beirdd Madog Benfras ac Iolo Goch.

'Henffych, Madog Benfras ap Gruffudd ab Iorwerth Arglwydd Sonlli ab Einion Goch ab Ieuaf ap Llywarch ab Ieuaf ap Ninaw ap Cynfrig ap Rhiwallawn,' dywedais, gan gyfarch y bardd llond ei groen wrth ei enw llawn cyn tynnu fy nhrôns oddi ar fy mhen a'u gwisgo'n gyflym yn y modd priodol.

'Ôl reit, Daf?' atebodd yntau. Mae'n enwog am ei gynildeb.

'Henffych, Iolo Goch,' cyfarchais y llall.

'Ceilliau Cynddylan! Pwy wnaeth hyn iti, Dafydd?' gofynnodd Iolo, bardd a gafodd ei enw nid am ei wallt a'i farf goch yn unig, ond am fod ganddo feddwl a cheg fochaidd.

'Un funud ro'n i'n cerdded gyda'm het Ffleminaidd ar ongl

chwareus ar fy mhen, yn chwibanu rhyw *chanson de geste* neu'i gilydd. Y funud nesaf neidiodd lleidr allan o'r clawdd, a chyn imi allu dweud Madog Benfras ap Gruffudd ab Iorwerth Arglwydd Sonlli ab Einion Goch ab Ieuaf ap Llywarch ab Ieuaf ap Ninaw ap Cynfrig ap Rhiwallawn, chwifiodd y broga ei gyllell a thorri'r pwrs oddi ar fy ngwregys, cyn rhedeg nerth ei draed am y goedwig agosaf gyda f'arian a'm dillad,' eglurais.

'Disgrifia fe, Daf,' meddai Iolo Goch gan wthio Madog Benfras yn ei asennau wrth ddweud hynny.

'Dwi ddim yn cofio llawer, heblaw mai dim ond un llygad oedd ganddo ... un wen ... mor wyn â ... rhywbeth ... gwyn iawn,' atebais, cyn tynnu'r hosanau o'm ffroenau a'u gwisgo am fy nhraed.

'Mae ei ddawn disgrifio mor wych ag erioed,' sibrydodd Madog wrth Iolo.

Man a man imi ddweud wrthoch chi nawr fod Madog bob amser wedi bod yn ddilornus o'm dawn fel bardd. Y rheswm? Mewn gair trisill? Cenfigen. Symudwn ymlaen.

'... ac roedd ganddo un fraich, fel ... fel ...' ychwanegais.

'... rhywun gydag un fraich, sgwn i?' sibrydodd Madog wrth Iolo.

'... fel rhywun gydag un fraich,' gorffennais.

Gwelais Madog yn codi ei aeliau'n awgrymog i ddynodi ei fod yn gywir. Ond dwi ddim yn un sy'n ymateb i ystumiau gwawdlyd o'r fath.

'Mae'n swnio fel y corrach 'na geisiodd ddwyn ein harian ni ar gyrion Aberteifi bore 'ma, Madog.'

'Cyn i ti ei gicio yn ei fan gwan, ei drywanu yn ei glust chwith 'da dy gyllell a'i anfon ar ei ffordd gydag englyn derbyniol iawn, rhaid dweud, yn atseinio yn ei glust, Iolo. Naw a hanner allan o ddeg yn fy marn i. Colli hanner marc am nad oedd y paladr ddim cweit yno'r tro hwn,' atebodd Madog, gan wneud i Iolo grychu ei wyneb mewn siom. 'Rwyt ti angen cyflogi gwas, Daf. Mae rhywun eiddil fel ti yn teithio ar ben ei hun yn gofyn am drafferth,' ychwanegodd, gan osod ei ddwylo dros ei stumog fawr.

'Cytuno'n llwyr, Madog. Edrycha arnat ti dy hun, Daf ... mae e wedi dwyn dy ffrwcsyn het ... pa fardd gwerth ei ffrwcsyn halen sydd heb ffrwcsyn het ...?' gofynnodd Iolo.

Roedd e'n iawn. Rwy'n grediniol mai'r cam cyntaf tuag at fod yn fardd yw gwisgo fel bardd. Ac rwy'n siŵr eich bod chi'n cytuno i hanes fy mhrofi'n gywir yn hynny o beth, o leiaf. A'r *pièce de résistance*, fel mae'r trwbadwriaid yn ei ddweud, yw'r benwisg sydd, wrth gwrs, yn hanfodol i bob bardd.

'O leia wnaeth e ddim dwyn y rhain,' dywedais, gan geisio gwneud y gorau o'm sefyllfa gythryblus. Codais fy nghoesau a'u gosod ar y bwrdd gan ddangos fy esgidiau newydd gyda chryn falchder. Roeddwn wedi'u prynu o siop y crydd yn Llanbadarn Fawr cyn dechrau ar y daith. Roeddent wedi'u llunio'n grefftus o'r lledr gorau ac yn y steil diweddaraf, â blaen pob esgid yn cyrlio i fyny'n uchel.

'Sai'n synnu dim,' meddai Madog gan grychu ei drwyn fel petawn i wedi rhoi llygoden Ffrengig gyda llond ceg o Camembert ar y bwrdd.

'Ych a fi!' ategodd Iolo.

'Ond Iolo o'r coch frid, maen nhw'n ysblennydd. Yn ôl y crydd yn Llanbadarn Fawr maen nhw'n *de rigeur*.'

'Anws Aneirin! *De rigeur* yn 1305 efallai. Dwn i ddim a wyt ti wedi sylwi ond mae'n 1345,' twt-twtiodd Iolo gan siglo'i ben. Gyda hynny cododd Madog ac yntau eu traed ar y bwrdd gan osod eu hesgidiau ochr yn ochr i wynebu fy esgidiau i. Roedd eu hesgidiau nhw'n debyg i'r pâr oedd am fy nhraed i, ond bod blaen pob esgid yn ymestyn o leiaf naw modfedd yn hirach na fy esgidiau i cyn cyrlio i fyny.

'Sylla a gorfoledda, Daf! Sylla a gorfoledda! Gad imi dy gyflwyno i'r esgid ddiweddaraf. Y Crakow!' broliodd Madog.

'Y Crakow!' ategodd Iolo gan bwyntio at ei esgidiau yntau.

Mae'n rhaid imi gyfaddef bod eu traedwisgoedd yn hynod o ysblennydd.

'O ble gaethoch chi'r rheina?'

'Gan y tri thincer o Sais sy'n sefyll wrth y bar ... Hicin, Siencyn a Siac. Maen nhw'n gwerthu popeth sydd ei angen ar y bardd cyfoes. Dillad, esgidiau ac *accoutrements* ychwanegol,' meddai Madog.

'Ond maen nhw'n symud ymlaen i Lanbed yfory ... felly os wyt ti am ddillad newydd, Daf, heno fydd dy unig gyfle i brynu rhywbeth gan y tri ffrwcsyn,' ychwanegodd Iolo.

Troais fy mhen ac edrych draw at y bar. Yno safai'r tri Sais, ill tri'n berchen ar farf ddu bigog a mwstásh cyrliog. Wrth iddyn nhw sylwi arna i'n syllu arnynt, trodd y tri i'm cyfarch.

'What Ho!' meddai Hicin.

'Pip Pip!' meddai Siencyn.

'Ding Dong!' meddai Siac.

Gyda hynny, ymddangosodd Dyddgu o'r tu ôl i'r bar cyn brysio heibio i'r Saeson a rhoi tancard anferth o'm blaen. 'Joch bach o frandi, Dafydd. Rhywbeth i leddfu'r sioc. Mae'n flin gen i am yr oedi. Es i chwilio am ddillad ar dy gyfer a des i o hyd i hen diwnig Gwgon yn y cefn,' meddai. Gwgon oedd ei gŵr a fu farw ar faes y gad yn y rhyfel yn erbyn Ffrainc flwyddyn ynghynt.

Rhoddais fy llaw chwith yn fy mhoced i chwilio am arian i dalu am y ddiod a sylweddoli fy mod i'n gwisgo mantell Dyddgu. Doedd gen i'r un ddime goch.

'Ond alla i ddim talu, Dyddgu. Aeth y lleidr â'm holl arian,' cwynais.

'Gei di dalu fi 'to,' atebodd Dyddgu gan roi ei llaw ar fy ysgwydd am ennyd. Rhoddodd help llaw imi wisgo'r diwnig amdanaf yn ddestlus cyn dychwelyd i'r bar gyda'i mantell. Chwarae teg i Dyddgu. Merch o'r iawn ryw, fel petai. Mae hi bob amser wedi bod yn garedig tuag ata i am ryw reswm, yn enwedig ers iddi golli Gwgon. Mae stori eu carwriaeth mor rhamantus ac mor drist. Ond mwy am hynny maes o law.

Closiodd Iolo ataf a sibrwd, 'Mi fenthycwn ni arian iti. Ti'n cytuno, Madog?'

'Wrth gwrs. Ond bydd yn rhaid inni ofyn am ychydig o log ar y benthyciad. Wedi'r cyfan, dim ond barddoni sy'n ein cynnal ni, yn wahanol i uchelwr cyfoethog fel ti, Dafydd, sy ddim angen yr arian,' cytunodd Madog.

Y tro hwn, o leiaf, roedd y bardd blonegog yn llygad ei le. Rwyf yn uchelwr cyfoethog sy'n fab i dirfeddiannwr llewyrchus ac yn nai i Llywelyn ap Gwilym ab Einion, Cwnstabl Castellnewydd Emlyn. Fel arfer byddai gen i ddigon o arian ond roedd fy sefyllfa bresennol yn golygu fy mod yn waglaw am y tro cyntaf yn fy mywyd.

'Beth yw'r telerau?' gofynnais.

Pwysodd Iolo ymlaen gan boeri'r geiriau allan yn gyflym.

'Ugain y cant y dydd am y pum diwrnod cyntaf, i'w ddilyn gan ad-daliad o ddau ddeg pump y cant am yr wythnos ganlynol, gan godi bump y cant yn ddyddiol o hynny ymlaen. Ad-daliadau i'w talu'n llawn. Mae cyfyngiadau ynghlwm!'

'Mae hynny'n swnio'n ddigon rhesymol,' meddwn yn ddiglem. 'Ble ydw i'n arwyddo?'

Cododd Madog ddarn o felwm, pot o inc ac ysgrifbin o'r fainc lle eisteddai, a'u gosod ar y bwrdd mewn chwinciad.

'Arwydda ar y felwm fan hyn ... fan hyn ... fan hyn ... ac yn olaf ... fan hyn. Dyna ni,' meddai.

Rhoddais fy llofnod ar waelod y ddogfen. Cipiodd Madog y cytundeb o'm llaw a throsglwyddo'r arian imi mewn bag lledr bychan. Codais fy mrandi a chymryd llymaid da i selio'r cytundeb gyda'r ddau. Yna, yn sydyn, cofiais pam fy mod wedi teithio i Aberteifi.

'Ydych chi'n gwybod pryd mae Morfudd, y Bwa Bach a'r beirdd eraill yn cyrraedd ar gyfer yr ymarfer?' gofynnais.

Sylwais gyda hynny fod Madog ac Iolo eisoes yn edrych i gyfeiriad prif fynedfa'r dafarn.

'Gofynna i'r Bwa Bach ei hun,' meddai Madog. Roedd *un* o drefnwyr ein nosweithiau barddol wedi cyrraedd, o leiaf.

III

Yno ger y drws, safai hen ddyn bach moel yn ei bedwardegau. Hwn oedd y Bwa Bach. Cafodd y llysenw, yn ôl y sôn, am ei fod ychydig yn gefngrwm, neu yn fwy na thebyg yn sgil ei arfer o blygu i holl ofynion a gorchmynion ei wraig ifanc dalentog, graff, brydferth, brydferth, brydferth. Morfudd.

Y Bwa Bach a Morfudd sy'n trefnu a gweinyddu perfformiadau'r bagad barddol rwy'n rhan ohono o Fôn i Fynwy. Yn ôl pob sôn, dechreuodd y Bwa Bach ar y fenter am ei fod yn chwilio am rywbeth i'w wneud wedi iddo ymddeol o fod yn adeiladwr a saer maen. Symudodd o dde Cymru i ardal Aberystwyth a phriodi Morfudd, sydd wastad wedi ymddiddori mewn barddoniaeth, ac yn enwedig beirdd. Ond mwy am hynny maes o law.

Gwelodd y Bwa Bach ni'n tri a cherddodd yn sionc i ymuno â ni. Cyfarchodd Madog yn gyntaf, a hynny'n fwriadol, am fod hwnnw mor sensitif am ei safle fel prif fardd ein bagad.

'Henffych, Madog Benfras ap Gruffudd ab Iorwerth Arglwydd Sonlli ab Einion Goch ab Ieuaf ap Llywarch ab Ieuaf ap Ninaw ap Cynfrig ap Rhiwallawn,' meddai.

'Iawn, Bwa Bach?' atebodd Madog gyda'i gynildeb arferol.

'Henffych, Iolo Goch,' meddai'r Bwa Bach.

'Henffych, Bwa Bach,' atebodd Iolo. Trodd y Bwa Bach i fy wynebu i.

'Henffych ... Dafydd! Beth ddigwyddodd i ti, achan?' gofynnodd pan welodd yr olwg druenus oedd arnaf.

'Torrodd rhyw leidr ei bwrs bant,' atebodd Iolo cyn i Madog ychwanegu, '... ac roedd ei gwd yn llawn ar y pryd.'

'Wyt ti angen eli ar ei gyfer, Dafydd bach?'

'Nac ydw, Bwa Bach. Paid â phoeni, dwi'n ddigon iach i berfformio yn ymryson y beirdd yn llys Rhys Meigen yn Nanhyfer nos yfory,' atebais.

'O! Wyt ti?' gofynnodd y Bwa Bach gyda thinc o siom yn ei lais.

'Mae syniad am gywydd sy'n disgrifio'r profiad yn cronni yn fy mhen ... fel ...' eglurais.

'Paid â cheisio gwneud gormod nawr, gw'boi ... ' torrodd y Bwa Bach ar fy nhraws cyn i Iolo dorri ar ei draws yntau.

'Ble mae'r beirdd eraill, Bwa Bach?'

'Bois ... mae ganddon ni damed bach o broblem. Mae'r ymryson yn y fantol ... dyw cwpwl o'r beirdd a'r noddwyr ddim yn gallu dod.'

'Pwy?' gofynnodd Madog.

Tynnodd y Bwa Bach ddarn o felwm o'i diwnig a'i astudio'n ofalus.

'Gruffudd Gryg,' meddai.

'Pam?' gofynnodd Iolo.

'Gwddf tost.'

'Pwy arall?'

'Ifor Hael.'

'Pam?' gofynnodd Iolo.

'Llosg haul.'

'Unrhyw un arall?' gofynnodd Madog.

'Gruffudd Unbais.'

'Pam?'

'Dolur rhydd. Gruffudd Pum Pais yw e nawr.'

'Ych!' ebychodd y tri ohonom yn unsain.

'Mas am chwe wythnos o leia, yn ôl yr apothecari,' meddai'r Bwa Bach.

'Felly, pwy fydd yn perfformio nos yfory, Bwa o'r bach frid?' gofynnodd Madog.

Edrychodd y Bwa Bach ar y felwm a dechrau cyfri ar ei fysedd.

'Ar hyn o bryd ... chi'ch tri.'

'Ni'n tri! Twll tin Taliesin! Mae hyn yn anfaddeuol. Does dim ffordd y gallwn ni weithio o dan y fath bwysau,' gwaeddodd Iolo gan dynnu darn o felwm o boced ei gôt a phwyntio'i fys ato. 'Mae ein cytundeb â Chymdeithas y Cywyddwyr, Rhigymwyr, Awdlwyr a Phrydyddion yn dweud yn glir fod angen o leiaf pedwar bardd i gynnal noson mewn llys.'

'Bois, bois ... byddwch yn deg gyda hen ddyn. Dim ond yr is-drefnydd ydw i ... chi'n gwybod mai Morfudd yw'r bòs,' erfyniodd y Bwa Bach.

Cefais syniad. Un gwych. 'Rwy'n fodlon adrodd mwy o gerddi. Mae gen i un newydd, "Y Llwynog" ...' dechreuais, cyn i'r Bwa Bach, Madog ac Iolo weiddi ag un llais,

'Na!'

Ond dwi'n unigolyn penderfynol. 'O lwynog ...' dechreuais cyn i'r Bwa Bach roi ei law chwith dros fy ngheg.

'Na, na, na, Dafydd. Rwyt ti'n gwneud jobyn heb ei ail fel prentis yn perfformio dy ddwy gerdd ar ddechrau'r noson a thwymo pawb lan. Cam ceiliog amdani,' meddai gan droi at Madog ac Iolo. 'Ta beth, mae'n bosib y bydd bardd arall yn ymuno â ni i gwblhau'r bagad barddol. Bydd Morfudd yn cynnal clyweliad 'da bardd ifanc addawol y prynhawn 'ma,' ychwanegodd.

'Ble mae Morfudd nawr?' gofynnodd Iolo.

'Mae'n rhoi ein ceffylau yn y stablau. Cynigiodd roi help llaw i'r ostler,' atebodd y Bwa Bach.

'Pwy yw'r bardd mae hi'n ei glyweld?' gofynnais.

'Yr ostler.'

'Yr ostler?' gofynnodd Madog gan godi ei aeliau trwchus mewn anghrediniaeth.

'Mae e'n awyddus iawn i blesio Morfudd,' atebodd y Bwa Bach.

'Dwi'n siŵr ei fod e,' sibrydodd Iolo gan wincio ar Madog.

'Ond mae e'n amatur ... dyw e ddim yn aelod o gymdeithas y Cywyddwyr, Rhigymwyr, Awdlwyr a Phrydyddion, y C.R.A.P.,' meddai Madog.

'Ti'n iawn, Madog,' cytunodd Iolo. 'Dim ond beirdd C.R.A.P. fel ni sydd â'r hawl i berfformio mewn llys. Dy'n ni ddim yn mynd i berfformio 'da ffrwcsyn o amatur, a dyna ddiwedd arni.'

'Dewch mlaen, bois ... chwarae teg,' erfyniodd y Bwa Bach, 'mae'r ostler yn gallu cynganeddu tamed bach – synnen i fochyn fod ei gytseiniaid yn clecian ffwl pelt y funud hon.'

'Dwi'n siŵr eu bod nhw,' sibrydodd Iolo gan wincio ar Madog am yr eildro.

Gyda hynny, agorodd drws y dafarn a chamodd Morfudd i mewn. Hwyliodd yn urddasol tuag atom. Hon yw'r fenyw brydferthaf ar wyneb y ddaear ac ni all geiriau ddisgrifio'i phrydferthwch, hyd yn oed geiriau bardd mor llwyddiannus â mi. Yn anffodus roedd Morfudd yn gwybod hynny, a doeddwn i'n ddim mwy iddi na'r llwch o dan ei thraed delicet.

Roeddwn wedi cwrso Morfudd ers imi ei gweld ymysg merched eraill Llanbadarn yn yr eglwys yno saith mlynedd ynghynt. Dywedodd wrthyf bryd hynny fy mod i'n 'llanc gwelw ag wyneb mursen, a gwallt ei chwaer ar ei ben', gan awgrymu (yn anghywir, wrth gwrs) bod fy ngwedd ychydig yn ferchetaidd. Ond fel ddywedais innau rywdro, drwy gicio a brathu mae cariad yn magu. Felly gwnes fy ngorau glas i'w denu, gan hyd yn oed greu lloches o goed a dail er mwyn inni allu cwrdd â'n gilydd.

Yr enwog ddeildy.

Ond methiant oedd f'ymdrechion i gipio'i chalon. Gwae fi oherwydd dewisodd hi briodi'r cnaf cefnog, y Bwa Bach, a dechreuodd y ddau ar fenter newydd, sef trefnu teithiau barddol ar draws Cymru. Ond ni allwn beidio â charu'r ferch hudolus hon gyda'r gwallt melyn a'r aeliau du.

Llwyddais i ymaelodi yn un o feirdd C.R.A.P. Cymru gan ddechrau ar y siwrnai farddol faith o fod yn ddisgybl ysbas, disgybl disgyblaidd a disgybl pencerddaidd, cyn dod yn bencerdd fy hun yn y pen draw, yn y gobaith o gipio calon Morfudd drwy wneud hynny.

Er bod Morfudd yn edrych mor swynol ag arfer y prynhawn hwnnw, roedd hi braidd yn fyr ei gwynt a choch ei hwyneb. Roedd ei gwempl, hefyd, ychydig ar dro.

'Henffych, Madog Benfras ap Gruffudd ab Iorwerth Arglwydd Sonlli ...' dechreuodd Morfudd yn ei llais melodaidd, soniarus cyn i Madog dorri ar ei thraws.

'Sdim ots am hynny nawr, Morfudd. Sut a'th hi gyda'r ostler ... englynion teidi?' gofynnodd.

'Siomedig iawn. Dim ond un penfyr oedd ganddo. Ro'n i'n disgwyl un â phaladr cadarn,' atebodd Morfudd.

'Dwi'n siŵr ei bod hi,' sibrydodd Iolo gan wincio ar Madog am y trydydd tro.

'Rwy'n ffyddiog y bydd y bois yma'n gallu ateb y galw, Morfudd,' meddai'r Bwa Bach. 'Dewch mlaen. Bydd hwn yn ymarfer da ar gyfer nos yfory yn llys Rhys Meigen. Dangoswch eich doniau i'n harweinydd.'

Syllodd Morfudd yn daer ar y tri ohonom am ennyd. 'Mae gwir angen ymarfer ar y tri ohonoch chi,' meddai. Trodd at Madog yn gyntaf. 'Madog, mae dy ynganu wedi dirywio'n arw yn ystod y chwe mis diwethaf.' Gwgodd y bardd a throdd Morfudd at Iolo. 'Iolo, mae'n rhaid iti geisio rhegi llai yn ystod y cerddi. Mae mor anweddus,' meddai. Rhegodd Iolo dan ei wynt. 'A Dafydd ... mae'n rhaid i safon y cerddi wella. Dwi ddim yn gwybod pam y'n ni hyd yn oed yn dy dalu di,' taranodd.

Cymerodd y Bwa Bach gam tuag at Morfudd a sibrwd yn ei chlust, 'Dy'n ni ddim yn ei dalu, cofio? Fe sy'n ein talu ni – yn hael – am ei "brentisiaeth".'

Roedd y Bwa Bach yn llygad ei le. Roedd fy nhad, Gwilym Gam (peidiwch â gofyn) wedi cytuno i ariannu fy nymuniad i ddilyn fy mreuddwyd a bod yn bencerdd (ac yn ddiarwybod iddo, i geisio cipio calon Morfudd) a threulio blwyddyn yn teithio o amgylch Cymru yn ennill fy mywoliaeth drwy farddoni. Os na fyddai hynny'n llwyddiant byddwn yn dychwelyd i'w helpu i redeg ein hystad eang ym Mrogynin yng ngogledd Ceredigion (a cholli Morfudd am byth). Yn anffodus roedd y flwyddyn honno bron ar ben ac nid oedd fy nymuniad i fod yn fardd ysgubol o lwyddiannus wedi'i wireddu eto. Gwyddwn mai oes o garthu cachu defaid a sugno darnau o laswellt oedd o'm blaen.

'Mi fydd yn rhaid inni ddod o hyd i feirdd eraill yn lle'r tri ohonoch chi os na fydd pethau'n gwella. Mae pobl wedi dechrau cwyno am safon beirdd C.R.A.P. Cymru,' oedd gair olaf Morfudd ar y mater. Serch hynny, roedd araith feirniadol Morfudd wedi sbarduno'r Bwa Bach i geisio rhoi tân yn ein boliau barddol ni.

'Reit 'te, bois. Dewch mlaen. Cwpled yr un. Iolo. Ti gyntaf,' gwaeddodd. Pesychodd Iolo a chodi i gyfarch Morfudd.

'A gwraig orau o'r gwragedd,' dechreuodd. Caeodd Morfudd ei llygaid ac aeth Iolo yn ei flaen, 'Gwyn 'y myd o'i gwin a'i medd!'

Roedd Morfudd yn amlwg wrth ei bodd. 'O Iolo ... gwych,' meddai. Beth sy gen ti i'w gynnig, Madog?' sibrydodd wrth i hwnnw godi ar ei draed, pesychu a dechrau cyfarch Morfudd.

'Y deffröes dwywes deg,' dechreuodd Madog a chaeodd Morfudd ei llygaid unwaith eto. 'Mmmmm ... ie, Madog,' meddai'n floesg wrth iddo barhau, 'hael o'i gwin, hoywliw gwancg.' Erbyn hyn roedd Morfudd wedi ymgolli'n llwyr.

Pwysodd y Bwa Bach drosof a sibrwd, 'Dere mlaen, Dafydd ... benna hi bant ...'

'Beth?'

'Y gerdd, achan. Benna'r gerdd bant.'

Pesychais a chodi yn fy nhro i gyfarch Morfudd.

'O Morfudd, dwyt ti ddim fel tail, na phail, na dail ... ' dechreuais. Agorodd Morfudd un llygad, ac yna'r llall. '... na mael ... nac yn wael ... Morfudd, ti fel yr haul,' gorffennais.

Syllodd Madog, Iolo a'r Bwa Bach arna i. Roedd hi'n amlwg eu bod wedi'u syfrdanu gan fy ngherdd.

'O! Dyna fe, ife?' gofynnodd Morfudd gyda thinc o siom yn ei llais.

'Mae gen i fwy os wyt ti am glywed rhagor,' dywedais.

'Na. Roedd hynna'n fwy na digon, Dafydd,' atebodd y Bwa Bach yn gyflym.

'Bidlen Bendigeidfran! Dyna'r un orau 'to, Dafydd. Mae'n rhaid imi ei rhoi ar gof a chadw,' chwarddodd Iolo, gan dynnu darn o femrwn o boced ei gôt a dechrau ysgrifennu'n wyllt.

'Yn bendant dyna dy gerdd orau hyd yma Dafydd,' ychwanegodd Madog gan wenu'n hunangyfiawn.

'Ie, am wn i,' atebais.

'O leia roedd honna bron â chynganeddu,' sibrydodd Madog yng nghlust Iolo, gan ddangos ei genfigen at fy nawn unwaith eto.

Erbyn hyn roedd Morfudd yn pwyso ar ysgwydd y Bwa Bach.

'Rwyt ti'n edrych yn welw iawn, Morfudd. Rwyt ti wedi bod yn ei gor-wneud hi. Efallai y dylen ni fynd i'n hystafell wely am ychydig. Mae'r bois 'ma wedi fy ysbrydoli i ... rwy am roi cynnig ar gywydd. Efallai y daw rhywbeth mas o'r diwedd,' meddai'r Bwa Bach.

'Go brin,' meddai Morfudd wrth i'w gŵr ei thywys tuag at y grisiau a arweiniai at yr ystafelloedd gwely.

IV

Casglais f'arian oddi ar y bwrdd, codi ar fy nhraed a chamu at y bar. Gwelais y Bwa Bach a Morfudd yn cerdded heibio Dyddgu a safai y tu ôl i'r bar. Arhosodd Morfudd am ennyd i gyfarch Dyddgu.

'Dyddgu,' meddai, gan amneidio â'i phen yn ffurfiol.

'Morfudd,' meddai Dyddgu, gan amneidio â'i phen yn yr un modd.

Ni ddywedodd y naill na'r llall air arall wrth ei gilydd. Cerddodd Morfudd draw i ymuno â'i gŵr, oedd yn aros amdani ar waelod y grisiau. Penderfynais innau ddechrau sgwrs â Dyddgu wrth y bar.

'Doeddwn i ddim yn sylweddoli dy fod ti'n nabod Morfudd,' meddwn. Roeddwn wedi aros yn yr Hen Lew Du yng nghwmni'r bagad barddol droeon yn ystod y chwe mis diwethaf, ond dyma'r tro cyntaf imi gofio'r ddwy'n rhannu gair â'i gilydd.

'Dwi ddim yn ei nabod hi … rhagor. Ac mi fydden i'n ei hosgoi hi 'sen i'n ti, Dafydd,' oedd ymateb swta Dyddgu.

'Ond Dyddgu, mae Morfudd mor brydferth,' protestiais.

'… mewn ffordd amlwg efallai.'

'… ac mae hi mor wybodus …' ychwanegais.

'… am un pwnc yn unig …'

'… ac mae hi mor bur – hi yw'r fenyw ddelfrydol!'

'Pur? Menyw ddelfrydol?' poerodd Dyddgu.

'Ond Dyddgu, mae'n rhaid i feirdd sy'n rhan o'r urdd sifalrïaidd ddewis menyw i'w haddoli a does neb yn cymharu â Morfudd.'

'Does dim un fenyw arall y gallet ti ei haddoli yn lle honna?'

'Neb.'

'Wyt ti'n siŵr?'

'Ydw.'

Gyda hynny sythodd Dyddgu ei chefn. 'Wyt ti moyn rhywbeth arall? Dwi'n fenyw brysur. Dwi wedi cael digon o'r ffwlbri 'ma o feirdd yn rhoi menywod ar bedestal a menywod fel Morfudd yn glaswenu bob tro mae rhyw fardd yn agor ei geg. Cydraddoldeb amdani, Dafydd! Dwi ddim wedi dibynnu ar neb ers i Gwgon farw ac fel'na fydd hi o hyn allan,' meddai, cyn estyn i lawr i agor drws o dan ei thraed a arweiniai at y seler.

'Ond Dyddgu, dwyt ti ddim wedi clywed fy ngherdd newydd,' meddwn, gan ei gwylio'n dechrau disgyn y grisiau i gasglu mwy o win. Caeais fy llygaid. 'Y Llwynog … O lwynog. Rwyt ti mor goch â llwynog. O lwynog. Rwyt ti mor gyfrwys â llwynog. O lwynog. Rwyt ti mor ffyrnig â llwynog,' traethais, cyn agor fy llygaid a gweld Dyddgu'n cau drws y seler yn glep ar ei hôl.

Maen nhw'n dweud bod Dyddgu'n fwy oeraidd ers i'w gŵr gael ei ladd yn Ffrainc y flwyddyn ddiwethaf. Ac mae'n rhaid imi ddweud fy mod i'n tueddu i gytuno. Serch hynny, mae stori ei charwriaeth yn un ramantus a thrist iawn.

Mae Dyddgu'n ferch i dirfeddiannwr cyfoethog, sef Ieuan ap Gruffudd ap Llywelyn. Am ei bod yn ferch i uchelwr roedd disgwyl iddi briodi uchelwr arall, wrth gwrs. Ond yna cyfarfu â Gwgon, oedd newydd gymryd yr awenau yn nhafarn yr Hen Lew Du yn dilyn marwolaeth ei dad. Roedd Gwgon yn gweini gwin a chwrw ar gyfer gwleddoedd tad Dyddgu yn ei lys yn Nhywyn ger Aberteifi, a syrthiodd y ddau mewn cariad. Penderfynodd Dyddgu roi'r gorau i'w bywyd bonheddig, priodi Gwgon a rhedeg y dafarn ar y cyd â'i gŵr. A dyna a wnaeth y ddau nes i Gwgon, am ryw reswm, benderfynu ymuno â'r fyddin i ymladd gyda byddin Edward y Trydydd yn Ffrainc y flwyddyn cynt a chael ei ladd ar faes y gad. Ers hynny, roedd Dyddgu wedi addunedu i beidio ag edrych ar yr un dyn arall eto.

Ar ôl i Dyddgu ddiflannu i'r seler penderfynais ailymuno â Madog Benfras ac Iolo Goch. 'Diod arall, fy nghyd-feirdd?' gofynnais. 'Dwi am gael eich barn ar fy ngherdd newydd.' Cymerais gam yn ôl, pesychu a dechrau traethu. 'O lwynog. Rwyt ti mor goch â llwynog ...' meddwn, cyn gweld Madog ac Iolo'n codi ar eu traed yn gyflym.

'Yn anffodus mae'n rhaid inni fynd i'r dre. Mae angen prynu mwy o felwm arna i,' meddai Madog.

'... a dwi angen hogi f'ysgrifbin. Dwi'n clywed bod 'na le delfrydol ger yr harbwr,' ychwanegodd Iolo, cyn i'r ddau gerdded allan o'r dafarn yn eu hesgidiau Crakow.

Edrychais o 'nghwmpas a gweld hanner dwsin o ddynion eraill yn eistedd ger un o'r byrddau. Ond cyn imi gael cyfle i agor fy ngheg, gorffennon nhw eu diodydd mewn un llwnc a sgathru allan o'r dafarn. Cerddais at y bar yn benisel gyda'r bwriad o ofyn am ddiod arall, pan glywais ddyn yn brolio'i hun a'i anturiaethau yn Ffrainc mewn cornel dywyll o'r dafarn. Ni allwn weld y dyn yn glir am ei fod yn eistedd â'i gefn ataf. Yn ei wynebu roedd pedwar pererin ar eu ffordd i Dyddewi, yn gwrando'n astud arno.

'Ro'n i'n saethwr ym myddin ddewr Edward y Trydydd ym mrwydr Saint-Omer yn y rhyfel creulon hwn yn erbyn Ffrainc, gyfeillion. Y bwa croes,' meddai'r dyn gan dynnu braich am yn ôl a dynwared y saethu deirgwaith. 'Twang ... parang ... bodoing.' Sylwais fod llygaid y pererinion wedi'u hoelio ar y milwr. '... Yna cefais fy amgylchynu gan bedwar o'r Ffrancwyr mwyaf ffyrnig a welsoch chi erioed!' Neidiodd y pererinion am yn ôl yn eu seddi. 'Roedd fy mwa ar y llawr a dim ond dagr llaw oedd gen i i amddiffyn fy hun. Y dagr hwn.' Chwifiodd gyllell sgleiniog o dan drwynau'r pererinion. 'Oeddwn i'n eu hofni? Pa!' ysgyrnygodd, cyn troi a phoeri ar y llawr. 'Na. Rhedais at yr un cyntaf a hwpo fy nghyllell yn ei wddf ...' Bu bron i un o'r pererinion lewygu yn y fan a'r lle wrth i'r milwr ddynwared yr ymosodiad '... a throi a thrywanu'r ail drwy ei galon. Dau chwifiad arall o'm dagr ac roedd y ddau arall yn gorwedd yn gelain ar y llawr,' gorffennodd.

Nid y pererinion yn unig oedd wedi'u swyno gan y milwr dewr hwn. Sylweddolais ar unwaith y byddai hwn yn gwneud gwas delfrydol i amddiffyn y meistr ifanc ar ei ffordd o lys i lys. Ond sut allwn i berswadio milwr mor anrhydeddus i ddarostwng ei hun i fod yn was imi? Cefais yr ateb yn fuan wedi hynny.

'Yn anffodus, yn ystod yr ornest, dioddefais yr anafiadau ry'ch chi'n eu gweld heddiw, gyfeillion. Felly honno oedd fy mrwydr olaf. Brwydrais yn ddewr i sicrhau eich bod chi'n cysgu'n dawel yn eich gwelyau. Ond pwy sydd am gyflogi cyn-filwr gydag anafiadau fel fy rhai i?'

Y meistr ifanc, dyna pwy, ddarllenwr ffyddlon.

Dechreuodd y dyn grio wrth i'r pererinion estyn arian o'u pocedi a'i osod ar y bwrdd o'i flaen. Cododd y pedwar a'i adael yno'n benisel gyda'i beint o gwrw.

'Diolch yn fawr gyfeillion,' meddai. 'Diolch am helpu cyn-filwr tlawd. Duw a'ch bendithio chi, bob un ohonoch. Pob lwc ar eich pererindod i Dyddewi a gobeithio y cawn gwrdd eto.' Pocedodd yr arian cyn codi i ffarwelio â phawb gan siglo llaw pob un a'u gwylio'n gadael y dafarn cyn ychwanegu'n dawel, 'ond nid yn y byd hwn.' Yna gwaeddodd, 'Landledi! Ystên o win os gwelwch chi'n dda.'

Trodd i'm hwynebu i am y tro cyntaf. 'Gyn-filwr o'r dewr

frid, gadewch imi gyflwyno fy hun,' dechreuais, cyn cymryd cam yn ôl pan welais fod gan y dyn lygad dde wen. Doedd ganddo ddim braich chwith ychwaith. Roeddwn o'r farn fy mod i wyneb yn wyneb â'r lleidr a aeth â f'arian a'm dillad yn gynharach y diwrnod hwnnw.

'Uffach gols! Ti ... ti ... ti wnaeth ddwyn fy arian ...' gwaeddais, cyn gafael yn dynn yn nhiwnig y cnaf. 'Ble mae fy arian i, ddyn o'r corrach frid?'

'Am beth y'ch chi'n sôn, y lladwrn?' atebodd y dyn gan geisio tynnu ei hun yn rhydd.

'Ti wnaeth ddwyn fy arian i, a fy nhiwnig brethyn fermiliwn ysblennydd i ... heb sôn am fy het ...' dechreuais. Ond roedd y cnaf yn dal i wadu popeth.

'Does gen i ddim syniad am beth ry'ch chi'n mwydro,' meddai'n heriol.

'Dere mla'n. Faint o bobl ffordd hyn sydd â llygad dde ddall a dim llaw chwith?' meddwn, gan feddwl y byddai hynny'n cau ei ben. Ond na.

'Synnech chi faint o gyn-filwyr sydd wedi colli eu llygaid a'u breichiau yn ystod y rhyfel creulon yn erbyn Ffrainc. Rwyf i wedi gweld pethau ar faes y gad fyddai'n corddi'ch gwaed. Rwy'n cofio un tro,' dechreuodd, cyn imi ymyrryd.

'Dwi ddim am glywed dim o dy gelwydd. Man a man iti gyfaddef.'

'Ond dwi'n dweud y gwir.'

'Profa fe!'

'O'r gorau,' meddai gan agor ei lygad ddall wen led y pen, rhoi ei law dde arni, tynnu sylwedd gwyn oddi ar y llygad a'i roi yn fy llaw. Edrychais i fyny i'w wyneb am yr eildro, a gweld llygad frown yn syllu arna i yn lle'r llygad wen.

'Mae'n syndod beth allwch chi wneud gyda darn o wy wedi'i ffrio,' meddai, cyn rhoi ei fraich dde y tu ôl i'w gefn a datod cortyn oedd yn clymu ei law chwith yno. 'Sy'n profi heb unrhyw amheuaeth nad myfi wnaeth ddwyn eich dillad a'ch arian chi,' ychwanegodd.

'Hmmm! Ond pam oeddet ti'n esgus dy fod wedi dy anafu mor wael?' gofynnais.

'Dwi ddim yn esgus o gwbl. Cefais fy anafu yn Saint-Omer fel cannoedd o Gymry dewr. Dwi wedi gweld pethau ar faes y gad fyddai'n corddi'ch gwaed. Un tro ...' dechreuodd.

'Dim nawr. Dim nawr. Pa anafiadau gefaist ti 'te?'

'Wel, mae fy nerfau'n rhacs. Rhacs jibidêrs. Ond mae'n well gan bobl gynnig cardod os ydyn nhw'n gallu gweld yr anafiadau. Mae fy anafiadau i'n rhai meddyliol, dwys ... heb sôn am fy nghefn gwael, sy'n ei gwneud hi'n anodd imi blygu drosodd i godi cnydau yn y caeau. Ac yn waeth, mae fy ysgwyddau mewn cyflwr gwael ... mae pwysau'r diawl yn y bwâu croes 'na, chi'n gwybod.'

'Ond wyt ti'n gallu amddiffyn dy hun? Ac yn bwysicach, a fyddet ti'n gallu f'amddiffyn i?'

'Pam y'ch chi'n gofyn?'

'Fy enw yw Dafydd ... Dafydd ap Gwilym. Efallai dy fod wedi clywed amdana i.'

'Nac ydw.'

'Wir? Ond ta beth. Dwi angen gwas dewr i'm gwarchod ar fy nheithiau ar hyd ffyrdd peryglus Cymru. Telerau teg. Cyflog cyson. Swllt yr wythnos. Beth amdani?'

'Hmmm. Swllt? Dim gormod o waith corfforol, cofiwch. Mae'n rhaid imi feddwl am f'ysgwyddau a'm cefn gwael.'

'Dy unig ddyletswyddau heblaw am fy amddiffyn rhag lladron fydd fy ngwisgo yn y bore a pharatoi fy mhrydau pan fyddwn ni'n teithio i'r llysoedd.'

'Llysoedd? Pa lysoedd?' gofynnodd, gan welwi am eiliad.

'Llysoedd yr uchelwyr, wrth gwrs. Rwy'n fardd.'

'Ydych chi wir? Rwy'n potsian tamed bach fy hun, wyddoch chi,' atebodd.

'Dim un arall! Na. Na. Na. Ry'n ni'r beirdd wedi cael llond bol o bawb yn dod atom gan gynnig cwpled fan hyn ac odl fan draw. Gadewch y barddoni i'r beirdd ac mi adawn ni'r cwffio i chi.'

'O'r gorau. Chi yw'r meistr. Gyda llaw, pryd ydw i'n dechrau?'

'Beth am nawr?'

'Pam lai? Fy enw yw Wil, gyda llaw,' meddai, gan estyn ei law i ysgwyd fy llaw i.

'Reit 'te, Wil. Mi fyddwn ni'n teithio i Nanhyfer yfory. Porth Penfro! Dwi angen dillad newydd gan gynnwys pâr sbâr o ddillad isaf a balog i amddiffyn fy ngwialen, fel petai. Daeth cyllell y lleidr yn anghyfforddus o agos ati'r bore 'ma. A dwi angen piser lledr i gario dŵr ar ein taith i Nanhyfer,' meddwn, gan roi cyflog wythnos yn ei law.

'Dillad isaf ... balog ... a phiser. Iawn,' meddai'n bwyllog.

'O'r hyn dwi'n ei glywed, galli di brynu popeth gan y tri thincer sydd wrth y bar draw fan 'co,' meddwn, gan bwyntio at y tri Sais oedd yn dal i botian wrth y bar. Cododd y tri eu tanceri cwrw i'n cyfarch.

'What Ho!' meddai Hicin.

'Pip Pip!' meddai Siencyn.

'Ding Dong!' meddai Siac.

'Dwi'n mynd i'm hystafell wely nawr. Dwi wedi cael diwrnod prysur,' meddwn wrth Wil cyn troi i gyfeiriad y grisiau.

'Ydych chi am imi ddod â bwyd a gwin i fyny i'ch ystafell, syr?' gofynnodd Wil. Roedd hi'n amlwg fod ganddo lawer i'w ddysgu am y meistr ifanc.

'Wil bach. Yn fy marn i, mae yfed gormod o'r ddiod feddwol yn amharu ar allu bardd ac yn golygu bod yr awen yn cadw draw. Yn ystod fy ngyrfa rwyf wedi sylwi ar nifer o feirdd sydd wedi colli'r awen am eu bod yn goryfed. Rhyngddyn nhw a'u potes, ddweda i. Dwi ddim yn un sy'n ymwneud yn ormodol â'r ddiod feddwol. Ystên o win i frecwast, peint neu ddau o gwrw i ginio, dau neu dri pheint o gwrw dros swper, ac efallai y ca' i ystên neu ddwy o win cyn clwydo tuag amser *Compline*. Rwy'n llwyrymwrthodwr, mwy neu lai. Ac fel gwas i mi, rwy'n disgwyl y byddi di'n llwyrymwrthod hefyd. Gelli di gysgu yng nghornel fy llofft i. Ond dim sŵn pan ddoi di i'r ystafell ar ôl iti gwblhau dy waith. Mi fyddaf wedi hen glwydo,' esboniais, gan ddechrau dringo'r grisiau.

Rwyf wedi clwydo'n gynnar a chodi'n gynnar trwy gydol fy ngyrfa. A dyna beth wnes i'r noson honno.

V

Wrth imi gyrraedd pen y grisiau clywais y Bwa Bach a Morfudd yn dadlau yn eu hystafell wely. Yn ddiweddar, roedd Dyddgu wedi newid y drefn o gael pawb yn rhannu un ystafell wely anferth, fel oedd yn digwydd yn y rhan fwyaf o dafarndai. Roedd rhoi preifatrwydd i unigolion neu gyplau yn syniad gwych. Roedd cost yr ystafell yn uwch, wrth gwrs, ond o ganlyniad, roedd safon y gwesteion hefyd yn uwch.

Roedd y drws yn gilagored, ac ni allwn osgoi clywed beth roedd y ddau'n ei drafod. Closiais at y drws a chlywed llais melfedaidd Morfudd.

'Bydd yn rhaid i Dafydd fynd. Mae e'n warthus. Mor warthus â ...' dechreuodd Morfudd cyn i'r Bwa Bach dorri ar ei thraws.

'... rhywbeth gwarthus ... fel fydde fe'n ddweud.'

Llyncais fy mhoer wrth wrando ar y cyhuddiadau gwawdlyd hyn am fy nghrefft.

'Ond ry'n ni'n dibynnu ar yr arian mae e'n ei dalu am ei brentisiaeth i gadw'r blaidd o'r drws, Morfudd,' cwynodd y Bwa Bach.

Gwenais yn sur pan glywais hyn. Roedd y Bwa Bach wastad wedi bod yn gyfeillgar tuag ataf ers imi ymuno â'r bagad barddol. Ond nawr, gwyddwn pam yr oeddwn wedi fy nerbyn yn aelod o feirdd C.R.A.P. Cymru. Y gwir oedd bod y Bwa Bach yn eiddigeddus o fy mherthynas â Morfudd yn y gorffennol ac yn dial arnaf drwy fy mlingo'n ariannol.

'Na! Mae'n rhaid iddo fynd. Mae'r gwahoddiadau i dai'r uchelwyr wedi gostwng dros draean ers i Dafydd ymuno â ni.

Mae'r ynfytyn a'i gerddi di-glem yn golygu ein bod yn colli ffortiwn,' meddai Morfudd.

Ynfytyn? Di-glem? O Morfudd! Mor brydferth ac eto mor greulon. Ac yn waeth na hynny, mor rhyfeddol o ddi-chwaeth a di-glem ei hunan, yn methu â gwerthfawrogi fy ngwaith. Ro'n i'n sylweddoli nad oedd fy ngherddi o'r un safon â gwaith gorau Madog Benfras, Iolo Goch a Gruffudd Gryg ... eto. Ond roeddwn yn ffyddiog fy mod wedi gwella dros y misoedd diwethaf ers imi ddechrau fy mhrentisiaeth.

'O'r gorau, fy nghariad. Af i ddweud wrtho nawr,' meddai'r Bwa Bach.

Ciliais o'r drws.

'Na! Gad iddo berfformio nos yfory,' meddai Morfudd.

O Morfudd! A welaist ti'r golau? A welaist ti fesen o ddawn fydd yn tyfu'n dderwen farddol gadarn un dydd, meddyliais yn obeithiol.

Na.

'Does ganddon ni ddim digon o feirdd. Dyweda wrtho ar ôl y perfformiad,' meddai Morfudd yn swrth.

Gwyddwn y gwir yn awr. Doedd Morfudd ddim yn credu fy mod i'n fardd o'r iawn ryw. Os felly, fyddai hi byth yn fy ngharu. Ond roedd gen i un cyfle olaf, yn llys Rhys Meigen yn Nanhyfer y noson ganlynol. Roedd angen noson dda o gwsg arnaf cyn mynd ati i lunio cerdd a fyddai'n achub fy nghroen barddonol drannoeth.

Ond doeddwn i ddim yn teimlo'n obeithiol iawn. Cerddais i'm hystafell wely'n benisel gan amau bod fy ngyrfa farddol ar ben cyn iddi ddechrau. Caeais y drws yn dawel y tu ôl imi.

VI

Cafodd Wil noson fwy cynhyrfus o lawer na'i feistr ifanc. Dywedodd bopeth wrthyf yn fuan ar ôl i'r hyn a newidiodd ein bywydau am byth ddigwydd dros yr oriau canlynol.

Dechreuodd ei anffawd pan geisiodd brynu'r dillad, y balog a'r piser lledr ger bar y dafarn.

'Henffych, ffrindiau,' meddai Wil wrth y tri Sais.

'What Ho!' meddai Hicin.

'Pip Pip!' meddai Siencyn.

'Ding Dong!' meddai Siac.

'Ydych chi'n siarad Cymraeg?' gofynnodd Wil.

'What Ho!' meddai Hicin.

'Pip Pip!' meddai Siencyn.

'Ding Dong!' meddai Siac.

'Na? *Parlez-vous gallois*?' gofynnodd Wil.

'What Ho!' meddai Hicin.

'Pip Pip!' meddai Siencyn.

'Ding Dong!' meddai Siac, ac edrychodd y Sacson yn syn ar Wil.

'Does gen i ddim llawer o Saesneg chwaith, yn anffodus. Well imi geisio gwneud y gorau ohoni.' Dangosodd lond dwrn o arian i'r Saeson cyn plygu drosodd a phwyntio at ei ben-ôl i ddangos ei fod angen dillad isaf.

'What Ho!' meddai Hicin gan wenu.

Yn y cyfamser roedd Wil wedi dechrau pwyntio at ei bwrs i ddangos ei fod am brynu balog.

'Pip Pip!' meddai Siencyn gan wenu.

Erbyn hyn roedd Wil yn pwyntio at ei wyneb ac yn symud ei law dde yn ôl ac ymlaen o'i geg sawl tro gan geisio gwneud ystum ei fod yn yfed allan o biser.

'Ding Dong!' meddai Siac gan wenu.

Gwenodd Wil yn ei dro, esgus canu cloch, ac yngan y gair '*Matins*' i ddynodi y byddai'n ymweld â nhw pan fyddai'r gloch honno'n canu y noson honno i brynu'r nwyddau. Cymerodd Wil gipolwg ar esgidiau'r tri Sais gan wybod y bydden nhw y tu allan i ddrws eu hystafell y noson honno yn barod ar gyfer glanhawr esgidiau'r dafarn ben bore.

'What Ho!' meddai Hicin.

'Pip Pip!' meddai Siencyn.

'Ding Dong!' meddai Siac.

Gyda hynny rhuthrodd y tri i fyny'r grisiau i baratoi ar gyfer ymweliad Wil yn ddiweddarach y noson honno. Cerddodd Wil at ben arall y bar i ddathlu ei lwyddiant. Yno roedd Dyddgu newydd weini ar ddau deithiwr arall.

'Ystên o'ch gwin gorau os gwelwch yn dda, landledi,' meddai wrthi.

'Ry'ch chi'n edrych yn ddigon tebyg i'r cyn-filwr oedd yn cardota'n slei yma gynnau ... heblaw am y llygad a'r fraich, wrth gwrs,' meddai Dyddgu gan ddechrau arllwys y gwin i'r ystên.

'... ond yn llawer mwy golygus,' atebodd Wil yn syth. 'A'ch enw chi, ferch aelddu?'

'Dim o'ch busnes chi, a dim o'ch nonsens chwaith. Grôt am y gwin. Dwi'n fenyw brysur,' atebodd Dyddgu gan osod y ddiod yn ddiseremoni o flaen Wil.

Tynnodd Wil grôt allan o'i bwrs ond wrth i law Dyddgu gymryd yr arian o'i law, caeodd Wil ei law dros ei llaw hi, edrych i'w llygaid a dweud, 'Liw haul dwyrain ... fy mryd ar wyn fy myd main ...'

Caeodd Dyddgu ei llygaid. 'Dyddgu. Fy enw yw Dyddgu,' meddai.

'Gwaraeau a gâr gwŷr ieuainc – Galw ar fun, ddyn gŵyl, i'r fainc,' parhaodd Wil i draethu. Caeodd Dyddgu ei llygaid eto am ennyd.

'Dere i fy ystafell ger gwaelod y grisiau pan fyddaf wedi cau'r dafarn. Dere lawr tua adeg *Matins* ac mi gawn loddesta'n hael, ond paid â dweud wrth neb,' sibrydodd, cyn tynnu ei llaw allan o law Wil.

'Mi fydda i yno toc wedi *Matins*. Dyddgu deg, dyddiau teg! Ond mae gen i waith i'w wneud cyn hynny,' meddai Wil gan orffen ei win mewn un llwnc.

VII

Ni chlywais gloch Priordy Aberteifi'n canu i ddynodi ei bod hi'n amser *Matins* am fy mod i'n cysgu'n braf gyda chorcyn potel win ym mhob clust. Hen arferiad sydd gen i i sicrhau noson dda o gwsg am bod rhyw flaidd neu'i gilydd bob amser yn sgrechian yng nghanol nos. Y tric yw defnyddio dau gorcyn ffres bob nos!

Yn gynharach y noson honno roedd Wil wedi dechrau ar ei yrfa yn facwy i mi, gan ddod â'm swper i f'ystafell a'm helpu i fatryd. Tra 'mod i'n cysgu cwsg y cyfiawn wrth i gloch y priordy ganu, cododd Wil o'i fan cysgu ar y llawr a sleifio'n dawel o'r ystafell. Curodd ar ddrws y tri Sais, ar ôl gweld eu hesgidiau y tu allan i'r drws.

Hicin agorodd y drws, yn ôl Wil wrth iddo adrodd y stori'n ddiweddarach.

'What Ho!' meddai hwnnw gan wahodd Wil i mewn i'r ystafell. Esboniodd Wil ei fod wedi sylweddoli'n gyflym iawn fod Hicin, Siencyn a Siac wedi ei gamddeall yn llwyr pan esboniodd beth roedd am ei brynu ganddynt yn gynharach y noson honno. Llwyddodd i ddianc o'r ystafell, ond yn waglaw. Cerddodd yn sigledig yn y tywyllwch ar hyd y cyntedd cul tuag at ystafell Dyddgu. O ganlyniad ni welodd esgidiau Crakow anferth, cyrliog Madog Benfras ac Iolo Goch y tu allan i'w hystafell nhw ger y grisiau yn barod i gael eu glanhau yn y bore. Dyna a wnaeth iddo syrthio'n bendramwnwgl i lawr y grisiau.

VIII

Roeddwn newydd ddihuno drannoeth pan glywais sŵn traed Wil yn dod i fyny'r grisiau. Rwy'n un am arferion cyson. Roeddwn eisoes wedi dweud wrth fy ngwas fy mod i'n codi bob bore toc wedi *Prime* yn yr haf ac wedi gofyn iddo osod powlen o ddŵr a chlwt gwlanen wrth fy ymyl. Rwy'n ymolchi'n drwyadl ar ôl codi bob dydd. Yna, rwy'n ymgymryd â'm brecwast cynnil o ddarn o fara a gwydraid neu ddau o win.

Gwyddwn fod rhywbeth yn wahanol am Wil yr eiliad y camodd drwy'r drws y bore hwnnw, sef diwrnod olaf Mai, 1345. Cwympodd hanner y dŵr o'r bowlen wrth iddo straffaglu i'w chario ar draws yr ystafell.

'A gest ti'r dillad gan gynnwys y trôns sbâr, y balog a'r piser dŵr gan y Saeson?' gofynnais, gan dynnu'r ddau gorcyn ffres allan o'm clustiau. Griddfanodd Wil gan siglo'i ben.

'Bydd yn rhaid iti fynd i'r dre tra 'mod i'n cael brecwast, 'te,' meddwn. Gosododd Wil y bowlen ddŵr wrth fy ymyl, a dim ond bryd hynny y sylwais ei fod wedi anghofio'r clwt gwlanen. Ar ben hynny gallwn arogli gwin ar ei wynt.

Codais o'r gwely'n awdurdodol i wynebu Wil. Cerddodd hwnnw tuag ataf yn igam-ogam gyda fy nillad isaf yn ei law.

'Wil! Rwyt ti'n feddw,' dwrdiais, wrth iddo straffaglu i geisio rhoi fy nillad isaf amdanaf, cyn estyn am fy sanau melyn llachar.

'Ydw, yn feddw fel uchelwr,' atebodd Wil yn ddigywilydd, gan wincio arnaf ac estyn am fy nhiwnig.

'Mae hyn yn anfaddeuol. Beth yn y byd wyt ti wedi bod yn ei wneud? Ddwedais i wrthot ti nad o'n i'n caniatáu iti yfed ... o gwbl. Does dim dewis gen i. Lawr y ffordd â thi.'

Roeddwn ar fin codi fy mraich i'w anfon ymaith pan roddodd Wil y tiwnig dros fy mhen a dweud,

'Gwneuthur, ni bu segur serch, Amod dyfod at hoywferch ...' cyn pecial yn uchel ac estyn am fy ngwregys.

Roedd y peth yn anghredadwy. Roedd Wil, fy ngwas, yn gallu barddoni! Sefais yn stond fel ... ta waeth, sefais yn stond gan fethu ag yngan gair wrth iddo glymu fy ngwregys amdanaf.

'Pan elai y minteioedd I gysgu; bun aelddu oedd,' traethodd Wil ymhellach.

'Aeliau du? Aeliau du! Wnest ti ddim ceisio bustachu gyda Dyddgu?'

Amneidiodd â'i ben a chamu at waelod y gwely, codi fy

esgidiau cyrliog gwych, gwgu arnynt, yna camu'n ôl a gosod un ohonynt am fy nhroed chwith.

'Wedy cysgu, tru tremyn, O bawb eithr myfi a bun, Profais yn hyfedr fedru Ar wely'r ferch; alar fu.'

Gosododd yr esgid arall am fy nhroed dde a chwydu dros y ddwy esgid. Er gwaethaf fy nicter, roeddwn wedi fy nghyfareddu gan ei ganu. Roedd yr esgidiau, a oedd erbyn hyn yn rhai amryliw, yn ddibwys bellach. Roedd yn rhaid imi gofnodi hyn. Ond sut? Cofiais am felwm, inc ac ysgrifbin Iolo Goch.

'Aros yn fanna, Wil. Paid â symud modfedd,' bloeddiais. Doedd dim o'r cyfnod byr o amser hwnnw, nad oedd gair wedi'i fathu amdano hyd yn hyn, i'w golli. Rhuthrais o un ystafell wely i'r llall nes imi ddod o hyd i'r un roedd Iolo Goch a Madog Benfras yn ei rhannu. Curais ar y drws yn uchel, a rhuthro i mewn. Gwridais pan welais fod y ddau'n hollol noeth. Roedd Madog wrthi'n chwilio am rywbeth ar y llawr ger traed Iolo.

'Iolo! Rwy angen dy ysgrifbin,' bloeddiais, gan sylwi fod y deunyddiau ysgrifennu ar waelod y gwely.

'Mi gei di e ar ôl i Madog orffen gydag e,' meddai Iolo gan chwerthin. Ond doedd gen i ddim amser i ddadlau. Codais y felwm, yr inc a'r ysgrifbin a rhuthro yn ôl i fy ystafell wely. Mae'n rhaid imi gyfaddef fod y meistr ifanc bron â rhegi pan welodd fod Wil yn chwyrnu'n braf ar y gwely. Teflais y dŵr o'r bowlen dros ei wyneb i'w ddihuno a gorchymyn iddo ddechrau ei stori o'r dechrau.

'O'r dechrau?'

'Ie. O'r dechrau,' atebais, gan glosio ato. Roeddwn wedi cael syniad. 'Ac adrodda'r stori fel petawn i'n arwr ynddi.'

'Chi?' gofynnodd Wil, gan hanner cau ei lygad am ennyd.

'Ie. Fi,' atebais, gan hanner cau fy llygaid innau.

Cododd ei ysgwyddau cyn dechrau adrodd ei hanes.

'Deuthum i ddinas dethol, A'm hardd wreangyn i'm hôl,' meddai, gan orwedd ar y gwely a'i lygad ar gau, wrth imi ysgrifennu'r geiriau ar y felwm. Codais fy mhen a syllu arno.

'Hardd wreangyn?'

'Ie. Wreangyn. Gwas. Fi.'

'Na. Y gair "hardd" oeddwn i'n ei amau,' eglurais, gan syllu ar ei wyneb creithiog.

'Rhyddid bardd, syr. Rhyddid bardd,' meddai, cyn parhau â'i stori. Daliais ati i ysgrifennu popeth a lefarai.

Wrth gwrs, mae'r rheiny ohonoch sydd wedi astudio fy ngwaith yn gwybod erbyn hyn mai'r gerdd oedd 'Trafferth Mewn Tafarn'. Ond i'r rhai llai diwylliedig a chwaethus yn eich plith, dyma stori ei antur y noson cynt yn fras.

Baglodd Wil dros esgidiau Madog ac Iolo ar landin y dafarn a chwympo i lawr y grisiau. Dechreuodd godi ar ei draed ar waelod y grisiau gan fwrw ei ben yn erbyn ochr bwrdd, a achosodd i fasn a phowlen efydd gwympo, a tharo'i ben. Wedyn cwympodd y bwrdd trestl gan achosi i bopeth oedd ar y bwrdd gwympo ar y llawr. Oherwydd y sŵn dechreuodd cŵn y dafarn gyfarth y tu allan, a achosodd i'r ostler weiddi a dod i mewn i'r dafarn. Erbyn hyn roedd Wil wedi llwyddo i gropian y tu ôl i'r bar, cymryd ffagl oedd yn hongian ar y wal, agor drws y seler, camu i lawr y grisiau a chau'r drws yn dawel ar ei ôl. Ar yr un pryd daeth Dyddgu allan o'i hystafell wrth i'r Bwa Bach, Morfudd, Madog Benfras, Iolo Goch, Hicin, Siencin a Siac ddod i lawr y grisiau i weld beth oedd yn bod. Roeddwn i, wrth gwrs, yn cysgu'n dawel yn fy ngwely gyda chorcyn ym mhob clust.

Yr unig beth sydd heb ei gynnwys yn y gerdd yw bod Wil wedi treulio'r noson yn gwneud ei orau glas i yfed holl gynnwys y seler. Serch hynny, roedd dawn dweud Wil, rhaid cyfaddef, yn wych ac yn arloesol – ac yn well fyth, roedd yn canu yn y person cyntaf, a olygai mai Wil … neu fi … oedd arwr y gerdd. Eisteddais wrth ei ymyl ar y gwely wedi imi orffen rhoi'r gerdd ar gof a chadw.

'Un cwestiwn, Wil. O ble gest ti'r ddawn?'

Cododd Wil ei ysgwyddau eto cyn troi ataf. 'Fel ry'ch chi'n gwybod eich hun, syr, mae pawb o Geredigion yn gallu cynganeddu,' meddai, gan edrych yn daer arnaf, '… wel, bron pawb. Mae'r gaeaf yn hir a does dim llawer ganddon ni daeogion i'w wneud i ddiddanu ein hunain yn ystod y nosweithiau diflas hynny. Y dewis yw chwarae â'n hunain neu chware â geiriau. Ac mae pob bardd gwerth ei halen yn tueddu i wneud y ddau ar yr un pryd. Dysgais y technegau eraill gan y trwbadwriaid oedd yn adrodd y *fabliaux* a mathau craill o farddoniaeth pan oeddwn yn Ffrainc.'

Closiais ato. 'Mae gen ti dalent, Wil. Wrth gwrs, bydd yn rhaid imi dwtio'r gerdd fan hyn a fan draw. Mae 'na ychydig o or-ddweud yn y canol, dwi'n teimlo, a diffyg disgyblaeth tua'r diwedd. Ond paid â phoeni. Alla i ddefnyddio f'arbenigedd i roi sglein ar bethau,' meddwn. 'Gyda llaw, oes gen ti ragor o gerddi?' gofynnais, gan geisio osgoi ei lygaid.

'Un ... neu ddwy,' atebodd Wil yn dawel gan edrych i fyw fy llygaid i. 'Ond pwy sydd am glywed cerddi gan daeog o filwr o Geredigion?'

'Efallai dy fod ti'n iawn, Wil. Ond mi fydden nhw am eu clywed petai rhywun o'r iawn ryw yn eu perfformio,' atebais.

Felly lluniodd y ddau ohonom gynllun a fyddai'n dod â ffortiwn i ni'n dau. Byddai Wil, oedd yn anllythrennog, yn adrodd y cerddi, a minnau'n eu cofnodi a'u golygu cyn eu traddodi yn nhai'r uchelwyr. Byddem yn dechrau'r noson honno yng nghartref Rhys Meigen yn Nanhyfer.

'Wrth gwrs, bydd yn rhaid i'r gwir, sef mai ti sy'n ysgrifennu'r cerddi ... mae'n flin gen i ... mai ti sy'n ysgrifennu *drafft cyntaf* y cerddi ... fod yn gyfrinach rhyngot ti a fi,' eglurais, gan aros yn eiddgar am ei ymateb.

Amneidiodd Wil â'i ben i gytuno. 'Ond mi fydd 'na delerau ... Dafydd.'

Yn anffodus, dyw Wil ddim yn dwp, a gwyddai beth oedd gwerth ei dalent. Fe gytunon ni i rannu ein henillion, ond bod Wil yn parhau i ymddwyn fel fy ngwas yn gyhoeddus, gan ddal ati i'm galw i'n 'syr'.

Dafydd, wir!

Bu'n rhaid imi gytuno i wisgo a dadwisgo fy hun o hynny ymlaen. Roedd y diawl bach hefyd am gael cyfnodau bant gyda thâl bob blwyddyn er mwyn gwneud yr hyn a alwai'n 'ymchwil' ar gyfer ei gerddi. Wrth gwrs, doedd dim dewis gennyf ond cytuno i'w delerau.

Aeth y drafodaeth am y cytundeb yn ei blaen nes i'r drydedd o wyth cloch y dydd ganu i ddynodi ei bod hi'n amser brecwast.

Codais oddi ar y gwely a cherdded at y drws.

'Reit 'te ... bant â thi i'r dre i brynu dillad newydd, balog a phiser imi tra 'mod i'n mynd am frecwast,' meddwn.

'Gyda llaw, rwy hefyd wedi ysgrifennu cerdd am y llwynog ... sori, *drafft cyntaf* cerdd am y llwynog. Ydych chi am ei chlywed hi?' gofynnodd Wil.

'Wel ... man a man a chadno, yntê, Wil?' meddwn, gan ailgydio yn f'ysgrifbin a'r felwm.

IX

Roedd Morfudd, y Bwa Bach, Madog ac Iolo Goch eisoes yn eistedd wrth y bwrdd brecwast erbyn i mi fynd i lawr y grisiau. Roedd Dyddgu'n rhedeg yn ôl ac ymlaen rhwng y byrddau a'r gegin yn cario plateidiau anferth o fwyd i'r gloddestwyr.

'Does dim byd fel brecwast traddodiadol Cymreig, oes e, bois? Twlpyn mawr o gig oen, llond bola o fresych a maip a thair potel o win yr un. Gwych!' meddai'r Bwa Bach gan ddechrau bwyta'n awchus wrth imi eistedd wrth ei ochr.

Gyda hynny hedfanodd aderyn i mewn drwy ffenest agored y dafarn a glanio ar ysgwydd y Bwa Bach.

'Gwych! Mae'r llatai wedi cyrraedd,' meddai, gan gymryd darn o femrwn oddi ar goes y fronfraith a darllen y neges oedd arno. 'Gwych iawn. Mae gwddwg tost Gruffudd Gryg yn well ac mi fydd yn gallu perfformio yn llys Rhys Meigen heno gan sicrhau bod yr isafswm o bedwar bardd ar gael.'

Amneidiodd Madog ac Iolo â'u pennau'n foddog.

'A ble mae'r gwas newydd 'ma rwyt ti wedi'i gyflogi,

Dafydd?' gofynnodd Madog gan gladdu darn anferth o gig oen mewn un llwnc.

'Mae e wedi mynd i'r dre i moyn dillad newydd, balog, a phiser imi. Ro'n i'n meddwl y bydden nhw ar gael gan y tri Sais, ond yn ôl Wil mi ddaeth allan o'r ystafell yn waglaw neithiwr,' atebais.

'Ble mae'r Saeson? Ydyn nhw wedi cael brecwast a gadael yn gynnar? Ro'n i'n gobeithio prynu ffrwcsyn het newydd,' meddai Iolo wrth i Dyddgu gyrraedd y bwrdd gydag ystên o win yn ei llaw.

'Dy'n nhw ddim wedi gadael eto,' atebodd hithau.

Gyda hynny gwelsom Hicin, Siencyn a Siac yn dod i lawr y grisiau gan gario sgrepanau anferth ar eu cefnau. Roedd y tri yn symud yn araf yn dilyn y camddealltwriaeth gyda Wil y noson cynt.

'What Ho!' meddai'r Bwa Bach wrth Hicin. Sylwais fod llygad chwith hwnnw'n ddu. Oedodd y Sais am eiliad a throi i gyfarch y Bwa Bach.

'Not Ho!' meddai, gan roi arian yn nwylo Dyddgu a gadael y dafarn.

'Pip Pip!' meddai Madog wrth Siencyn. Roedd gan hwnnw lygad dde ddu. Oedodd am eiliad a throi i gyfarch Madog.

'Poop Poop!' meddai, cyn rhoi arian yn nwylo Dyddgu a gadael y dafarn.

'Ding Dong!' meddai Iolo wth Siac, oedd yn cerdded yn anesmwyth iawn. Oedodd am eiliad a throi i gyfarch y Bwa Bach.

'Dong gone!' meddai, cyn rhoi arian yn nwylo Dyddgu a gadael y dafarn.

Rhoddodd Dyddgu blatiaid o fwyd o flaen Morfudd.

'Dyma ti! Golwyth melys!' meddai wrthi.

'Ond ofynnes i am sewin.'

'Mae'n flin gen i. Ond yn ôl yr ostler rwyt ti'n dwlu ar geilliau,' meddai Dyddgu'n uchel cyn cerdded i ffwrdd â'i phen yn yr awyr.

'Paid â phoeni, Morfudd fach. Dyw'r ostler ddim yn ei iawn bwyll, mae'n amlwg,' meddai'r Bwa Bach gan wenu mor ufudd a diffuant ag arfer ac anwybyddu gosodiad awgrymog Dyddgu'n llwyr. 'Dwi ddim yn gwybod pam ddihunodd yr ostler ni neithiwr a honni bod rhywun wedi torri i mewn i'r dafarn. Celwydd noeth. Wnaethon ni ddim dod o hyd i neb,' ychwanegodd.

Gyda hynny cerddodd Wil drwy ddrws ochr y dafarn a chlywed Iolo'n dweud,

'Roedd yr ostler yn sicr ei fod wedi gweld cysgod dyn byr cefngrwm yn y bar.' Sythodd Wil cyn hercian at y bwrdd ar flaenau bysedd ei draed.

'Ac yn ôl yr ostler roedd y dihiryn yn hercian,' ychwanegodd Madog.

Safodd Wil yn stond cyn hercian yn ôl at y drws cyn i neb ei weld. Ond wrth ddychwelyd at y bwrdd i gasglu platiau gwag, gwelodd Dyddgu ei fod yn ceisio sleifio i ffwrdd.

'Oedd e hefyd yn dweud bod y dyn anhysbys hwn yn ddiawl celwyddog oedd yn addo'r byd ond yn cyflawni dim?' gofynnodd yn uchel. Sylwais ei bod hi'n syllu'n hir ar Wil.

'Os oedd rhywun yma, dwi'n siŵr na ddaw e'n ôl,' meddwn yn gyflym wrthi.

'O! Dwi'n gwybod na fydd e'n cael cyfle i wneud unrhyw beth fan hyn 'to,' atebodd Dyddgu gan barhau i syllu'n syth i gyfeiriad Wil.

Codais ar fy nhraed a thaflu f'ysgrepan dros fy ysgwydd. Llwyddodd Wil i adael y dafarn cyn i neb arall ei weld.

'Dwyt ti ddim am deithio gyda ni i Nanhyfer, Dafydd?' gofynnodd y Bwa Bach gan wthio'i blât gwag o'r neilltu.

'Na, mae gen i gerdd neu ddwy i'w dysg– sori, i'w llunio erbyn heno. Wela i chi yno,' atebais, gan wybod bod prynhawn caled o roi cerddi Wil ar gof o'm blaen wrth inni gerdded y deng milltir i lys Rhys Meigen ger Nanhyfer.

'Rwy'n edrych ymlaen yn arw at glywed dy waith newydd,' meddai Madog, gan roi pwt i Iolo yn ei asennau.

'Paid ag anghofio perfformio'r "Llwynog" ... cerdd

amhrisiadwy ... sut o'dd hi'n mynd 'to?' gofynnodd Iolo gan geisio cadw wyneb syth.

Troais ar fy sodlau a dechrau adrodd 'drafft cyntaf' cerdd Wil.

'Doe yr oedwn, dioer eddyl, Dan y gwŷdd, gwae'r dyn nyw gwŷl ...'

Eisteddodd y pedwar yn gegrwth wrth imi yngan y geiriau. Nodwch sut roeddem wedi trawsnewid golygfa ddigon cyffredin o aros am ferch o dan goeden yn farddoniaeth benigamp. Elfen nodweddiadol o'm gwaith yn ystod y blynyddoedd oedd i ddod, gyfeillion.

'Wela i chi i gyd yn Nanhyfer,' meddwn gan droi unwaith eto a chau drws y dafarn yn glep ar fy ôl.

Yn ddiweddarach, dywedodd Dyddgu wrthyf beth oedd ymateb pawb i'r gerdd.

'Wnaethoch chi ddim clywed beth dwi newydd glywed, do fe?' gofynnodd Iolo.

'Na. Daf yn gallu barddoni? Go brin,' meddai Madog.

'Ie, amhosib,' cytunodd y Bwa Bach.

Ond roedd Morfudd, yn ôl Dyddgu, yn eistedd yn dawel, yn syllu'n feddylgar ar y drws am amser hir.

X

Dim ond cyn belled â phont Aberteifi roeddwn i a Wil wedi cyrraedd cyn inni gael ein hanghydfod cyntaf.

'Dwi'n ofni bod yn rhaid imi fynnu eich bod chi'n cadw at ein cytundeb, syr,' meddai Wil gan dynnu darn o felwm o boced ei siaced ac astudio'r cytundeb yn fanwl cyn syllu ar fy nhraed.

'Na. Plis, Wil. Unrhyw beth ond hynna,' erfyniais.

'Rhan 3, cymal 5.7ch. Mae e mewn du a gwyn,' meddai.

'Damio! O'r gorau,' ochneidiais yn benisel. Tynnais fy esgidiau cyrliog oddi ar fy nhraed a'u taflu dros y bont cyn syllu arnynt yn arnofio'n gyflym i lawr afon Teifi i gyfeiriad Iwerddon. Gyda hynny tynnodd Wil bâr o esgidiau diflas yr olwg o'i ysgrepan a'u rhoi am fy nhraed.

'Cyfforddus, iawn Wil. Cyfforddus iawn. Nawr 'te, beth am imi ddysgu un neu ddwy o dy gerddi?' cynigiais, gan ddechrau camu i gyfeiriad Sir Benfro.

Roeddem wedi cerdded oddeutu milltir ac wedi hen adael cyrion tref Aberteifi pan neidiodd rhywun allan o'r brwyn ar ochr y ffordd.

'Talu neu sbaddu!' gwaeddodd dyn byr gan chwifio cyllell finiog iawn ei golwg o dan fy nhrwyn. Syllodd arnaf gyda llygad dde wen. Hefyd roedd ei law chwith ar goll. Hwn oedd y lleidr a ddygodd fy arian a'm dillad y bore cynt. Yn waeth na hynny, roedd e'n gwisgo fy nhiwnig fermiliwm ysblennydd.

'A glywsoch chi? Talu neu sbaddu!' gwaeddodd am yr eildro.

'Wil. Hwn yw'r lleidr!' sibrydais.

'Allan o'm ffordd, ddyn o'r corrach frid. Ydych chi'n sylweddoli pwy rydych chi'n ei gyfarch? Y bardd enwog, Dafydd ap Gwilym a'i was ffyddlon, Gwilym ap Dafydd,' meddai Wil.

'Am y tro olaf! Talu neu sbaddu!' meddai'r lleidr, gan anwybyddu rhybudd Wil yn llwyr a phwyntio at y pwrs oedd yn hongian ar fy ngwregys.

Troais at Wil. 'Wil. Edrych ar y cytundeb os gweli di'n dda,' meddwn. Tynnodd hwnnw'r felwm o boced ei gôt eto a phori drosto. 'Rhan 7, cymal 4. 25b,' meddwn yn awdurdodol.

'Ble mae e?' Tarodd Wil olwg dros y ddogfen. 'Dyma ni ... ie ... byddaf fi, sef y gwas, Wil, yn amddiffyn y meistr, sef y bardd talentog Dafydd ap Gwilym, ar bob achlysur.'

'Gwych. Rho'r cytundeb ar waith, Wil.'

'Gyda phleser, syr. Rwy'n credu ein bod ar fin dechrau ar berthynas hyfryd,' meddai Wil. Ysgydwodd fy llaw, rholio llewys ei grys i fyny a chamu tuag at y lleidr.

XI

Roedd Dyddgu'n golchi tanceri cwrw y tu ôl i'r bar pan agorais y drws a chamu'n araf a lletchwith drwyddo. Roeddwn yn gwingo mewn poen ac yn hollol noeth heblaw am fy sanau melyn llachar, a oedd yn hongian o'm ffroenau, a'm trôns, oedd am fy mhen. Camais i mewn i'r dafarn gyda fy nwylo dros fy mhidlen.

'Dyddgu! Brandi!' gwaeddais.

Eiliad yn ddiwcddarach camodd Wil i mewn. Roedd yntau hefyd yn hollol noeth heblaw am ei sanau oedd yn hongian o'i ffroenau, a'i drôns, oedd am ei ben.

'Dyddgu! Dau frandi! ... mawr!'

I

Safai Morfudd, y Bwa Bach, Madog Benfras, Iolo Goch a Gruffudd Gryg mewn hanner cylch mewn ystafell fechan ger y gegin yn llys ysblennydd Rhys Meigen ym mhentref Nanhyfer nid nepell o Drefdraeth pan gyrhaeddais yng nghwmni Wil yn hwyr y prynhawn hwnnw.

'Rwyt ti'n hwyr, Dafydd! Ble yn y byd wyt ti wedi bod?' gwaeddodd Morfudd cyn gwelwi. 'A beth sydd wedi digwydd i dy lygad?' ychwanegodd, gan gymryd cam yn ôl.

'Heb sôn am dy fraich! Pa ddewiniaeth a achosodd hyn?' gofynnodd y Bwa Bach gan gamu y tu ôl i Morfudd.

'Dewiniaeth? Neu haint?' gwichiodd Madog Benfras gan gamu y tu ôl i Iolo Goch wrth i Wil gamu i mewn i'r ystafell yn bwyta darn o fara ceirch roedd wedi'i ddwyn o'r gegin.

'Dyna beth oedd taith a hanner. Allwn i fwyta baedd cyfan, yr ysgithrau, y caglau a'r ceilliau 'fyd,' meddai Wil, cyn sylwi bod pawb yn syllu'n syn ar y ddau ohonom.

'Mae ei was yn dioddef hefyd! Yr haint! Yr haint! Mae ar ben arnom!' hisiodd Madog Benfras.

Syllodd Gruffudd Gryg yn gegagored gan fethu ag yngan gair. Sylweddolais ar unwaith beth oedd yn codi ofn arnynt.

'Na, na, na. Nid haint, na dewiniaeth chwaith, Madog, ond mesurau diogelwch,' meddwn, gan dynnu'r wy wedi'i ffrio allan o'm llygad dde a datod y rhaff oedd yn dal fy llaw chwith y tu ôl i'm cefn. Gwnaeth Wil yr un peth.

Esboniais ein bod yn hwyr am fod lleidr wedi ymosod ar Wil a fi y tu allan i Aberteifi a dwyn ein dillad a'n harian. 'Roeddech, bob un ohonoch chi, wedi gadael y dafarn erbyn inni ddychwelyd i Aberteifi. Ond cawsom fenthyg hen ddillad gŵr Dyddgu ac mi roddodd hi bàs inni ar ei chert am mai hi sy'n cyflenwi'r gwin a'r cwrw ar gyfer y wledd heno,' meddwn.

'Cefais y syniad y dylai'r meistr a finne deithio i Nanhyfer gydag wy yr un yn ein llygaid fel ein bod yn edrych yn fwy ffyrnig, rhag ofn i ladron eraill ystyried dwyn y gwin a'r cwrw o gert Dyddgu,' ychwanegodd Wil wrth i'r ddau ohonom roi'r eitemau mewn darn o frethyn a'u gosod yn ein pocedi yn barod ar gyfer y daith hir yn ôl i blwyf Llanbadarn Fawr drannoeth.

Gyda hynny cerddodd Dyddgu i mewn i'r ystafell gan weiddi ar Wil,

'Ro'n i'n meddwl dy fod ti'n mynd i fy helpu i ddadlwytho'r cwrw a'r gwin oddi ar y cert, y diogyn.'

'Wrth gwrs, feistres,' atebodd Wil gan foesymgrymu a cheisio adennill y tir roedd wedi'i golli gyda Dyddgu'r noson cynt.

'Dwi ddim yn feistres i ti a fydda i byth,' ysgyrnygodd Dyddgu gan arwain y ffordd at y cert a'r ceffyl gyda Wil yn ei ddilyn yn ufudd.

Closiodd Iolo Goch ataf. 'Pa werth yw ffrwcsyn gwas os nad yw e'n gallu dy amddiffyn, Daf?'

'Heblaw, wrth gwrs, fod gan y gwas ddoniau eraill sy'n ddefnyddiol i'r meistr,' meddai Madog gan godi'i aeliau'n awgrymog.

Wnes i ddim ymateb, dim ond closio at Madog ac Iolo a gofyn iddyn nhw fenthyg mwy o arian imi.

'Yr un telerau'n iawn?' gofynnodd Iolo.

'Mae hynny'n swnio'n ddigon rhesymol. Ble ydw i'n arwyddo?'

Tynnodd Madog ddarn o felwm, pot o inc ac ysgrifbin o'i ysgrepan.

'Arwydda ar y felwm fan hyn ... fan hyn ... fan hyn ... ac yn olaf, fan hyn. Dyna ni,' meddai.

Rhoddais fy llofnod ar waelod y ddogfen. Cipiodd Madog y cytundeb o'm llaw a throsglwyddo'r arian imi mewn bag lledr bychan gyda'r llythrennau MB arno. Sylwais ar Gruffudd Gryg yn sibrwd yng nghlust y Bwa Bach.

'Syniad da, Gruffudd. Cer gyda nhw i gael ychydig o gwrw i iro dy wddf. Rhag ofn iti golli dy lais eto,' meddai'r Bwa Bach yn uchel. Gadawodd Gruffudd yr ystafell a dilyn Morfudd a Wil heb dorri gair arall â neb.

Roeddwn eisoes wedi sylwi fod Gruffudd Gryg yn gwisgo'r un wisg â Madog ac Iolo.

'Beth yn y byd yw'r rheina?' gofynnais gan bwyntio at diwnig Iolo.

'Bo-ffrwcsyn-tymau,' meddai Iolo.

'Beth yw bo-ffrwcsyn-tymau?'

'Botymau, Dafydd,' meddai Madog Benfras yn ddiamynedd. 'Creadigaeth newydd sy'n golygu nad oes raid i ti roi dy diwnig ymlaen dros dy ben,' ychwanegodd, gan arddangos y dechneg drwy drafod y botymau nes bod y diwnig ar agor, yna ei chau drachefn drwy ddefnyddio'r 'botymau' unwaith eto.

'*Voi-ffrwcsyn-là*, fel byddai'r trwbadwriaid yn ei ddweud,' chwarddodd Iolo.

'O ble gawsoch chi'r botymau?'

Oedodd Madog am eiliad cyn troi at Morfudd.

'Gan y tri Sais, Hicin, Siencyn a Siac, ddoe,' meddai Morfudd yn falch. 'Fy syniad i oedd e. Rwy'n teimlo ei bod hi'n bwysig creu delwedd ar gyfer y beirdd sy'n rhan o gymdeithas y Cywyddwyr, Rhigymwyr, Awdlwyr a Phrydyddion.'

'Ond Morfudd, ble mae fy nghôt i?' gofynnais yn ddiniwed, gan wybod bod Morfudd a'r Bwa Bach yn bwriadu fy niarddel o'r gymdeithas yn dilyn y perfformiad y noson honno.

'Wel ... yn anffodus, dim ond tair côt gyda botymau oedd ar ôl,' meddai'r Bwa Bach fel chwip gan geisio osgoi dal fy llygad. Gwelais fod tiwnig Madog yn dynn iawn arno a bod y botymau'n gwegian dan y straen o ddal ei fol i mewn. Gwenais gan dybio y byddwn innau hefyd yn berchen ar gôt ysblennydd o'r fath yn dilyn fy llwyddiant y noson honno gyda chymorth Wil.

Ond gwae fi, nid felly y bu hi.

Yn sydyn, daeth bloedd o gyfeiriad y drws.

'Mae'r beirdd wedi cyrraedd! Mae'r beirdd wedi cyrraedd!'

Ymhen chwinciad roedd dyn penfelyn gyda barf fawr felen yn sefyll o'n blaenau. Rhys Meigen oedd hwnnw, yr uchelwr a'r baledwr di-nod oedd wedi'n gwahodd i'w gartref yn Nanhyfer i gynnal ymryson a gwledda y noson honno.

Roedd Rhys yn dirfeddiannwr pwysig yn yr ardal ac yn berchen ar ystad eang Nanhyfer, yng nghyffiniau'r pentref o'r un enw. Etifeddodd y tiroedd hyn flwyddyn ynghynt ar ôl i'w dad farw. Roedd Rhys, fel myfi, Dafydd ap Gwilym, yn ei ugeiniau cynnar ac yn ddibriod. Ond yn wahanol i mi, Dafydd ap Gwilym, roedd e'n meddwl ei fod yn dipyn o geiliog dandi. Yn cadw cwmni iddo, roedd dyn ychydig yn hŷn nag ef gyda gwallt du a llygaid oedd yn symud yn ddi-stop wrth astudio pob un ohonom yn ei dro.

'Dyma fy nghefnder, Richard, Siryf Nanhyfer a'r cyffiniau. Myfi sydd â'r arian a'r tir ond Richard sydd â'r grym yn yr ardal hon,' meddai Rhys Meigen cyn troi i groesawu'r Bwa Bach. 'Rwy'n gobeithio bod eich taith fer o Aberteifi i Nanhyfer wedi bod yn un ddiffwdan,' meddai.

'Dim trafferth o gwbl, heblaw am Dafydd druan,' meddai'r Bwa Bach cyn adrodd yr hanes am y lleidr yn dwyn fy nillad a'm harian ddwywaith mewn dau ddiwrnod.

'Anffodus iawn,' meddai Rhys Meigen gan f'anwybyddu'n llwyr. 'Gallaf eich sicrhau na fyddwch chi'n cael problemau o'r fath yn Nanhyfer. Mae troseddu yma yng ngogledd Sir Benfro bron â diflannu'n llwyr ar ôl imi ariannu cynllun gwylio lladron newydd sy'n cael ei roi ar waith gan fy nghefnder, Richard,' ychwanegodd, cyn mynd ati i gyfarch pob un ohonom yn unigol.

'Henffych, Madog Benfras ap Gruffudd ab Iorwerth Arglwydd Sonlli ab Einion Goch ab Ieuaf ap Llywarch ab Ieuaf ap Ninaw ap Cynfrig ap Rhiwallawn. Rwy'n edrych ymlaen yn fawr at glywed eich cerddi heno,' gorffennodd Rhys Meigen.

Cododd Madog Benfras ar ei draed a moesymgrymu.

'Na rhyw drwsiad rhag brad braw, Swydd ddirnad, y sydd arnaw,' meddai'r hen ragrithiwr, oedd yn adrodd yr un cwpled bob tro waeth pa uchelwr roedd e'n ei gyfarch.

Amneidiodd Rhys Meigen â'i ben i ddangos ei fod wedi'i blesio.

'Da iawn, da iawn wir. Ond dwi ddim yn edrych ymlaen at eich gweld chi'n chwyddo'r bol anferth 'na trwy wledda ar fy haelioni i,' chwarddodd.

Ceisiodd Madog ei orau glas i dynnu ei fol i mewn. Trodd Rhys Meigen at Iolo Goch.

'Henffych, Iolo Goch.'

Moesymgrymodd hwnnw.

'Pererindawd ffawd ffyddlawn, Perwyl mor annwyl mawr iawn, Myned, mau adduned ddain, Lles yw, tua Rhys Meigain,' meddai Iolo, gan adrodd ei gywydd yntau ar gyfer pob uchelwr gan newid yr enw bob tro.

'Hyfryd. Hyfryd iawn. Da clywed un o dy gerddi di, Iolo ... am unwaith. O be dwi'n ei glywed rwyt ti'n fwy cyfarwydd â defnyddio cerddi pobl eraill.' Trodd Rhys Meigen at y Bwa Bach.

'Henffych, Rhys Meigen,' meddai hwnnw'n nerfus.

'Henffych, Bwa Bach,' meddai Rhys Meigen, gan astudio'r Bwa Bach o'i gorun i'w sawdl a chraffu ar ei gôt frethyn.

'Rwy'n credu bod gwyfynod wedi bod yn bwyta dy gôt, Bwa Bach,' meddai. 'Rwy'n astudio gwyfynod ac rwy'n credu mai'r cwcwallt melynog sydd wedi bod wrthi.'

'Rwy'n credu mai'r cwcwll melynog sydd ganddoch chi mewn golwg, nid y cwcwallt, Rhys Meigen,' awgrymodd y Bwa Bach.

'Na. Dwi'n gwybod y gwahaniaeth rhwng cwcwll a chwcwallt. Ond a wyt ti? Ddylet ti gymryd mwy o ofal o dy eiddo, Bwa Bach,' meddai Rhys Meigen a throi at Morfudd a llyfu ei wefusau. 'Neu mi fydd rhyw wyfyn wedi'i larpio'n llwyr!'

Edrychodd y Bwa Bach yn bryderus ar Morfudd. Roedd Rhys Meigen yn amlwg yn awgrymu bod ei wraig yn anffyddlon. Safodd hi wrth ei ochr fel delw. Gyda hynny moesymgrymodd Rhys Meigen o flaen Morfudd.

'Rwy'n edrych ymlaen yn fawr at heno, Morfudd. Rwy'n siŵr y gallwn drefnu llawer mwy o nosweithiau pleserus eraill yn fuan,' meddai. Pwysodd ymlaen i sibrwd yng nghlust chwith Morfudd fel na fyddai'r Bwa Bach yn ei glywed. Chlywais innau ddim chwaith, er imi wneud fy ngorau glas i glustfeinio, ond cafodd y geiriau effaith syfrdanol ar Morfudd. Trodd ei hwyneb perffaith yn wyn fel y peth gwynnaf a welais erioed a sibrydodd, 'Sut oeddech chi'n gwybod hynny?'

'Gawn ni drafod hyn eto, yn fy ystafelloedd ar ôl y wledd,' sibrydodd Rhys Meigen, cyn sylwi arnaf i am y tro cyntaf a dechrau chwerthin.

'O! Helô, Dafydd. Rwy'n edrych ymlaen at glywed dy gerddi heno. Maen nhw i gyd mor ... wel ... ddoniol,' meddai, yn ei ffordd nawddoglyd arferol.

Mae'n rhaid imi gyfaddef bod fy ngyrfa farddol hyd yn hyn wedi peri dipyn o benbleth imi. Roeddwn yn fwy na hapus fod pobl yn chwerthin wrth imi adrodd fy ngherddi dychan, ond y broblem oedd bod y rheiny mor ddoniol fel bod pobl yn dal i chwerthin wedi imi symud ymlaen at fy ngherddi dwys a difrifol.

Camodd Rhys Meigen yn agosach ataf. 'Rwyf wedi bod yn potsian tamed bach fy hun,' meddai, cyn troi i wynebu'r gweddill. 'Cyn i Dafydd ddechrau ein diddanu a'n syfrdanu gyda'i ddawn unigryw hoffwn gyflwyno'r englyn bach hwn iddo:

"Dafydd gau marwaidd gi mall,
　　Tydi fab y tadau oll,
　　Gwanais dy fam gam gymell,
　　Uwch 'i thin och yn 'i thwll."'

Wrth gwrs, mae'n rhaid i fardd dderbyn y bydd yn gyff gwawd o bryd i'w gilydd yn rhinwedd ei swydd, ond roedd Rhys Meigen wedi mynd yn rhy bell drwy bardduo enw Mami. Sefais yno'n gwenu nes i'r chwerthin ddod i ben, ond gwyddwn fod yn rhaid imi ddial ar y diawl boliog rywsut neu'i gilydd.

Yn fuan wedi hynny, ffarweliodd Rhys Meigen a'i gefnder â ni. Gadawodd y ddau yr ystafell i gyfeiliant geiriau barddonol Iolo Goch.

'I'w lys ar ddyfrys ydd af, O'r deucant odidocaf, Llys barwn, lle syberwyd, Llc daw beirdd aml, lle da byd,' meddai yn ei lais main. Yna pan welodd fod yr uchelwr allan o'i glyw tarodd rech enfawr. 'Twll din Taliesin! Roedd hwnna'n straen!' gwaeddodd, wrth i bawb ddechrau trafod sylwadau trahaus Rhys Meigen.

'Pam o'dd e'n awgrymu dy fod ti'n anffyddlon a 'mod innau'n gwcwallt, Morfudd?' gofynnodd y Bwa Bach.

'Celwydd noeth. Cenfigen,' oedd ateb swta Morfudd.

'Wel, mae angen i rywun roi taw ar ei gelwyddau.'

'Cytuno'n llwyr,' meddai Morfudd gan syllu i lygaid ei gŵr.

'Glywest ti e, Madog?' hisiodd Iolo Goch. 'Yn fy nghyhuddo i o lên-ladrad ... dwi ddim wedi dwyn gair o farddoniaeth erioed ...'

'Dim ers yr wythnos ddiwethaf. Man a man iti gyfaddef, roedd elfen o wirionedd yn ei gyhuddiad,' atebodd Madog.

'Ddim hanner cymaint o wirionedd â dy fod ti wedi magu tipyn o bwysau dros y misoedd diwethaf. Prin dy fod ti'n gallu anadlu yn dy gôt newydd,' meddai Iolo. 'Mae pobl wedi dechrau dy alw di'n Madog Ben-ôl fras!' ychwanegodd yn wawdlyd.

'Ladda i'r diawl!'

'Cer i gefn y rhes i aros dy dro,' oedd ateb Iolo Goch.

'Ond dim ond myfi a dderbyniodd englyn yn awgrymu pethau ffiaidd am ei fam,' meddwn.

Gyda hynny, cerddodd Wil i mewn i'r ystafell gyda chasgen o gwrw ar gyfer y wledd. Rhuthrais draw ato.

'Oes 'da ti gerdd gas y gallaf ei defnyddio i ddychanu Rhys Meigen?'

'Pa mor gas? Eithaf cas? Cas? Neu faleisus-sbeitlyd-gwenwynig-llygredig-sglyfaethus-cyfoglyd o gas?'

'Ie. Hwnnw,' atebais.

'Mae gen i jest yr un,' meddai gan wincio arnaf.

'Mae ganddon ni awr neu ddwy cyn y wledd. Awn am dro i Nanhyfer er mwyn imi gael cyfle i ddysgu'r gerdd heb i neb glywed,' sibrydais, gan dywys Wil i gyfeiriad y pentref oedd lai na chwarter milltir o lys Rhys Meigen.

III

Roedd llys Rhys Meigen dan ei sang gydag oddeutu deugain o uchelwyr a phwysigion gogledd Sir Benfro, a oedd wedi dod ynghyd i loddesta a gwrando arnon ni'r beirdd yn eu diddanu gyda'n henglynion a'n cywyddau. O reidrwydd roedd y Bwa Bach, Morfudd, Madog, Iolo, Gruffudd Gryg a minnau'n eistedd yng nghwmni Rhys Meigen a'i gefnder, Richard, wrth y prif fwrdd.

Fi oedd wedi cael y fraint o fod y bardd cyntaf i draethu (unwaith eto) ac roeddwn wedi cynhyrfu cymaint fel na allwn fwyta'r un tamaid o'r danteithion oedd o'm blaen, a oedd yn cynnwys cig carw, cig baedd, sewin, penhwyaid, ysgyfarnogod, petris mewn saws *tremollete*, a lamprai mewn grefi.

Roeddwn yn ysu i draddodi fy ngwaith newydd. Ond gadewch imi gymryd y cyfle hwn i gywiro'r camsyniad mai'r bardd cyntaf i godi ar ei draed i ddiddanu'r gynulleidfa mewn llys uchelwr yw'r un gwaethaf. Na. I'r gwrthwyneb. Roedd hi'n hollol amlwg i mi, ar ôl saith ymddangosiad ar hugain mewn llysoedd gwahanol, o Fodedern i Fynachlog-ddu, mai myfi oedd y dewis cyntaf bob tro oherwydd mai myfi, Dafydd ap Gwilym, oedd yn gosod y safon. Roedd angen dechrau'r noson ar nodyn uchel. Yna, byddai'r gynulleidfa'n gwrando ar ymdrechion pitw gweddill y beirdd, cyn i fardd arall o'r safon uchaf, fel Madog Benfras neu Gruffudd Gryg, gloi'r ymryson. Pwysodd y Bwa Bach draw a gofyn imi ddechrau.

'Ond dyw pawb ddim wedi gorffen bwyta eto,' atebais.

'Paid â phoeni am hynny. Bwr gered,' meddai.

Tybiais ei fod am imi adrodd fy ngherddi tra oedd pobl yn bwyta fel na fyddai neb yn gwrando arnynt. Rheswm arall imi feddwl fod y Bwa Bach yn eiddigus ohonof.

Codais ar fy nhraed yn nerfus. Dyma'r tro cyntaf imi adrodd un o'r cerddi i Wil a minnau eu cyfansoddi ar y cyd. Er fy mod i'n meddwl bod ei gerddi'n wych, ni allwn fod yn hollol siŵr y byddai pawb yn eu gwerthfawrogi.

Llyncais fy mhoer a gweld bod Wil yn sefyll gyda Dyddgu ger drws y gegin yn fy ngwylio. Roedd yn f'atgoffa o'r tro cyntaf i fy nhad, Gwilym, a fy mam, Ardudfyl, fy ngwylio yn adrodd o flaen y teulu pan oeddwn yn fachgen bach. Yn anffodus, mi ddigwyddodd yr un peth y tro hwn. Anghofiais y geiriau. Pesychais wrth i nifer o'r gloddestwyr godi eu pennau yn disgwyl imi ddechrau traethu. Ond methais ag yngan gair. Sefais yno'n gwenu'n wirion fel y gwnes i o flaen Mami, Dadi, f'ewythr Llywelyn a'i deulu yn ei lys yng Nghastellnewydd Emlyn ugain mlynedd ynghynt. Gwelais o gornel fy llygad fod Wil yn ceisio llunio geiriau cyntaf y gerdd gyda'i geg, a bod Dyddgu â'i dwylo dros ei llygaid, yn union fel Mami a Dadi y tro cyntaf hwnnw.

Erbyn hyn roedd nifer o'r gloddestwyr wedi dechrau gweiddi arnaf i adrodd fy ngherdd neu eistedd i lawr, ac roedd un neu ddau o'r rhai mwyaf anghwrtais wedi dechrau dynwared synau rhechfeydd. Gwelais Morfudd a'r Bwa Bach yn edrych ar ei gilydd ac yn amneidio â'u pennau. Roedd hyn siŵr o fod yn cyfiawnhau eu penderfyniad i gael gwared arna i. Cododd Rhys Meigen ddarn o gaws a dechreuodd ei gnoi'n araf wrth imi oedi ac oedi ac oedi.

Suddodd fy nghalon wrth imi sylweddoli nad oeddwn hyd yn oed yn gallu cadw fy rhan i o'r fargen gyda Wil, ac adrodd y cerddi ar goedd. Meddyliais pa mor hawdd fyddai rhoi'r gorau i fy ngyrfa yn y fan a'r lle. Roeddwn ar fin eistedd pan gosodd y geiriau 'mor hawdd' rywbeth yn fy nghof. Wrth gwrs! Hawddamor. Dyna air cyntaf y gerdd.

'Hawddamor, glwysgor glasgoed,' traethais yn uchel, a gyda hynny daeth holl eiriau'r gerdd 'Mis Mai a Mis Tachwedd' yn ôl ataf.

Ro'n i'n hen gyfarwydd â phobl anghwrtais yn siarad wrth imi draddodi. Yn aml, roedden nhw'n parhau i wneud hynny trwy gydol fy mherfformiad. Ond nid y noson honno.

'Hawddmor, glwysgor glasgoed, Fis Mai haf, canys mau hoed ... ' dechreuais. Erbyn imi orffen y gerdd dim ond sŵn y pren yn llosgi yn y lle tân anferth, a sŵn hisian y pedwar baedd yn rhostio uwch ei ben, oedd i'w glywed yn yr ystafell.

Gorffennais lefaru ac edrych i lawr ar hyd y bwrdd hir. Roedd y beirdd eraill yn syllu arnaf yn gegagored. Yn well fyth, roedd Rhys Meigen mor wyn â rhywbeth gwyn iawn. Rwy'n cofio Morfudd, a eisteddai i'r chwith iddo a'i gefnder, Richard, a eisteddai ar ei ochr dde, yn pwyso ymlaen i ofyn iddo a oedd e'n iawn. Amneidiodd hwnnw â'i ben gan barhau i fwyta ei fasned o gawl yn araf a syllu arna i mewn anghrediniaeth.

Ond megis dechrau yr oeddwn i, ddarllenwyr eiddgar. Edrychais ar Rhys Meigen yn syllu arnaf gyda'i lygaid du wrth iddo godi darn o gaws yn araf i'w geg.

Newidiodd lliw ei wyneb sawl tro wrth imi adrodd fy ngherdd nesaf, sef 'Dychan i Rys Meigen'. Dwi ddim am ei hailadrodd hi nawr, gan fod pawb mor gyfarwydd â hi. Wedi'r cyfan, hon yw'r gerdd a ddaeth ag enwogrwydd imi fel *enfant terrible* barddoniaeth Cymru. Serch hynny, ro'n i o'r farn fod canu Wil yn y gerdd hon ychydig yn agos at yr asgwrn ac ar brydiau'n ddi-chwaeth iawn. Rwy'n dal i gofio wyneb Rhys Meigen yn troi o wyn i goch pan ynganais y geiriau 'Ci sietwn yw'r cas ytai ...', yn troi o goch i borffor pan gyhuddais ef o fod yn 'Gwythen llygoden geudai', ac yn troi'n lliw nas gwelwyd dan yr wybren o'r blaen pan ganais 'Gwedd yt yfed gwaddod tefyrn'.

Roedd llygaid Rhys Meigen yn pefrio erbyn hynny ac rwy'n cofio Iolo Goch yn pwyso draw at Madog Benfras a dweud,

'Do'n i ddim yn disgwyl *hynna*. Mae e'n fwy mochaidd na fi!'

Dechreuodd Madog Benfras chwerthin cyn edrych i lawr ar ei stumog. Edrychodd i fyny'n syth a syllu'n bryderus ar Rhys Meigen, a oedd yn eistedd yn union gyferbyn ag ef ac yn bwyta'i gawl yn araf. Yn union ar ôl iddo gymryd llwyaid fawr o'i gawl, cododd Rhys Meigen ar ei draed, gan fwriadu dweud rhywbeth. Ond chawn ni byth wybod beth roedd ar fin ei ynganu oherwydd trodd ei wyneb yn wyrdd, rhoddodd ei law ar ei wddf am ennyd ac yna syrthio ar ei ben i'r fasned o gawl.

Bu farw yn y fan a'r lle.

Dyna oedd diwedd yr ymryson, wrth gwrs, ac rwy'n cofio Madog Benfras yn troi at Iolo Goch a dweud, 'Difa a wnaeth ein Dafydd' yn ddigon uchel i bawb yn y cyffiniau ei glywed, gan gynnwys y Siryf, Richard Meigen. Cododd hwnnw o'i sedd yn syth gan bwyntio ei fys ataf a gweiddi,

'*Maleficium*! Dewiniaeth! Mae'r bardd wedi llofruddio fy nghefnder annwyl gyda'i farddoniaeth. Glywoch chi pa mor ffiaidd oedd ei gerdd? Arestiwch e!'

Gyda hynny, teimlais rywun yn tynnu fy mreichiau y tu ôl i'm cefn a dechrau fy llusgo allan o'r llys.

'Ble y'ch chi'n mynd â fi? Rwy'n ddieuog. Helpwch fi,' gwaeddais nerth esgyrn fy mhen. Rhuthrodd Wil draw ataf.

'Peidiwch â'i feio fe. Fi ysgrifennodd y gerdd. Ewch â fi,' gwaeddodd.

'Pwy yw hwn?' gofynnodd y Siryf.

'Fy ngwas, fy macwy, fy hardd wreangyn, Wil,' atebais.

'Yw e'n dweud y gwir?' gofynnodd y Siryf.

Roedd hon yn un o'r sefyllfaoedd hynny mewn bywyd lle mae'n rhaid gwneud penderfyniad mawr ar frys. Petawn i'n cyfaddef mai Wil oedd y bardd mi fyddwn i'n cael fy rhyddhau, a Wil yn cael ei ladd. Cyfaddef y gwir a byw, neu ddweud celwydd a marw, ond derbyn y clod? Penderfyniad anodd. Beth fyddech chi wedi'i wneud, ddarllenwyr moesgar?

Y gwir yw, os ydych chi'n fardd go iawn rydych chi'n cymryd y clod. Bob tro.

'Taeog yn gallu barddoni? Twt lol. Na. Dwi ddim yn mynd i wadu'r cyhuddiad er mwyn cael fy rhyddhau,' dywedais.

'Pwy ddywedodd y byddet ti'n cael dy ryddhau?' ysgyrnygodd Richard Meigen. 'Roeddwn i am wybod a oedd mwy nag un ohonoch chi'n rhan o'r cynllwyn i ladd fy nghefnder,' ychwanegodd, gan droi at Wil. 'Rwyt ti'n lwcus bod dy feistr mor onest neu mi fyddet ti'n ymuno ag e ar y grocbren. Ewch â'r bardd i'r carchar!'

'Peidiwch â phoeni, syr, mi wna i ddarganfod y gwir,' gwaeddodd Wil wrth imi ei basio ar fy ffordd allan.

Gwelais fod Dyddgu yn ei dagrau a bod y Bwa Bach yng nghanol trafodaeth frwd gyda Morfudd. Ni allai Madog Benfras edrych arnaf wrth imi gerdded heibio iddo ac roedd Iolo Goch yn edrych fel petai am ladd ei ffrind mynwesol a safai yn ei ymyl.

IV

Eisteddais gyferbyn â'r Siryf, Richard Meigen, wrth fwrdd mewn ystafell fechan yn y carchar. Eisteddai dyn arall wrth ochr y Siryf yn cofnodi popeth a gâi ei ddweud wrth i brif swyddog heddwch yr ardal fy holi ynghylch marwolaeth ei gefnder.

'Man a man i ti gyfaddef dy fod wedi bwriadu lladd fy nghefnder gyda dy eiriau gwenwynig,' siarsiodd y Siryf fi'n chwyrn wrth i'r dyn ifanc gofnodi ei eiriau ar ddarn hir o felwm. Roedd Richard yn llygad ei le fod Wil wedi'i gor-wneud hi o ran pardduo enw'r ymadawedig. Ond ymgais i'w ladd? Ffwlbri llwyr.

'Dwi'n gwbl ddieuog. Mae'n amlwg ei fod wedi tagu neu ei fod wedi dioddef apoplecsi,' atebais.

Gwenodd y Siryf yn gam. 'Y crwner sy'n penderfynu beth achosodd y farwolaeth, nid ti.'

'Gorau po gyntaf inni gael ei farn e, 'te,' atebais yn hyderus, gan wybod y byddai'r crwner yn cadarnhau fy marn innau.

'O'r gorau,' meddai Richard. Disgwyliais iddo godi i fynd i chwilio am y crwner, ond ni symudodd o'i gadair.

'Fel crwner yr ardal, fy marn i yw bod Rhys Meigen wedi marw yn dilyn ymosodiad angheuol arno gan fardd gwenwynig.'

Suddodd fy nghalon wrth imi sylweddoli fy mod mewn tipyn o bicil. Pwysodd Richard Meigen ymlaen yn ei gadair.

'Mi wna i'n siŵr dy fod ti'n talu am hyn.'

Doeddwn i ddim yn dwp. Ro'n i'n gwybod yn gwmws beth oedd Richard yn ei feddwl pan ddywedodd y byddwn i'n 'talu'. Roedd fy ewythr, Llywelyn ap Gwilym, nid yn unig yn Gwnstabl ardal Castellnewydd Emlyn, ond hefyd yn Ddirprwy Ustus De Cymru ers y llynedd. Roedd wedi gwneud ei ffortiwn yn poccdu arian pobl oedd yn barod i'w lwgrwobrwyo'n hael i osgoi cael dirwy am eu troseddau.

Pwysais ymlaen a wincio'n gyfrin ar y Siryf. Tynnais y cwdyn o arian a fenthycais gan Madog ac Iolo yn gynharach y prynhawn hwnnw o'm gwregys a'i wthio'n araf ar draws y bwrdd tuag at Richard Meigen. 'Rwy'n deall sut mae hyn yn gweithio,' meddwn, gan wincio eto. Ond cefais siom pan na chyffyrddodd Richard â'r cwdyn arian.

'Cofnodaf fod Dafydd ap Gwilym wedi gwthio cwdyn o arian ar draws y bwrdd,' meddai wrth i'r sgrifellwr nodi hyn ar y felwm. 'Y gosb i'r sawl sy'n ceisio llwgrwobrwyo un o swyddogion y Brenin Edward y Trydydd yw torri ei law chwith bant,' ychwanegodd. Suddodd fy nghalon yn is. 'Wyt ti am dderbyn y gosb nawr neu ar ôl yr achos yn d'erbyn am ladd Rhys Meigen?'

'Yn dilyn yr achos, os gwelwch yn dda,' atebais wrth i'r Siryf ychwanegu fod gen i ddewis, sef naill ai derbyn diheurbrawf neu fynnu achos llys o flaen barnwr. Gwyddwn y gallai gymryd wythnosau cyn i farnwr gyrraedd i glywed yr achos. Byddai hynny'n rhoi amser imi gasglu tystiolaeth i geisio profi fy mod i'n ddieuog. Ta beth, ro'n i wedi clywed bod diheurbrawf yn gallu bod yn angheuol o boenus.

'Mi arhosaf i dderbyn f'achos o flaen barnwr,' meddwn.

'Wyt ti'n siŵr?' gofynnodd Richard Meigen gan wenu'n gam unwaith eto.

'Mae gen i bob ffydd yn system gyfiawnder y Brenin Edward y Trydydd ac rwy'n siŵr y bydd y barnwr yn ddyn teg a thrylwyr ...' dechreuais, cyn gweld y wên yn lledu ar draws wyneb y Siryf. '... O na! Chi yw'r barnwr, on'd ife!' griddfanais gan weld Richard Meigen yn amneidio â'i ben.

'Diheurbrawf amdani 'te,' atebais yn dawel, gan weld unrhyw obaith o achub fy nghroen yn prysur ddiflannu.

'Doeth iawn, Dafydd Llwyd ap Gwilym Gam. Doeth iawn. Wrth gwrs, mi gei di ddewis dy ddiheurbrawf.'

'Gwych. Dwi'n hoffi gemau lle ry'ch chi'n gorfod dewis,' meddwn.

'Y cyntaf – diheurbrawf tân. Byddi yn rhoi dy law mewn tân ... am awr. Os yw'r clwyf yn gwella mewn tridiau, rwyt ti'n ddieuog.'

'A'r ail un?' gofynnais yn wan.

'Diheurbrawf dŵr. Byddi yn cael dy glymu i stôl drochi. Os byddi'n boddi rwyt ti'n ddieuog ac os byddi'n goroesi rwyt ti'n euog.'

'A beth yw'r gosb, am fod yn euog?'

'Cael dy losgi!' atebodd y Siryf.

'A'r diheurbrawf olaf?'

'Y diheurbrawf bwyta – rwyt ti'n gorfod bwyta caws a bara heb dagu. Os byddi'n tagu rwyt ti'n euog. Os na fyddi'n tagu rwyt ti'n ddieuog.'

'Ac yna ...?' gofynnais yn nerfus.

'Dyna ni. Does dim mwy.'

'Os felly, dwi'n credu mai'r diheurbrawf bwyta fyddai orau gen i,' meddwn. 'Ond gwnewch yn siŵr nad yw'r caws yn un o dde Cymru. Ro'n i'n aros gydag Ifor Hael fis yn ôl a do'n i ddim yn hoff o'r caws o gwbl. Felly dim Caerffili os gwelwch yn dda,' ychwanegais.

'Paid â phoeni. Rwy'n paratoi'r caws fy hun. Caws gyda pherlysiau ynddo.'

'Dwi'n dwlu ar gawsiau o'r fath. Yn enwedig tua'r Nadolig,' atebais. 'Pa berlysieuyn ydych chi'n ei ddefnyddio? Y genhinen syfi? Persli? Basil?'

'Gei di weld. Ond mi fydd yn flasus iawn,' atebodd y Siryf.

'Efallai y dylwn i feddwl ychydig mwy am fy mhenderfyniad,' meddwn, gan amau fod gan y Siryf ryw dric i fyny llewys ei gôt las ysblennydd.

'Pam lai? Dyma ddiwedd y cyfweliad cyntaf gyda Dafydd Llwyd ap Gwilym Gam, toc cyn *Prime* ar y cyntaf o Fehefin 1345,' meddai'r Siryf. Trodd at y sgrifellwr a'i fwrw'n anymwybodol cyn troi yn ôl ataf. 'Does dim rhaid iddo glywed popeth,' meddai, gan bwyso yn nes ataf a sibrwd, 'Does dim un how-an-crei wedi'i gyflawni yn Nanhyfer ers imi ddechrau sefydlu fy system newydd o gadw trefn dri mis yn ôl,' meddai'n chwyrn. 'Ond heddiw dwi wedi gorfod arestio dihiryn am fod yn feddw yn y stryd, yn ogystal â thi. Mae hynny'n effeithio ar fy llwyddiant, a dwi ddim yn hapus. Dwi ddim yn hoffi beirdd a dwi ddim yn dy hoffi di. Does dim ots beth fydd dy benderfyniad – mi fyddi'n cael dy ladd, ap Gwilym Gam,' ychwanegodd.

Closiais ato. 'Os felly, dienyddio ap Gwilym Gam ar gam fydd hi,' atebais, gan wincio arno i brofi fy mod i'n fardd o hyd, er fy mod i'n crynu trwydda i.

'Yn ffodus i ti, dwi'n gorfod teithio i Dyddewi i gofnodi marwolaeth fy nghefnder gyda'r Esgob. Ond mi gynhaliwn ni'r achos pan fydda i'n dychwelyd brynhawn fory. Cysga'n dawel,' gorffennodd Richard Meigen, cyn gweiddi ar y beili i'm tywys i'r gell.

Gwyddwn ei bod ar ben arnaf a'm hunig obaith, yn anffodus, oedd Wil.

V

Roedd fy ngwas annwyl yn poeni mwy am ei fywyd carwriaethol nag am achub croen ei feistr ifanc y noson honno, yn ôl yr hyn a ddywedodd wrthyf wedi i'r anghydfod ddod i ben.

Roedd Wil wedi mynnu helpu Dyddgu wrth iddi fynd o amgylch y byrddau gwag yn neuadd llys Rhys Meigen yn casglu'r gwin a'r cwrw oedd ar ôl yng ngwaelod y gobledi a'r jygiau, er mwyn ei ailwerthu i'w chwsmeriaid yn yr Hen Lew Du.

'Ond Dyddgu, dwi wedi esbonio pam y methais i ddod i loddesta gyda thi yn d'ystafell neithiwr,' erfyniodd Wil ar ôl ailadrodd hanes y digwyddiadau anffodus roedd y ddau ohonom erbyn hyn wedi eu cofnodi yn y gerdd 'Trafferth mewn Tafarn'.

'Does dim ots, Wil. Roedd y gwahoddiad yn gamgymeriad. Ro'n i'n meddwl mai uchelwr oeddet ti pan glywais i ti'n adrodd y farddoniaeth 'na. Mi wnes i wanhau am ennyd ar ôl cael fy ngwrthod gan rywun sy'n llawer mwy urddasol na thi. A nawr dwi'n gwybod y gwir, sef dy fod ti'n was a thaeog cyffredin ac nad dy farddoniaeth di oedd hi.'

'Ond pam na all taeog farddoni os yw merch i uchelwr yn gallu rhedeg tafarn?' gofynnodd Wil, gan wneud i Dyddgu chwerthin yn dawel.

'Am fod barddoniaeth yn grefft sy'n cael ei dysgu gan bencerdd ac sy'n cynnwys astudio gwaith y Gogynfeirdd, Fyrsil, Ofydd a Homer.'

'Ond o'r galon mae barddoniaeth yn dod, Dyddgu, nid o lyfr. Mae astudio natur, anifeiliaid a phobl yr un mor bwysig i fardd.'

'Wyt ti'n dweud taw ti ysgrifennodd y gerdd adroddaist ti i mi 'te?'

Bu'n rhaid i Wil feddwl yn ddwys cyn ateb y cwestiwn hwn gan wybod ei fod yn gwneud penderfyniad mawr. Gallai naill ai ddweud y gwir a cholli swydd dda gyda'r meistr ifanc neu gelu'r gwir a cholli unrhyw obaith o gipio calon Dyddgu. Mae'r galon yn bwysig ond mae'r stumog yn bwysicach o lawer, yn fy mhrofiad i. Roedd Wil yn cytuno, mae'n amlwg, oherwydd penderfynodd gau ei geg. Serch hynny, gwnaeth un ymdrech olaf.

'Mi wnest ti redeg bant gyda thaeog, sef dy ŵr, Gwgon,' meddai.

'... a fydda i ddim yn gwneud yr un camgymeriad eto. Na, Wil, mae'n rhaid iti anghofio amdana i.'

'Pwy yw'r dyn ffodus sydd wedi llwyddo i gipio dy galon felly?'

A bod yn hollol onest gyda chi, ddarllenwyr, mi fyddwn wedi hoffi gwybod pwy oedd wedi torri calon Dyddgu er mwyn imi allu rhoi cic lan ei ben-ôl. Mae hi'n ferch hyfryd, ac mi fyddai wedi mynd â fy mryd i oni bai bod fy nghalon eisoes yn berchen i Morfudd.

'Dim o dy fusnes di. Ta beth, ddylet ti fod yn canolbwyntio ar helpu dy feistr,' atebodd Dyddgu, gan roi syniad i Wil.

'A fyddet ti'n ystyried ailfeddwl petawn i'n achub bywyd Dafydd?' gofynnodd.

'Mi fyddai gen i fwy o barch tuag atat ti, yn bendant,' atebodd Dyddgu'n ofalus. 'Wyt ti'n meddwl y galli di brofi ei fod yn ddieuog?'

Amneidiodd Wil â'i ben. 'Nid barddoniaeth na dewiniaeth a laddodd Rhys Meigen, ond gwenwyn.'

'Pam wyt ti'n meddwl hynny?'

'Am fy mod i wedi gweld pobl yn cael eu gwenwyno o'r blaen. A gwn yn bendant mai *belladonna* a laddodd Rhys Meigen.'

'Ond sut alli di fod mor siŵr?'

Eisteddodd Wil ar yr un gadair ag yr oedd Rhys Meigen yn eistedd arni pan fu farw rai oriau ynghynt. Cododd dancard hanner llawn o win a'i yfed mewn un llwnc cyn dechrau adrodd ei stori.

'Mi ddigwyddodd hyn pan o'n i'n filwr yn Ffrainc. Ro'n i'n saethwr ym myddin ddewr Edward y Trydydd ym mrwydr

Saint-Omer yn y rhyfel creulon hwn yn erbyn Ffrainc. Y bwa croes,' meddai gan dynnu braich am yn ôl a dynwared y saethu deirgwaith. 'Twang ... parang ... bodoing ...'

'Does dim trwy'r nos gen i, Wil. Ymlaen â'r stori.'

'O'r gorau. Roedd y fyddin wedi ymdeithio'n hir y diwrnod hwnnw, dros ddeng milltir ar hugain heb saib mewn gwres llethol yn ardal y Pas-de-Calais. Roedd pawb yn llwglyd a'r cogydd druan dan bwysau i baratoi bwyd i bum cant o ddynion. Meddylia am y sŵn, y gwres, y pwysau i goginio'r bwyd i fwydo'r gatrawd cyn symud ymlaen i Saint-Omer dros nos. Roedd hi'n tywyllu wrth i'r cogydd redeg i goedlan gyfagos i nôl perlysiau a llysiau ar gyfer gwneud cawl i'r gatrawd. Does dim rhyfedd felly iddo gamgymryd y belladonna am yr aeronen las,' meddai Wil cyn cymryd anadl hir. 'Bu farw dwsin o filwyr y noson honno,' ychwanegodd, 'a bu'n rhaid i'r cogydd anffodus ymladd yn rheng flaen y frwydr yn Saint-Omer. Duw a ŵyr beth ddigwyddodd iddo, ond dwi'n cofio gweld y milwyr yn marw, a bu Rhys Meigen farw yn yr un modd yn union.'

'Ond pwy wyt ti'n meddwl sy'n gyfrifol?'

Oedodd Wil am ennyd cyn ateb. 'Dwi'n tybio bod rhywun wedi gwenwyno Rhys Meigen yn fwriadol. Rhywun oedd yn eistedd yn ddigon agos ato i roi gwenwyn yn ei gawl.'

'Ond gallai hynny fod yn Morfudd ... neu'r Bwa Bach ... neu Madog Benfras ... neu Iolo Goch ... neu ei gefnder, y Siryf ... neu ...'

'Neu fy meistr,' atebodd Wil gan godi o'i sedd. 'Dyw *belladonna* ddim yn gynhenid yng Nghymru, felly dim ond un unigolyn yn ardal Nanhyfer a fyddai'n gallu cael gafael arno,' meddai Wil.

'Wrth gwrs. Yr apothecari,' gwaeddodd Dyddgu.

'Ry'n ni'n deall ein gilydd i'r dim, Dyddgu,' atebodd Wil gan wenu'n siriol arni. 'Awn ni yno ben bore i ofyn pwy sydd wedi prynu *belladonna* yno'n ddiweddar,' ychwanegodd.

Yn sydyn, pwysodd Dyddgu ymlaen pan welodd rywbeth yn

sgleinio ar y llawr yng ngolau gwan marwor y tân yn y pentan. Cododd y gwrthrych, edrych arno, yna'i anwesu gan grychu ei thalcen am eiliad cyn ei roi yn ei phoced.

VI

Tra oedd Wil a Dyddgu'n dechrau ar eu gorchwyl o brofi bod y meistr ifanc yn ddieuog, roeddwn i wedi fy nhaflu'n ddiseremoni i gell ddrewllyd yng ngharchar Nanhyfer. Erbyn hyn roedd hi'n dywyll heblaw am y lleuad, a oedd yn goleuo'r ystafell bob hyn a hyn cyn dianc y tu ôl i'r cymylau duon oedd yn gwibio ar draws y ffurfafen ar y noson wyntog honno o Fehefin.

Clywais y drws yn cau'n glep ar fy ôl wrth imi godi o'r llawr a thynnu'r gwellt oddi ar fy ngwallt a'm côt. Ni allwn weld dim, ond gallwn arogli rhywbeth yng nghornel bellaf y gell. Arogl catrawd o feddwon oedd wedi'i gor-wneud hi am wythnos gyfan. Ond dim ond un dyn a eisteddai yn y tywyllwch yng nghornel y gell. Penderfynais fod yn gwrtais a chyflwyno fy hun.

'Noswaith dda, gyfaill o'r carchar frid. Gadewch imi gyflwyno fy hun. Yr unigolyn sydd o'ch blaen ac sy'n eich cyfarch yw'r bardd talentog, Dafydd ap Gwilym,' datganais, gan gymryd cam ymlaen i geisio gweld mwy o'r dyn.

'Erioed wedi clywed amdano fe ...' daeth yr ateb. Roedd y geiriau a'r llais yn lled gyfarwydd. '... neu ydw i?' ychwanegodd.

Yn sydyn, daeth y lleuad allan o'r tu ôl i'r cymylau, a gwelais pwy oedd yno. Roedd ei lygad dde'n wyn a dall ac roedd ei law chwith ar goll. Sylwais hefyd fod ganddo friw diweddar ar ei glust chwith. Dyma'r diawl digywilydd a oedd wedi dwyn anfri arnaf ac arian oddi arnaf, nid unwaith ond ddwywaith dros y ddeuddydd blaenorol. Rhoddais fy nwylo ar fy nghluniau a siglo fy mhen mewn anghrediniaeth. Ond y lleidr a ddechreuodd y sgwrs.

'O! Chi yw e!' 'Sen i ddim yn gwybod yn well 'sen i'n dechrau meddwl eich bod chi'n fy nilyn i!' meddai'n hy.

Methais ag yngan gair am fy mod wedi gwylltio cymaint.

'Gobeithio nad y'ch chi wedi cymryd y cyfan yn rhy bersonol,' ychwanegodd y lleidr gan godi ar ei draed, cerdded tuag ataf ac estyn ei fraich dde i siglo fy llaw. 'Doedd dim byd personol yn gysylltiedig â'r cynllun trosglwyddo eiddo. Busnes yw busnes,' ychwanegodd.

Ceisiais ei ateb ond roeddwn wedi fy syfrdanu gan hyfdra'r lleidr. Cyn imi allu ymateb felly roedd y broga wedi cymryd fy llaw dde a'i hysgwyd yn rymus cyn fy nharo ar fy nghefn yn chwareus.

'Da iawn. Gadewch imi gyflwyno fy hun ... Owain ab Owen. A gadewch imi ymddiheuro am f'ymddygiad. Do'n i ddim yn gwybod eich bod chithau'n droseddwr hefyd neu mi fyddwn wedi rhoi llonydd i chi. Mae anrhydedd rhwng lladron yn ddiarhebol ac rwy'n un i lynu wrth yr hen arferion,' meddai Owain.

'Ond ... ond dwi ddim yn droseddwr!' llwyddais i ateb o'r diwedd.

'O! Mae'n flin gen i. Beth y'ch chi 'te? Bardd preswyl y carchar?' gofynnodd, gan chwerthin yn uchel.

'Camddealltwriaeth, dyna i gyd,' atebais, gan benderfynu peidio â rhoi unrhyw gyfle arall i'r lleidr eofn a drewllyd hwn danseilio fy awdurdod fel uchelwr. 'A pham ydych chi yma? Mi gawsoch chi'ch dal o'r diwedd, mae'n amlwg. A gobeithio y cewch chi eich haeddiant llwyr,' ychwanegais.

Chwarddodd Owain ab Owen yn uchel.

'Na. Cefais fy nal yn feddw dwll amser cinio heddiw. Mae'n flin gen i ddweud fy mod wedi gwario'ch holl arian, a'r arian am werthu'ch dillad, a dillad eich gwas, ac wedi yfed fy hun yn dwp. Serch hynny mi fyddwch chi, a chithau'n fardd, yn falch o glywed fod y profiad wedi bod yn werth bob ceiniog.'

Roeddwn yn ysu i ddyrnu'r diawl, ond yn ofni y byddai'r un peth yn digwydd ag a ddigwyddodd y ddau dro cynt. Aeth Owain ab Owen yn ei flaen.

'Cefais fy arestio gan y cwnstabl am fod yn feddw ar y stryd. Sai'n cofio dim heblaw am hynny. Mi fyddan nhw'n fy nghadw yn y gell dros nos cyn fy rhyddhau yn y bore, oni bai 'mod i wedi gwneud rhywbeth gwaeth. Sai'n cofio dim.'

'Ond ry'ch chi'n lleidr profiadol. Does bosib fod gennych chi ffordd o ddianc o'r twll hwn,' dywedais, gan weld cyfle euraid i berswadio'r lleidr i'm helpu.

Cododd Owain ab Owen ei ben a gwenu'n gam gan dynnu darn bach o fetel oedd wedi'i grymanu fel bagl ffon esgob allan o'i esgid chwith.

'Wrth gwrs. Mi allwn i adael y gell hon unrhyw bryd. Mae cloeon celloedd gorllewin Cymru mor gyntefig,' meddai, gan gamu at y drws, gosod y darn o fetel yn y clo a'i siglo'n ôl a mlaen am ychydig nes i'r drws agor. Er syndod imi caeodd Owain ab Owen y drws eto, ei gloi, a gosod y wifren yn ôl yn ei esgid.

'Gwych iawn, ond pam y'ch chi wedi ein carcharu eto?' gofynnais.

'Am fy mod i'n bwriadu aros 'ma i gael brecwast. Yn ôl pob sôn, carchar Nanhyfer sy'n darparu'r brecwast gorau o holl garchardai Cymru. Rwy'n clywed bod y bara a chaws heb ei ail, a bod y caws yn llawn perlysiau. Roedd y temtasiwn i aros 'ma'n ormod imi, mae'n rhaid imi gyfaddef.'

'Ond mi allech chi agor y drws a fy ngadael i'n rhydd,' awgrymais.

Sythodd Owain ab Owen ei gefn ac edrych yn syn arnaf.

'Ond mi fyddai hynny'n torri'r gyfraith. Na. Na a na yw'r ateb,' oedd ei air olaf ar y mater.

Does dim rhaid imi ddweud wrthoch chi erbyn hyn, ddarllenwyr brwd, fod bywyd yn annheg. Ond mae bywyd *yn* annheg. Roeddwn i, Dafydd ap Gwilym, oedd wastad wedi cadw at y gyfraith, yn wynebu cael fy nienyddio drannoeth tra bod y lleidr hurt, Owain ab Owen, yn cael goroesi a dal ati i droseddu.

Troais heb yngan gair a cherdded i gornel arall yr ystafell.

Eisteddais yno'n pwdu gyda fy nwylo ym mhocedi fy nghôt. Yn sydyn, sylweddolais beth oedd yno a chefais syniad ar gyfer dial ar Owain ab Owen a sicrhau fy rhyddid ar yr un pryd. Ond byddai'n rhaid imi aros tan y bore i roi fy nghynllun gwych ar waith.

VII

Fore trannoeth, cyn i'r ceiliog ganu, roedd Wil a Dyddgu wedi cerdded y chwarter milltir o lys y diweddar Rhys Meigen i ganol pentref Nanhyfer. Roedd hi'n ddiwrnod marchnad ac er ei bod hi'n gynnar, roedd nifer o bobl eisoes wedi cyrraedd i werthu eu defaid, moch, ieir a geifr. Roedd y siopwyr hefyd wedi agor eu drysau i werthu eu nwyddau. Wrth i'r ddau gyrraedd drws yr apothecari sylwodd Wil fod dyn yn eistedd ar ben colofn oddeutu ugain troedfedd o uchder yng nghanol y pentref yn gwylio'r holl fynd a dod yn ofalus.

'Beth yn y byd mae hwnna'n neud?' gofynnodd.

'Dwi ddim yn siŵr. Efallai ei fod yn rhyw fath o feudwy pen piler fel Simeon Stylites. Dwi'n cofio darllen amdanyn nhw, ond ro'n i'n meddwl bod yr arfer o fyw ar ben piler wedi dod i ben dros ganrif yn ôl,' atebodd Dyddgu.

'Efallai fod Richard Meigen yn defnyddio'r piler i gosbi troseddwyr trwy eu gorfodi i aros yno am gyfnod, a dyna pam fod llai o droseddu yma'n ddiweddar,' awgrymodd Wil gan droi a dilyn Dyddgu i siop yr apothecari.

Roedd yr adeilad yn llawn hyd yr ymylon o boteli a chynwysyddion yn llawn hylif, eli ac eneiniau o bob llun a lliw. Roedd yr ystafell hefyd yn gymysgedd o aroglau sur a phersawrus. Camodd Wil a Dyddgu at yr apothecari, a oedd wrthi'n llenwi potel â hylif melyn sylffwraidd ei arogl. Roedd e'n ddyn tal, tenau ac roedd ei lygaid mor bell yn ôl yn ei ben fel ei fod yn atgoffa Wil o benglog.

Cyflwynodd y ddau eu hunain, cyn sôn am farwolaeth Rhys

Meigen a gofyn a oedd rhywun wedi prynu *belladonna* ganddo yn ddiweddar.

'Pam ydych chi am wybod?' gofynnodd yr apothecari gan edrych o un i'r llall yn bryderus.

'Am fy mod i'n amau bod rhywun wedi gwenwyno Rhys Meigen gyda *belladonna*,' sibrydodd Wil gan glosio at yr apothecari.

'Ond y bardd laddodd e gyda'i farddoniaeth. Dyna beth glywais i gan y crïwr tref bore 'ma.'

'Ddylech chi ddim credu popeth mae'r crïwr yn ei ddweud. Aildwymwyr newyddion ffug yw'r rhan fwyaf ohonynt,' meddai Dyddgu. 'Ydych chi'n cadw *belladonna* fan hyn?'

'Ydw. Mae dos gwan yn ddefnyddiol iawn ar gyfer trin dolur rhydd,' meddai'r apothecari'n amddiffynnol.

'... ac mi all dos cryf ladd rhywun,' ychwanegodd Wil. 'Oes unrhyw un wedi prynu digon ohono ar gyfer dos cryf yn ddiweddar?' gofynnodd.

Sythodd yr apothecari gan grychu ei dalcen. 'Dwi ddim yn bwriadu dweud wrthoch chi pwy sy'n prynu beth yn fy siop. Mae pawb yn gwybod am lw Hipocrataidd meddygon. Wel, mae pob apothecari hefyd yn gorfod cymryd llw apothecaraidd yn datgan nad oes hawl gennym i ddatgelu gwybodaeth i neb heblaw am y rheiny sy'n cadw trefn. Mae'n rhaid inni fod yn wyliadwrus iawn, wyddoch chi. Roedd 'na sgandal yn yr Eidal yn ddiweddar, yn Ferona os dwi'n cofio'n iawn, lle bu apothecari'n esgeulus iawn yn gwerthu cyffuriau i ddau berson ifanc. Bu farw'r ddau, a dinistriwyd gyrfa'r apothecari'n llwyr. Bu'n rhaid iddo dalu iawndal i deuluoedd y ddau a fu farw ... beth oedd eu henwau nhw? Ie, dwi'n cofio nawr ... Romeo Montague a Juliet Capulet. A does dim byd tebyg yn mynd i ddigwydd i mi. Felly, os nad ydych chi am brynu rhywbeth, mae gen i waith i'w wneud.'

'Ond ry'n ni am brynu rhywbeth. Gwybodaeth,' meddai Dyddgu, gan ddal cwdyn o arian o'i blaen.

'Dyw arian yn golygu dim imi.'

'Beth sy'n apelio atoch chi 'te?' gofynnodd Dyddgu gan godi'i haeliau'n awgrymog.

'Nid chi, ta beth.'

'Felly mae hi, ie?' meddai Wil gan godi'i aeliau'n awgrymog.

'Na chithe chwaith. Does dim digon o gig arnoch chi. Dim gafael,' meddai'r apothecari cyn diflannu i gefn ei siop.

Yn ôl Wil, gadawodd Dyddgu ac yntau'r siop yn ddigalon, gan fethu â meddwl am unrhyw ffordd arall o ddarganfod a oedd unrhyw un wedi prynu digon o *belladonna* yn ddiweddar i ladd Rhys Meigen. Ond daeth tro ar fyd wrth i'r ddau gerdded i ganol y pentref, heibio'r meudwy pen piler oedd yn dal ysgrifbin, gyda darn o felwm yn ei gôl.

'Wil ap Dafydd, myn diain i!' Cododd Wil ei ben i edrych ar yr un oedd wedi ei gyfarch.

'Ieuan? Ieuan Aeron?' gofynnodd, gan blygu'n ôl i gael gwell golwg ar y dyn.

'Yn gwmws. Ro'n i'n gwybod 'mod i'n iawn. Dwi byth yn anghofio wyneb,' meddai Ieuan Aeron, gan neidio oddi ar y plinth lle eisteddai, a dringo i lawr y ffyn pren oedd yn dal y plinth i ymuno â Wil a Dyddgu ar y ddaear.

'Rwyt ti'n ffodus. Dwi newydd orffen fy ngwaith am y dydd,' meddai, gan drosglwyddo'r ysgrifbin a'r darn o felwm i ddyn arall, a ddringodd y ffyn ac eistedd ar y plinth.

'Gwaith? Pa waith? A pham wyt ti'n gorffen dy waith mor gynnar? Dyw hi ond newydd droi *Terce*,' meddai Wil gan gofleidio Ieuan, oedd yn amlwg yn hen ffrind.

'Rwy'n eistedd ar ben y polyn am draean o'r diwrnod rhwng *Sext* a *Vespers*, ac mae e, Ioan ab Elwyn fanna, yn gwneud y gwaith o *Vespers* tan *Matin*, ac mae Huw ap Llwyd yn gweithio gweddill yr amser rhwng *Matin* a *Sext*,' esboniodd Ieuan, cyn troi i wynebu Dyddgu. Dyna pryd y sylwodd Dyddgu mai dim ond un goes oedd gan Ieuan Aeron. Gwelodd hwnnw ar unwaith fod Dyddgu wedi sylwi ar ei anabledd.

'Collais fy nghoes bedair blynedd yn ôl. Ro'n i'n saethwr ym myddin ddewr Edward y Trydydd yn y rhyfel creulon yn erbyn Ffrainc. Y bwa croes,' meddai Ieuan, gan dynnu braich am yn ôl a dynwared y saethu deirgwaith. 'Parang ... twang ... bodoing.'

'Dim un arall!' sibrydodd Dyddgu gan gau ei llygaid am ennyd. 'Felly dyna sut ry'ch chi'n nabod eich gilydd,' meddai'n uchel.

'Roedd Wil yn yr un gatrawd, ond ...' dechreuodd Ieuan cyn i Wil ymyrryd.

'Dyna ddigon am yr hen ddyddiau, Ieuan, yntê?'

'Digon gwir, Wil. Ta beth. Ti wedi dewis gwraig dda. Dyw hon ddim yn dwp, sy'n anarferol am un mor bert,' meddai Ieuan, gan roi pwt i Wil yn ei asennau.

'Na ... dy'n ni ddim yn briod,' meddai Dyddgu.

'Ddim 'to, ta beth,' meddai Wil yn gyflym.

'Ddylech chi briodi hwn cyn gynted â phosib. Un o'r dynion dewraf imi ddod ar eu traws erioed. Roedd e yn y rheng flaen a ymosododd ar y Ffrancod yn Saint-Omer.'

'Fel ddwedes i, dyna ddigon am y gorffennol, Ieuan ... beth yn union yw dy swydd di nawr?' gofynnodd Wil yn gyflym.

'Dwi wedi syrthio ar fy nhraed – wel, syrthio ar fy nhroed – fan hyn,' atebodd Ieuan. 'Mae'r Siryf, Richard Meigen, wedi rhoi cynllun ar waith sy'n golygu bod pobl yn cael eu cyflogi i wylio beth sy'n digwydd yn y pentref o fore gwyn tan nos. Ac os ydyn ni'n sylwi ar unrhyw beth amheus ry'n ni'n gorfod tynnu llun o'r unigolion hynny,' ychwanegodd.

'Ond ydi pobl yn hapus bod rhywun yn eu gwylio drwy'r amser?' gofynnodd Dyddgu.

'Mae pawb yn gwybod bod Duw yn eu gwylio trwy'r amser, ac mae'r system hon yn golygu bod pobl yn llai tebygol o droseddu. Mae wedi gweithio'n dda ac mae'n swydd rwydd. Does prin neb yn troseddu, heblaw am ambell feddwyn. Mae'n waith delfrydol i rywun fel fi sydd ddim yn gallu ymladd na gweithio yn y caeau rhagor.'

'Oes 'da ti gofnod o unrhyw un yn ymddwyn yn od ddoe?' gofynnodd Wil.

'... neu rywun yn mynd i siop yr apothecari?' ychwanegodd Dyddgu.

'Dwi wastad yn cadw cofnod o'r mynd a dod o siop yr apothecari rhag ofn i rywun gael ei wenwyno,' meddai Ieuan gan chwerthin. 'Mae e'n foi od a dwi'n clywed ei fod yn hoff o foch tew,' ychwanegodd, gan wincio'n gyfrin ar Wil cyn tynnu'r memrwn o boced ei gôt. 'Ddechreuais i ganol prynhawn ddoe, tua *Nones*,' meddai, gan edrych ar y darnau o felwm chwe modfedd sgwâr oedd â llun canol y pentref yn gefndir i bob un ohonynt. 'A dweud y gwir, mi ymwelodd mwy nag un unigolyn amheus â'r apothecari ddoe,' meddai, gan roi'r lluniau i Wil a Dyddgu i'w hastudio.

Funud yn ddiweddarach, cododd Wil ei ben. 'Dwi'n nabod y rhain. Dwi'n credu y dylwn i fynd i gael gair gyda nhw,' meddai, gan ddangos y llun i Dyddgu. Ymhen dim cododd Dyddgu ei phen.

'Dwi'n nabod dau arall. Dwi'n credu y dylwn i fynd i gael gair gyda nhw 'fyd,' meddai, gan ddangos y llun i Wil.

VIII

Eisteddai Madog Benfras ac Iolo Goch yn anghyfforddus yn wynebu Dyddgu yng nghegin llys y diweddar Rhys Meigen. Roedd Dyddgu wedi dweud wrthynt fod 'na dystiolaeth i'r ddau ymweld â'r apothecari toc cyn i Rhys Meigen farw dan amgylchiadau amheus.

'Does ganddon ni ddim i'w guddio. Ry'n ni'n gwbl ddieuog. Fel y dywedodd y Siryf, Dafydd a laddodd Rhys Meigen,' meddai Madog Benfras.

'Os felly, pam oeddech chi'ch dau'n ymweld â'r apothecari ddoe?' gofynnodd Dyddgu gan syllu ar stumog Madog Benfras. 'Clywodd pawb Rhys Meigen yn dy gyhuddo di Iolo o lên-ladrad a thithau Madog o orfwyta,' ychwanegodd.

'Mater personol oedd yr ymweliad â'r apothecari. Dim byd

i'w wneud â thi, Dyddgu. A rho'r gorau i syllu ar fy stumog os gweli di'n dda!' meddai Madog, cyn i Iolo ei fradychu.

'Aethon ni i brynu moddion fydd yn gwneud i Madog fwyta llai a cholli pwysau,' meddai Iolo'n gyflym gyda'i lygaid ar gau.

'Y bradwr,' ysgyrnygodd Madog.

'Mae'n bwysig ei bod hi'n gwybod y gwir, Madog,' meddai Iolo, cyn troi at Dyddgu. 'Mae'n wir fod Madog wedi magu ychydig o bwysau yn ddiweddar, a rhoddodd sylwadau Rhys Meigen loes mawr iddo, felly cefais y syniad o fynd at yr apothecari. A dyna'r gwir, yr holl wir a dim byd ond y gwir, Dyddgu.'

'O'r gorau,' meddai Dyddgu, ond daliodd ati i syllu ar stumog Madog.

'Ble mae dy gôt, Madog?'

'Pa gôt?' gofynnodd Madog yn gyflym.

'Yr un gyda'r botymau?'

'Dwi wedi cael gwared arni. Doedd hi ddim yn fy siwtio ...'

'... am ei bod hi'n rhy dynn iddo,' ychwanegodd Iolo.

'Ai hefyd am dy fod wedi colli un o dy fotymau yn ystod y wledd neithiwr?' awgrymodd Dyddgu, gan dynnu o'i phoced y botwm y daeth o hyd iddo wrth gasglu'r poteli a'r jygiau yng nghwmni Wil y noson cynt.

'Ble gest ti hwnna?' gofynnodd Madog. Roedd wedi mynd yn welw ac yn methu â thynnu ei lygaid oddi ar y botwm, oedd erbyn hyn yn ei ddallu. 'Cer â'r botwm 'na o fy ngolwg i! Dwi'n gwybod ble roedd e ... roedd e yng ngwddf Rhys Meigen! Y botwm dagodd e, dwi'n cyfaddef. Fi laddodd e. Fi laddodd e ... ond damwain oedd hi. Roedd fy nghôt yn rhy dynn a thasgodd y botwm i mewn i'w gawl. Ches i ddim amser i'w atal rhag ei fwyta. Mae ar ben arna i ... dwi'n rhy ifanc i gael marwnad,' llefodd Madog, gan fynd ar ei benliniau.

'Cwyd ar dy draed, Madog. Mi godais y botwm oddi ar y llawr ddwy awr ar ôl marwolaeth Rhys Meigen. Dwyt ti ddim wedi lladd neb. Rwyt ti'n hollol ddieuog, ond dwi'n ei chael hi'n anodd maddau i ti am geisio achub croen dy din anferth dy hun drwy gefnogi cyhuddiad y Siryf yn erbyn Dafydd neithiwr.'

'Dwi'n ei chael hi'n anodd maddau i'r cachgi 'fyd,' ategodd Iolo Goch.

'Os alla i wneud unrhyw beth i helpu Dafydd mi wna i,' meddai Madog yn ei ddagrau.

'O'r gorau. Mae gen i syniad,' meddai Dyddgu.

IX

Eisteddai Morfudd a'r Bwa Bach yn anghyfforddus yn wynebu Wil mewn ystafell arall yn llys y diweddar Rhys Meigen. Roedd Wil wedi dweud wrthynt bod tystiolaeth i'r ddau ymweld â'r apothecari y prynhawn cyn y noson y bu Rhys Meigen farw dan amgylchiadau amheus.

'Does ganddon ni ddim i'w guddio. Ry'n ni'n gwbl ddieuog. Fel y dywedodd y Siryf, Dafydd a laddodd Rhys Meigen,' meddai'r Bwa Bach.

'Os felly, pam wnaethoch chi ymweld â'r apothecari ddoe?' gofynnodd Wil. 'Clywodd pawb Rhys Meigen yn cyhuddo Morfudd o fod yn anffyddlon gan honni eich bod chi felly yn gwcwallt, Bwa Bach. Felly roedd gennych chi gymhelliad i'w ladd,' ychwanegodd.

'Mater personol oedd yr ymweliad â'r apothecari. Dim i'w wneud â thi, daeog o was,' ysgyrnygodd Morfudd.

'Ond Dafydd ap Gwilym yw fy meistr, a fy swyddogaeth i yw gwneud popeth o fewn fy ngallu i achub ei fywyd, gan ei fod yn ddieuog,' atebodd Wil.

'Hmm. Rhaid dweud bod safon y cerddi a glywson ni ganddo neithiwr yn llawer uwch nag arfer. A dweud y gwir, teimlais dipyn o wefr yn gwrando ar ei gerdd gyntaf. Mi fyddai'n drueni mawr colli talent mor ifanc yn rhy gynnar,' meddai Morfudd.

'Gall unrhyw wybodaeth fod o help i achub bywyd y meistr. Dy'ch chi ddim am i hyn fod ar eich cydwybod, yn enwedig am fod yr Iôr yn gwybod am ein holl gamweddau. Os na chewch chi'ch cosbi yn y bywyd hwn mi gewch chi gosb waeth fyth yn y bywyd tragwyddol sydd o'ch blaen,' meddai Wil.

Erbyn hyn roedd y Bwa Bach wedi troi'n welw.

'Alla i ddim celu'r gwir rhagor, Morfudd fy nghariad,' meddai. Tynnodd botel fach o hylif o boced ei gôt a'i rhoi o'i flaen ar y bwrdd.

'Fi brynodd y moddion a'i roi yng nghawl Rhys Meigen,' ychwanegodd, gan godi ar ei draed. 'Ewch â fi i'r carchar. Rwy'n fodlon cyfaddef popeth. Fi laddodd Rhys Meigen.'

'Ond pam?'

'Mae cymdeithas beirdd C.R.A.P. Cymru wedi bod yn gwneud colled ers misoedd am amryw o resymau, gan gynnwys safon isel cerddi Dafydd a salwch parhaol Gruffudd Gryg. O ganlyniad ry'n ni wedi derbyn llai o nawdd am berfformio yn llysoedd yr uchelwyr,' meddai Morfudd. Llyncodd ei phoer cyn ychwanegu, 'Gwelodd Rhys Meigen ei gyfle neithiwr i fanteisio ar ein sefyllfa ariannol fregus drwy wneud cynnig anweddus na allaf ei ailadrodd.'

'Ond mi ddweda i!' taranodd y Bwa Bach. 'Roedd y diawl am gael ei ffordd gyda Morfudd fel rhan o'i gytundeb i barhau i'n noddi!' meddai'n chwyrn. 'Beth oedden ni i'w wneud, Wil? Gwrthod gofynion Rhys Meigen a mynd rhwng y cŵn a'r brain, neu ildio i'w ofynion ffiaidd? Cefais i'r syniad o brynu trwyth cysgu oddi wrth yr apothecari a'i roi yng nghawl Rhys Meigen.'

'I wneud yn siŵr na allai wireddu ei ddymuniad yn ystod ein hymweliad y tro hwn a rhoi amser inni wella'n sefyllfa ariannol,' ategodd Morfudd.

'Ond mae'n amlwg fod yr apothecari wedi rhoi gwenwyn inni yn lle'r trwyth cysgu ... a dyna pam y bu farw Rhys Meigen,' meddai'r Bwa Bach.

Yn sydyn, cipiodd Morfudd y botel o'i law, ei hagor a llyncu hanner y cynnwys.

'Fi roddodd y gwenwyn yn y cawl. Fi ddylai ddioddef y gosb,' meddai'n ddramatig, cyn llewygu uwchben y bwrdd.

Cymerodd y Bwa Bach y botel a llyncu gweddill ei chynnwys.

'Alla i ddim byw hebddi – roedd y ddau ohonom ar fai. Gofynna i Dafydd faddau inni,' meddai'n arwrol, cyn iddo yntau hefyd lewygu uwchben y bwrdd.

Syllodd Wil ar y ddau am ennyd. Tynnodd y botel o law ddiymadferth y Bwa Bach ac arogli'r cynnwys. Gwenodd pan glywodd Morfudd a'r Bwa Bach yn dechrau chwyrnu'n braf.

X

Ddeng munud yn ddiweddarach cerddai Wil a Dyddgu'n gyflym tuag at Nanhyfer gydag Iolo Goch a Madog Benfras yn straffaglu i ddal i fyny â nhw yn eu sgidiau Crakow anymarferol.

'Ond os nad Madog, Iolo, Morfudd na'r Bwa Bach a wenwynodd Rhys Meigen, pwy oedd yn gyfrifol?' gofynnodd Dyddgu wrth iddynt gyrraedd cyrion y pentref.

'A pham fod yn rhaid imi ddod gyda chi?' cwynodd Madog Benfras, a oedd eisoes yn fyr ei wynt.

'Mae'n rhaid inni roi un cynnig arall ar ddarbwyllo'r apothecari i ddatgelu pwy brynodd y *belladonna* ganddo,' meddai Wil.

'Ond sut allwn ni ei ddarbwyllo?' gofynnodd Dyddgu.

'Dywedodd yr arlunydd Ieuan Aeron wrthon ni fod yr apothecari'n hoffi moch tew, a dyna beth wnawn ni ei gynnig iddo,' meddai Wil gan droi at Madog Benfras.

'Cynnig pwy am beth? Pa fochyn tew?' gofynnodd Madog gan edrych o'i gwmpas yn wyllt.

'Wnest ti addo y byddet ti'n gwneud unrhyw beth i achub croen y meistr, felly dyma dy gyfle,' meddai Wil.

Erbyn hyn roeddent yn nesáu at siop yr apothecari a gwelsant fod nifer o bobl wedi ymgynnull yng nghanol y pentref tua chanllath i ffwrdd. Trodd Wil at Dyddgu.

'Well i ti weithredu'r cynllun. Mi af innau i weld beth sy'n digwydd draw fan 'co.'

XI

Bu'n rhaid imi fod yn amyneddgar iawn wrth imi aros i roi fy nghynllun i ddianc ar waith. Fy mwriad oedd trechu'r lleidr, Owain ab Owen, ac yna trechu ceidwad y carchar. Yna, ar ôl gadael y carchar yn Nanhyfer, fy nod oedd ei baglu hi i borthladd Abergwaun a dal y cwch cyntaf i Ffrainc. Wedi'r cyfan, iach yw croen pob cachgi. Ond sut fyddwn i'n gwneud hynny, rwy'n eich clywed chi'n gofyn.

Bu'n rhaid imi wrando trwy'r borc cyfan ar Owain ab Owen y lleidr yn parablu'n ddi-baid am ei yrfa, gan feio'r cyfan ar ei blentyndod llwm, wrth gwrs. Yna, clywais sŵn traed ceidwad y carchar yn nesáu at y gell. Byddai'n rhaid imi weithredu'n gyflym. Neidiais ar fy nhraed a sefyll uwchben Owain ab Owen, a oedd yn eistedd ar y llawr. 'Mae'n flin iawn gen i am hyn, Owain ab Owen o'r llcidr frid,' meddwn, cyn ei fwrw mor galed ag y gallwn ar ei ên gyda'm dwrn.

Wrth i hwnnw syrthio'n anymwybodol, cymerais ei gwdyn arian, tynnais ei wregys a'i diwnig a'u rhoi amdanaf cyn troi corff llonydd y lleidr i wyncbu'r wal fel na fyddai'r ceidwad yn gweld ei wyneb. Ymhen chwinciad arall roedd fy nghuddwisg, sef yr wy a'r rhaff, yn ei lle. Roeddwn yn gobeithio fy mod erbyn hyn yn edrych yn ddigon tebyg i'r lleidr unllygeidiog ac unfreichiog i dwyllo'r ceidwad.

Roeddwn wedi amseru'r cyfan yn berffaith. Eisteddais yn fy nghwrcwd gan hanner cuddio fy wyneb. Agorodd y drws.

'Dewch mla'n. Mae'n bryd ichi fynd,' meddai'r ceidwad. Ymddiheurais am feddwi'r diwrnod cynt gan addo peidio â chamweddu eto, a hynny mewn llais croch, dwfn oedd yn debyg iawn i lais Owain ab Owen, os caf i ddweud.

Dilynais y ceidwad i'r brif ystafell lle bu'r Siryf Richard Meigen yn fy holi cyn iddo adael am Dyddewi y noson cynt. Erbyn hyn, roedd brithlen yn rhannu'r ystafell yn ddwy. Hefyd roedd rhes o blant yn sefyll o flaen y frithlen a gosododd y carcharwr fi i sefyll yn eu canol. Am eiliad meddyliais fod y plant yno i ganu fy nghlodydd fel bardd, ond nid felly y bu. Tynnodd ceidwad y carchar y frithlen i'r naill ochr a gwelais ddwsin o bobl leol yn sefyll yno. Yn sydyn, dechreuodd pob un ohonynt bwyntio ata i a gweiddi.

'Yr un tal oedd e, yn bendant,' gwaeddodd un.

'Mae'r diawl yn dal i wisgo fy het ...' meddai un arall.

'Fy mhwrs i yw hwnna!' 'Fy ngwregys i sy 'dag e ...' a chyhuddiadau eraill di-ri. Ochneidiais wrth i'r ceidwad dywys y saith plentyn allan o'r ystafell.

'Crogwch y lleidr. Crogwch e!' dechreuodd y grŵp o ddioddefwyr weiddi'n filain.

Esboniodd y ceidwad fod y dystiolaeth am y lladrata wedi dod i'r fei ers i mi, neu i fod yn fanwl gywir, Owain ab Owen, gael ei garcharu am fod yn feddw. Roedd gan y ceidwad hyd yn oed luniau'n dangos y lladrata ar y stryd y diwrnod cynt. Cefais fy nhywys yn ddiseremoni allan o'r carchar a'm llusgo i ganol y pentref.

'Mae gen i hawl i gael achos llys gyda rheithgor o ddeuddeg dyn,' gwaeddais wrth i'r ceidwad roi rhaff am fy ngwddf. Chefais i mo'r cyfle i esbonio fy mod i'n gwisgo cuddwisg a bod y gwir leidr, Owain ab Owen, yn gorwedd yn anymwybodol yn y carchar.

Ond fel mae'n digwydd, nid oedd y dihiryn yn y gell erbyn hyn. O gornel fy llygad, gwelais Owain ab Owen yn sleifio allan o'r pentref. Chwifiodd ei fraich i ffarwelio â mi gyda gwên anferth ar draws ei wyneb hyll, ac ni allwn yngan gair am fod rhaff wedi'i chlymu'n dynn o gwmpas fy ngwddf.

Galwodd ceidwad y carchar yn uchel ar ddeuddeg o'r pentrefwyr i gamu ymlaen.

'A yw yn euog o ladrata?' gofynnodd iddynt.

'Ydi,' gwaeddodd y deuddeg dyn da a ffyddlon gan selio fy ffawd. Erbyn hyn roeddwn wedi fy nhywys at y grocbren ac yn gweddïo am wyrth. Yn sydyn, gwelais Wil yn rhedeg nerth ei draed tuag ataf.

XII

Neidiodd Wil, fy macwy annwyl, ar y grocbren a gweiddi, 'Beth sy'n digwydd fan hyn? Pam y'ch chi am grogi fy meistr?'

Dechreuodd ceidwad y carchar a'r dorf fechan oedd wedi ymgynnull erbyn hyn weiddi eu hesboniad ar yr un pryd. Serch hynny, deallodd Wil fod trigolion Nanhyfer wedi fy nghamgymryd am y lleidr.

'Nid fy meistr i yw'r lleidr.'

'Celwydd!' gwaeddodd un o'r dynion o flaen y dorf.

'Profwch e 'te,' bloeddiodd un arall.

'Mae e'n gwisgo llygad ffug a braich ddiffrwyth ffug,' meddai Wil. Tynnodd fy mraich yn rhydd a thynnu'r darn o wy o fy llygad, cyn tynnu ei guddwisg yntau allan o'i boced a'i gwisgo.

'Pa un ohonon ni yw'r lleidr nawr?' gwaeddodd.

Daeth ambell 'Wwww!' o'r dorf.

Ond mae 'na wastad un yn sarnu popeth, on'd oes?

'Dewiniaeth! Dau ddewin gyda'i gilydd!! Boddwch nhw!' gwaeddodd menyw oedd yn edrych yn ddigon tebyg i wrach ei hun.

Roedd y dorf wedi cyffroi yn lân erbyn hyn, a chefais i a Wil ein llusgo oddi ar y grocbren a'n tywys yn ddiscremoni tuag at yr afon a redai drwy ganol y pentref.

'Diolch am dy help, Wil,' meddwn yn nawddoglyd wrth inni gael ein clymu i stôl ddowcio. 'Yr unig beth da yw na fyddwn ni'n cael ein llosgi,' ychwanegais. 'Dwi wastad wedi ofni cael fy llosgi.'

Gyda hynny gwelais ddyn yn nesáu at ganol y pentref ar gefn ceffyl. Griddfanais pan welais mai'r Siryf, Richard Meigen, oedd yn dychwelyd o'i gyfarfod gydag Esgob Tyddewi. Neidiodd y Siryf oddi ar ei geffyl a'm hadnabod ar unwaith. Camodd at geidwad y carchar a oedd newydd orffen clymu Wil at y stôl ddowcio.

'Beth sy'n digwydd fan hyn?' gofynnodd. Esboniodd y

swyddog fy mod i'n euog o ladrata ac o arfer dewiniaeth, ar y cyd â Wil.

'Ond hwn a laddodd fy nghefnder annwyl, Rhys Meigen, drwy farddoniaeth,' meddai'r Siryf.

Clywyd ambell 'Wwww!' arall o gyfeiriad y dorf.

Yna gwelais ddau ffigwr cyfarwydd yn rhedeg tuag atom. Y Bwa Bach a Morfudd.

'Torrwch e'n rhydd. Bardd yw e,' gwaeddodd y Bwa Bach ar dop ei lais.

Cynhyrfodd y dorf pan glywsant hyn. Mae beirdd yn boblogaidd ymysg uchelwyr ein gwlad ond rhaid cyfaddef ein bod yn llai poblogaidd ymhlith y tlodion a'r taeogion diddiwylliant. Ni chefais fy synnu felly pan ddechreuodd y wraig oedd yn debyg i wrach weiddi,

'Beirdd! Mae boddi'n rhy dda iddyn nhw! Llosgwch nhw! Llosgwch y Beirddwrachod!'

'Llosgwch nhw yn y tân yn llys Rhys Meigen,' gwaeddodd un arall.

'Na!' gwaeddodd Richard Meigen gan dawelu pawb am ennyd.

A oedd y Siryf wedi newid ei feddwl?

'Na. Nid llys Rhys Meigen yw e rhagor. Dwi newydd ddychwelyd o Dyddewi lle mae'r Esgob wedi cadarnhau mai fi, Richard Meigen, sydd wedi etifeddu holl eiddo fy nghefnder annwyl, Rhys Meigen. Felly, llosgwch nhw yn lle tân *Richard* Meigen,' gwaeddodd Siryf ac Arglwydd newydd yr ardal.

Troais at Wil ddeng munud yn ddiweddarach a dweud, 'Llosgi amdani 'te!' Roeddwn i, Wil, Morfudd a'r Bwa Bach wedi cael ein cludo i lys Rhys – mae'n flin gen i, Richard Meigen – erbyn hynny ac yn gwylio'r fflamau'n dechrau codi o'r grât.

XIII

'Na, na, na. Am y tro olaf. Alla i ddim dweud wrthoch chi pwy brynodd y *belladonna*,' meddai'r apothecari gan daro ei ddwrn ar y bwrdd o'i flaen.

'Felly, ry'ch chi'n cyfaddef fod rhywun wedi prynu *belladonna*,' meddai Dyddgu. Roedd Iolo Goch a hithau yn y siop tra fy mod i a Wil yn ymladd am ein heinioes ganllath i ffwrdd.

'Dwi ddim am ddweud dim mwy.'

'Ai dyna'ch gair olaf ar y mater?'

Amneidiodd yr apothecari â'i ben.

Trodd Dyddgu ymaith a gweiddi, 'Madog. Alli di ddod mewn nawr.'

Camodd Madog Benfras i mewn i'r siop a mynd at y cownter.

'Mi ddwedodd deryn bach wrtha i eich bod yn hoffi rhywbeth gyda bach o gig arno,' meddai Dyddgu. Gwelai fod llygaid yr apothecari wedi'u hoelio ar y bochau mawr tew perffaith o'i flaen a'i fod wedi dechrau chwysu wrth iddo astudio'r haenau o floneg.

'Dy'ch chi ddim yn gwybod gyda phwy y'ch chi'n delio. Maen nhw'n rhy bwysig i'w herio,' meddai, gan syllu'n chwantus ar y coesau byr.

'Os rhowch chi'r enw imi, gallwch wneud beth a fynnwch chi gyda fy ffrind fan hyn,' meddai Dyddgu.

'Iawn, o'r gore,' meddai'r apothecari o'r diwedd.

Plygodd Madog Benfras a thynnu'r tennyn oddi ar yr hwch oedd yn ei ymyl. Rhoddodd slap ar ei phen-ôl er mwyn iddi ddilyn yr apothecari a Dyddgu i gefn y siop.

'Mi gostiodd yr hwch 'na ffortiwn imi. Wyt ti'n gwybod beth yw pris mochyn y dyddiau hyn?' cwynodd wrth Iolo tra oedden nhw'n aros am Dyddgu.

'Ond mi wnest ti addo helpu Dafydd. A dim ond ti oedd â digon o arian i dalu amdani ag arian parod, Madog. Efallai dy fod ti wedi achub bywyd Dafydd,' meddai Iolo.

'Efallai. Ond dwi dal ddim yn deall sut y gallai Dafydd wella cymaint fel bardd dros nos.' Gyda hynny dychwelodd Dyddgu o gefn y siop a'i gwynt yn ei dwrn.

'Richard Meigen,' meddai. Rhuthrodd y tri allan o'r siop a gweld yr orymdaith oedd yn tywys Dafydd, Wil, Morfudd a'r Bwa Bach at lys Richard Meigen yn y pellter.

XIV

Roedd y fflamau eisoes wedi dechrau llosgi'r ychydig flew oedd ar fy nghoesau hir, cyhyrog yn llys y diweddar Rhys Meigen cyn inni gael gwaredigaeth. Roedd y dorf wedi ymgynnull yno gyda Richard Meigen i wylio'r llosgi a gweiddi sylwadau sarhaus.

Yn sydyn, rhuthrodd Dyddgu, Madog ac Iolo i mewn i'r Neuadd Fawr a sefyll o flaen y Siryf, Richard Meigen.

'Rhyddhewch nhw! Maen nhw'n gwbl ddieuog o unrhyw drosedd,' gwaeddodd Dyddgu.

'Pam fydden i'n gwneud hynny?' chwarddodd Richard Meigen.

'Oherwydd mai chi laddodd eich cefnder, Rhys Meigen,' datganodd Dyddgu gan bwyntio bys ato.

Unwaith eto, clywyd ambell 'Wwww!' o'r dorf.

Chwarddodd Richard Meigen yn uchel. 'Ble mae eich tystiolaeth chi?'

'Mi esboniaf i bopeth ar ôl i bawb gael eu rhyddhau.'

'Dere mla'n, mae fy ngheilliau i ar dân fan hyn,' galwodd y Bwa Bach.

'Am unwaith,' sibrydodd Morfudd o dan ei gwynt, wrth i Madog ac Iolo dynnu'r rhaffau oddi ar y pedwar ohonom.

Rhuthrodd Wil i'r gegin ar unwaith. Mae gan Wil nifer o rinweddau ond mae'r diawl bob amser yn meddwl am ei fol. Yn y cyfamser camodd Dyddgu at Richard Meigen nes bod y ddau'n sefyll drwyn wrth drwyn.

'Doedd gan Rhys Meigen ddim gwraig na phlant. Chi oedd

ei berthynas agosaf. Roedd y temtasiwn i'w ladd a chael yr arian a'r tir yn ogystal â'r grym yn ormod ichi,' meddai Dyddgu. 'Mi welsoch chi'ch cyfle yn ystod y wledd gan wybod y byddai pawb yn canolbwyntio ar y beirdd a'u cerddi,' ychwanegodd.

Cofiais yn sydyn imi weld Richard Meigen yn rhoi darn o gaws i'w gefnder toc cyn iddo farw.

'Ond eich camgymeriad chi, Richard Meigen, oedd anghofio bod pawb yn gwylio'r bardd heblaw am un, sef y bardd ei hun.'

'Ti'n iawn, Dyddgu. Dwi'n cofio Richard yn rhoi'r caws ger basned cawl Rhys Meigen, ac mi welais hwnnw'n ei godi a'i fwyta ... ac mi wnaethoch chi, Richard, sylwi fy mod i wedi'ch gweld chi'n codi'r caws. Dyna pam roedd rhaid ichi gael gwared arna i,' meddwn.

'Ac mae'r apothecari wedi cadarnhau ichi brynu *belladonna* o'i siop yn ddiweddar,' meddai Dyddgu.

'Dyw hynny'n profi dim. Roeddwn am ei ddefnyddio i gael gwared â brain,' protestiodd Richard Meigen.

Erbyn hyn roedd Wil wedi dychwelyd o'r gegin. 'Ond fwytaodd Rhys Meigen mo'r caws i gyd. Mi gwympodd darn ohono ar y llawr ac mi godais i hwnnw y noson honno,' meddai, gan roi ei law chwith yn ei boced. 'Rwy'n honni bod y darn hwn o gaws wedi'i wenwyno gyda *belladonna*,' ychwanegodd gan gamu at y Siryf.

'Richard Meigen. Os nad yw'r darn hwn o gaws wedi'i wenwyno mi fyddwch chi'n ddieuog. Ond does ond un ffordd o wybod hynny.'

'Diheurbrawf drwy fwyta,' gwaeddodd aelod o'r dorf cyn i'r gweddill atseinio'r waedd. 'Diheurbrawf ... Diheurbrawf ... Diheurbrawf ...'

Edrychodd Richard Meigen yn hir ar y darn o gaws cyn dweud yn dawel, 'Roedd yn rhaid imi ei ladd. Hwn oedd fy nghyfle gorau i etifeddu'r tir a'r eiddo cyn iddo briodi a chael plant. Roedd e'n ynfytyn. Ro'n i wedi bwriadu darbwyllo pawb fod Rhys wedi marw trwy dagu. Ond yna clywais gerdd ysblennydd a ffeithiol gywir ap Gwilym, a sylweddolais y byddai hyd yn oed yn well petai rhywun yn cael ei gyhuddo o lofruddio Rhys.'

Cododd ei ben yn sydyn, gwthio Wil o'r neilltu a rhedeg nerth ei draed at brif ddrws y llys. Caeodd y drws yn glep ar ei ôl a chyn i neb gael cyfle i'w atal, neidiodd ar ei geffyl a charlamu i ffwrdd.

Trodd Dyddgu at Wil. 'Dwi ddim yn cofio iti godi darn o'r caws gwenwynig o'r llawr pan oedden ni'n glanhau'r neuadd neithiwr,' meddai.

'Rwyt ti'n llygad dy le, Dyddgu,' atebodd Wil gan wincio arni. 'Ond mae un darn o gaws yn edrych yn debyg iawn i un arall. Doedd Richard Meigen ddim i wybod fy mod i newydd godi darn o'r gegin,' ychwanegodd, gan ddisgwyl i Dyddgu ei gofleidio. Yn hytrach, siglodd ei phen.

'Dwi'n gwybod nawr na alla i ymddiried ynddot ti o gwbl,' meddai cyn camu i ffwrdd a gadael Wil yn syllu ar ei hôl yn gegagored.

XV

Roedd y Siryf, Richard Meigen, wedi marchogaeth rhyw bum milltir i gyfeiriad y de pan sylwodd fod ei geffyl yn gloff. Neidiodd oddi arno a'i arwain tuag at Abergwaun lle gallai ei werthu, cyn dal cwch i Ffrainc cyn i neb ei ddal.

Yna gwelodd ddyn garw ei olwg yn gwisgo dillad carpiog.

'Talu neu sbaddu!' gwaeddodd y dyn gan chwifio cyllell finiog iawn yr olwg o dan ei drwyn.

'A glywsoch chi?! Talu neu sbaddu!' gwaeddodd Owain ab Owen am yr eildro.

'Ond does gen i'r un geiniog!' protestiodd y Siryf.

'Anlwcus!' atebodd y lleidr.

Ni allaf ddisgrifio gweddill yr olygfa erchyll, waedlyd hon.

Bydd y rhai mwyaf craff yn eich plith yn gofyn sut roedd

Dafydd ap Gwilym, bardd gorau Ewrop os nad y byd, yn gwybod beth ddigwyddodd i Richard Meigen. Yr ateb, gyfeillion, yw fy mod wedi cwrdd â'r dihiryn Owain ab Owen eto. Ond stori arall yw honno.

I

Mi ddylai'r meistr ifanc fod wedi bod ar ben ei ddigon wrth iddo gerdded yng nghwmni Wil, ei facwy ffyddlon, ar noson braf bum mis yn ddiweddarach. Roedd cymdeithas y Cywyddwyr, Rhigymwyr, Awdlwyr a Phrydyddion newydd orffen taith lwyddiannus yn ardaloedd y canolbarth a'r gororau. A'r meistr ifanc, wrth gwrs, oedd y seren a fu'n cyfareddu llysoedd yn Llanandras, Tref-y-clawdd a, credwch neu beidio, Bleddfa.

Dwi ddim yn un i frolio fel arfer, ond uchafbwynt y nosweithiau heb os oedd fy ngherddi newydd i (a Wil), yn enwedig y cerddi moliant i Morfudd. Roedd y Bwa Bach wrth ei fodd gyda fy ngherddi yn clodfori rhinweddau ei wraig. Bu cerddi moliant o'r fath yn rhan annatod o *repertoire* y Gogynfeirdd, ar gyfer gwŷr a gwragedd fel ei gilydd. Wrth gwrs, roeddwn i'n golygu pob gair a gwyddwn fod Morfudd yn sylweddoli hynny hefyd.

Roedd cynllun Morfudd i gael gwared arna i wedi'i hen anghofio erbyn hyn. Ar ben hynny, cefais y fraint o ddisodli Madog Benfras fel y bardd olaf i draethu yn noson ola'r daith yn Abaty Cwm-hir.

Yn goron ar y cyfan, ar ddiwedd y perfformiad hwnnw, cadarnhaodd Morfudd fod fy nyfodol fel bardd C.R.A.P. yn ddiogel, gan ddweud mai fi fyddai'r prif fardd hefyd yn ein noson nesaf mewn llys yn Nhrefdraeth. Y noson honno, closiodd ataf a dweud fod ganddi rai sylwadau am fy nhechneg yr hoffai inni eu trafod 'ar ein pennau'n hunain' er mwyn gwella fy mherfformiad. Byddai'n cysylltu â mi i wneud y trefniadau maes o law. Yna rhoddodd ei llaw fodrwyfaich imi er mwyn selio ein llw i'n gilydd.

Y bore canlynol, cychwynnodd Morfudd ar ei thaith ddeuddydd gyda nifer o deithwyr eraill i dde Ceredigion, i drefnu nosweithiau mewn llysoedd yn Aberteifi a Chilgerran yn dilyn y perfformiad yn Nhrefdraeth. Y drefn arferol oedd bod pobl yn tueddu i deithio mewn mintai i wneud yn siŵr nad oedd lladron fel y dihiryn unllygeidiog, Owain ab Owen, yn ymosod arnyn nhw.

Carfan arall a grwydrai'r wlad yn cenhadu dros ddadansodiad unigryw eu henwadau yn ystod y cyfnod hwnnw oedd y sectau crefyddol. Doedden nhw ddim yn beryglus fel y cyfryw, ond petaech chi mor anlwcus â'u cyfarfod ar eich taith mi fydden nhw'n eich diflasu am oriau yn ceisio'ch darbwyllo i ymuno â nhw. Roedd y ffyrdd yn frith o aelodau o enwadau crefyddol fel y Fflangellwyr, a fyddai'n chwipio'u cyrff yn ddidor wrth gerdded, neu'r Phibionwyr a arferai fwyta had ei gilydd (ych a fi), heb sôn am y Cathari, yr Humiliati, y Manicheaid a'r Lolardwyr.

Yn anffodus bu'n rhaid i mi deithio gyda sect y Malucachwyr, sef Bwa Bach, Madog Benfras, Gruffudd Gryg ac Iolo Goch i Fachynlleth, lle roedd Cyfarfod Cyffredinol y Cywyddwyr, Rhigymwyr, Awdlwyr a Phrydyddion yn cael ei gynnal ymhen deuddydd.

Doeddwn i ddim yn edrych ymlaen at y cyfarfod. Byddai beirdd o bob cwr o Gymru'n eistedd am ddiwrnod cyfan yn lladd ar ei gilydd a phawb arall, gan gwyno am ddiffyg nawdd gan yr uchelwyr a diffyg deallusrwydd eu cynulleidfaoedd. Hefyd mi fyddai'n rhaid imi wrando ar Madog Benfras yn brolio am ei ddawn fel bardd am fy mod i wedi ei ddisodli fel prif fardd y gymdeithas.

'Ry'n ni wedi gweld cynnydd aruthrol yn dy waith yn ddiweddar, Dafydd. A dweud y gwir, mi wnaiff les imi gael hoe fel prif fardd y gymdeithas ar ôl bod ar y brig cyhyd,' meddai Madog, cyn peswch yn uchel a throi at Iolo Goch wrth inni gerdded drwy Lanidloes. 'Beth ddywedodd crïwr tref Wrecsam amdana i, Iolo?'

'Pwy? Dy gefnder?'

'Dyw hynny'n ddim i'w wneud â'r mater dan sylw, Iolo.'

'Hwnna oedd yn addo arian iti?'

'Y dyfyniad, Iolo. Beth oedd y dyfyniad?'

'O ie! Na. Dwi ddim yn cofio, Madog.'

'Does dim dwywaith taw Madog Benfras yw bardd gorau ei genhedlaeth,' dyfynnodd Madog.

'Wyt ti'n siŵr? Dwi bron â bod yn siŵr taw "bardd mwyaf ei genhedlaeth" ddwedodd e.'

'Oes ots? Mae'r ddau air yn gyfystyr,' meddai Madog gan roi ei ddwylo ar ei gluniau anferth mewn rhwystredigaeth a brasgamu o'n blaenau.

Ond ni fu'n rhaid imi ddioddef mwy o genfigen Madog ar y daith, oherwydd cyrhaeddodd y llatai gyda neges ar fy nghyfer toc ar ôl inni gyrraedd Machynlleth y noson honno. Daliais y dryw bach gan ei roi'n agos at fy nghlust a chlywed bod Morfudd yn fy annog i adael gweddill y beirdd a theithio i gwrdd â hi am 'ymarfer' yn y Llew Du yn Aberteifi drennydd. Dywedais wrth y gweddill fod Mami wedi'i tharo'n wael a gofyn iddynt gynnig fy ymddiheuriadau ar gyfer y gynhadledd.

Codais gyda chalon lon wrth iddi wawrio toc cyn *Prime* drannoeth. Fy mwriad oedd dechrau ar y daith ddeuddydd o Fachynlleth i Aberteifi ar unwaith, gan wybod y cawn i a Morfudd dreulio noson gyfan gyda'n gilydd cyn i'r Bwa Bach a'r gweddill gyrraedd dradwy. Ond roedd hi'n fore stormus a'r glaw'n pistyllu i lawr. Roedd afon Dyfi wedi gorlifo dros nos a doedd dim modd inni ei chroesi i fynd i Geredigion.

'Dyna ni. Mi fydd yn rhaid inni dreulio'r diwrnod yn yfed a bwyta dan do yn y cyfarfod cyffredinol,' meddai Wil gan droi ar ei sodlau wrth imi wylio'r dŵr yn llifo'n ddi-baid. Gwyddwn nad oedd y pwdryn am gerdded trwy'r dydd mewn tywydd mor arw, ond roedd yn rhaid imi ddechrau ar y daith fel na fyddwn i'n colli'r cyfle euraid hwn i dreulio amser gyda Morfudd.

'Arglwydd Dduw, paid â'm rhwystro rhag fy ngwobr,' gwaeddais yng nghanol y storm.

'Pa wobr?' gofynnodd Wil gan edrych dros ei ysgwydd. Penderfynais ddweud y gwir wrth fy ngwas. 'Ac ry'ch chi'n fodlon gwneud y Bwa Bach yn gwcwallt? Beth ddigwyddodd i'ch daliadau a'ch sifalri?' gofynnodd gan giledrych arna i.

Yn dilyn llwyddiant ysgubol ein cerddi, ddarllenwyr

ffyddlon, roedd Wil wedi dechrau f'annerch mewn modd ychydig yn rhy anffurfiol, yn fy marn i. Ond doeddwn i ddim mewn sefyllfa i gwyno.

'Mi fyddwn i'n gwneud ffafr â'r Bwa Bach,' eglurais. 'Mae'n amlwg nad yw'n gallu cyflawni rhai o'i swyddogaethau priodasol rhagor. Mae e dros ei ddeugain, wedi'r cyfan. Mi fyddwn i'n gwneud cymwynas drwy ateb y galw mewn un agwedd fach iawn, iawn o'u bywyd priodasol. Rwy'n ei weld fel cyfle imi gamu i'r adwy i achub eu perthynas,' meddwn.

'Pa! Ry'ch chi'n ysu i gnychu,' poerodd Wil.

'Ry'ch chi'n ysu i gnychu ... *syr*,' poerais yn ôl gan roi'r gwas yn ei le. Ochneidiais. 'Fyddai taeog fel ti ddim yn deall y teimladau pur o gariad ry'n ni uchelwyr yn eu teimlo. Dwi'n caru Morfudd. Dwi'n meddwl amdani drwy'r amser. Wil, dwi'n erfyn arnat ti i fy helpu i groesi'r afon er mwyn imi allu cwrdd â hi yn Aberteifi nos yfory.'

'Aberteifi? Yr Hen Lew Du?'

'Ie,' atebais. Rhwbiodd Wil ei ên.

'Ry'ch chi *yn* sylweddoli fod Morfudd yn anghyson ac yn anffyddlon ... i bawb ...' meddai.

'Anffyddlon i bawb ... *hyd yn hyn*,' atebais gan edrych i fyw ei lygaid.

'Ond dyw hi'n ddim o'i chymharu â Dyddgu ... syr.'

'Ond rwyt ti wedi cachu ar dy botes maip yn fanna, Wil. Mi gefaist ti dy gyfle yn yr Hen Lew Du a methu'n llwyr.'

'Methu'n llwyr ... *hyd yn hyn* ... syr,' atebodd Wil gan edrych i fyw fy llygaid.

'Beth wyt ti'n awgrymu?'

'Wel, mae un tro da ...'

'Ond mae Dyddgu'n uchelwraig. Dim ond taeog wyt ti.'

'Roedd ei gŵr yn daeog, fwy neu lai. Rwy'n siŵr y gallwn ddwyn ei chalon pe bai cyfaill imi – uchelwr, efallai – yn dweud pa mor ddiwylliedig ydw i ... pa mor gain ydw i ...'

A gyda hynny, dechreuodd ganu cerdd am ei annwyl Ddyddgu.

'Pe cawn (ei serch) yn llwyr, a fyddai angen unrhyw beth amgen? Nid yw hon yn fy ngharu. Y mae clefyd yn fy nychu. Nid yw hon yn caniatáu i mi gysgu ...'

Dilynodd hynny gyda mwy o linellau llawn hunandosturi troëdig tebyg. Bu'n rhaid imi wrando ar y cyfan i'w gadw'n hapus.

'Iawn. Mi wnaf i fy ngorau drosot ti os wnei di fy helpu i i gyrraedd Aberteifi erbyn nos yfory.'

'Wrth gwrs, syr.'

Tynnodd Wil ei gyllell finiog o boced ei gôt a chamu draw at goeden helyg oedd wedi cwympo ger yr afon yn ystod y storm y noson cynt. Ymhen llai na theirawr, roeddwn i a Wil wedi gwasgu i mewn i gwrwgl a adeiladwyd yn frysiog gan Wil ar lannau afon Dyfi. Wrth iddo wthio'r cwrwgl i'r dŵr gyda'r rhwyf a dechrau llywio'r cwch bach ar draws yr afon dymhestlog, gwaeddodd Wil,

'Y don bengrychlon grochlais, Na ludd, goel budd, ym gael bais I'r tir draw lle daw ym dâl ...'

Parhaodd Wil i fy swyno â'i eiriau yn ystod y daith fer ond peryglus i'r lan ar ochr draw'r afon. Toc wedi iddo orffen llefaru roeddem wedi cyrraedd Ceredigion yn ddiogel.

'Cerdd wych arall, Wil,' meddwn, wrth i'm gwas roi'r cwrwgl ar ei gefn rhag ofn y byddai ei angen eto ar y daith. 'Dere mla'n. Mae Morfudd yn aros yn Aberteifi,' ychwanegais.

'Morfudd a Dyddgu ... syr. Morfudd *a* Dyddgu,' atebodd Wil gan fy atgoffa o'm haddewid drwy godi'i aeliau trwchus yn awgrymog.

XIV

Roeddwn i a Wil mewn hwyliau da yn dilyn y daith ddeuddydd o Fachynlleth i Aberteifi. Roedd y ddau ohonom wedi aros y noson cynt yn fy nghartref ym Mrogynin. Treuliais y noson yn seboni Mami a llwyddais i gael benthyciad hael i ariannu fy nghynlluniau.

Y bore canlynol rhoddais fy sanau melyn llachar gorau, fy esgidiau lledr a'm tiwnig porffor a gwyrdd newydd yn f'ysgrepan i wneud yn siŵr na fyddent yn cael eu sarnu cyn cwrdd â Morfudd y noson honno. Heblaw am orfod gwrando ar gwyno parhaus Wil fod yr ysgrepan a'r cwrwgl yn pwyso gormod, treuliais ddiwrnod digon dymunol yn synfyfyrio am gwrdd â Morfudd. Gallwn arogli'r cig rhost ... ffesant, efallai, a gallwn flasu'r gwin ... potel o Bordeaux? Byddem yn trafod barddoniaeth, natur, cariad, sifalri a mwy ... llawer mwy.

Cyrhaeddais yr Hen Lew Du toc cyn *Vespers* y noson honno, yn llawn bwrlwm. Ond cefais siom pan ddywedodd Dyddgu wrthyf nad oedd Morfudd wedi cyrraedd eto. Archebais ystafell orau'r dafarn a rhuthro i fyny'r grisiau i ymolchi a newid i fy nillad gorau cyn ailymuno â Wil wrth y bar. Roedd y taeog truenus yn gwneud ei orau glas i ddiddanu Dyddgu, ond roedd agwedd sych Dyddgu tuag ato'n golygu nad oedd e'n debygol o fod yn llwyddiannus yn ei ymdrechion i swyno'r wraig weddw.

Esboniais i Dyddgu fy mod i'n aros i Morfudd gyrraedd, a'n bod yn bwriadu ymarfer rhai cerddi gyda'n gilydd a thrafod manylion taith nesaf y Cywyddwyr, Rhigymwyr Awdlwyr a Phrydyddion i Aberteifi, Llandudoch a Threfdraeth dros yr wythnos ganlynol.

'Gobeithio y byddi di, Madog, Iolo a'r gweddill ar eich gorau,' meddai Dyddgu gan godi'i haeliau.

'Pam?'

'Mae'n debyg bod eich cymdeithas yn wynebu cystadleuaeth,' atebodd, gan amneidio â'i phen i gyfeiriad yr ystafell fechan lle gallai pobl fynd i gael llonydd i fwyta ac yfed os oeddent am osgoi sŵn aflafar y taeogion bondigrybwyll.

Yno roedd dyn bach moel a edrychai'n debyg i'r Bwa Bach ar yr olwg gyntaf. Ond o edrych eto, gallwn weld ei fod ychydig yn dewach ac yn llai cefngrwm na gŵr Morfudd. Yn ei ymyl eisteddai dyn boliog gyda ffrwd o wallt du oedd yn f'atgoffa o'r Benfrasfeistr ei hun, a dyn llesg gyda barf a gwallt melyngoch, a allai fod yn hanner brawd i Iolo Goch.

'Pwy ydyn nhw?' gofynnais.

Pwysodd Dyddgu ymlaen. 'Cymdeithas newydd o feirdd, yn ôl yr hen ŵr. Hwn yw eu talwrn cyntaf,' meddai. Edrychodd yn swrth ar Wil. 'Er, dwi'n poeni dim y naill ffordd na'r llall am feirdd rhagor,' ychwanegodd, cyn camu at ben pella'r bar i weini ar daeog lleol sychedig.

'Well inni gyfarch ein cyd-feirdd, Wil. Mae bob amser yn bleser rhannu syniadau gyda beirdd eraill.'

'A dwyn eu syniadau,' meddai Wil dan ei wynt.

Rwyf wedi fy magu'n rhy dda i ymateb i honiadau plentynnaidd o'r fath. Cerddais i mewn i'r ystafell gyda Wil yn fy nilyn.

'Henffych, gyfeillion. Rwy'n clywed bod 'na feirdd yn ein mysg,' meddwn, gan wenu ar y tri a eisteddai o'm blaen.

Cododd yr hen ŵr ar ei draed yn sionc.

'Henffych, ffrind, peidiwch â mynd,' meddai'r hen ŵr. Esboniodd fod nifer o feirdd wedi cael digon o'r rheolau caeth sy'n asgwrn cefn i gymdeithas y Cywyddwyr, Rhigymwyr, Awdlwyr a Phrydyddion.

'Felly ry'ch chi yma heddiw i wffftio'r rhai sy'n cynganeddu?' gofynnais.

'Yn eu tyb nhw, a dweud y gwir, dyw ein canu ddim yn ddigon pur.'

'Dylai barddoni fod yn hawdd, ddim yn ddibynnol ar nawdd,' meddai'r dyn boliog cyn i'r dyn llesg ychwanegu,

'Ry'n ni'n feirdd blas y pridd ... dyna pam y'n ni'n canu'n rhydd!'

'Ry'n ni'n giwed o feirdd fydd yn gwneud iddynt grynu. Ni yw Cymdeithas Odlwyr Cymru!' meddai'r hen ŵr.

'Cocfeirdd,' meddai Wil ar unwaith.

Roedd beirdd o'r coc frid yn gwrthod cynganeddu, gan fynnu gwneud dim mwy na rhoi odl ar ddiwedd y frawddeg, ac roeddent yn cynnal eu cystadlaethau *vers libre* eu hunain.

'Nyni yw'r Odl Odlwyr ... gwrandewch ar ein cân,

fonheddwyr,' llefarodd yr hen ŵr. Ymunodd y ddau fardd arall ag ef i ganu,

'Ni yw yr Odl Odlwyr ... ni'n Odl Odlwyr llwyr ... ni'n odli yn y bore ... ni'n odli efo'r hwyr ... ni'n odli'n ystod *Terce* ... ni'n odli'n ystod *Prime*, ni'n odli'n ystod *Vespers* a hyd yn oed *Compline*. Hwrê!' gwaeddodd y tri.

'Gadewch inni gyflwyno'n hunain. Dyma Siôn Môn a Rhisiart Prisiart,' meddai'r hen ŵr wrth imi ysgwyd llaw y ddau yn wresog.

'Mae hyd yn oed eich enwau'n odli. Gwych iawn,' meddwn, cyn troi at yr hen ŵr.

'A f'enw i yw Aneirin,' meddai hwnnw.

'Gadewch imi ddyfalu ... Aneirin Teirin? Siglodd yr hen ŵr ei ben. 'Aneirin ap Llywel-yn?' Na. 'Neu Aneirin ... Siencin?' Siglodd ei ben eto.

'Na. Yn anffodus, fy enw yw Aneirin ap Emrys,' meddai'n benisel.

'Ond arhoswch – chi sydd wedi trefnu'r talwrn, felly chi yw Aneirin y Meuryn!' meddwn, gan roi slap ar gefn yr hen foi.

'Gan fy nhroi i'r llon o'r lleddf ... ry'ch chi'n wir odlwr wrth reddf,' atebodd hwnnw.

'Wel, dwi wedi potsian ychydig dros yr haf. Efallai eich bod wedi clywed amdan-âf ... Dafydd ... Dafydd ap Gwilym,' dywedais cyn cyflwyno Wil iddynt yn gyflym.

'Na, dyw'r enw ddim yn gyfarwydd, ond mae'n bleser cwrdd â thi, Dafydd.'

Gofynnodd Aneirin i Wil a minnau gymryd rhan yng ngornest gyntaf yr Odl Odlwyr. Dywedodd fod nifer o feirdd wedi methu â chyrraedd y talwrn am fod stormydd y dyddiau cynt wedi eu hatal rhag croesi afonydd Cymru.

Sylweddolais bryd hynny mai dyna, mae'n siŵr, pam nad oedd Morfudd wedi cyrraedd. Ond roeddwn yn siomedig nad oedd hi wedi anfon y llatai i egluro.

'Ni fydd ein bardd gore yn cyrraedd tan y bore,' meddai Aneirin y Meuryn.

'O Faesyfed daw Ednyfed,' atseiniodd Siôn Môn.

'Ond mae ton ar afon Teifi wedi atal pobl rhag teithio heddi,' gorffennodd Rhisiart Prisiart.

'A ydych chi a'ch cyfaill, Wil, am roi cynnig arni? Neu a yw e'n swil?'

'Nid cyfaill, ond gwas ... ac mae'n gallu bod yn eithaf ... cas!' meddwn, gan wincio ar fy nghyd-odlwyr.

'Hwrê!' gwaeddodd y tri gyda'i gilydd.

'Beth gwell ar nos Sadwrn ... na chystadlu mewn talwrn,' ychwanegais gan dderbyn cymeradwyaeth yr Odl Odlwyr unwaith eto.

Esboniodd y tri mai'r unig reol oedd bod yn rhaid i'r cerddi odli, ond nid cynganeddu.

'Does dim peryg o hynny, 'ta beth,' meddai Wil yn ddigon uchel i bawb glywed, cyn fy nhynnu i'r nail ochr. 'Dwi ddim yn meddwl ei fod yn syniad da ichi gymysgu gyda beirdd mor anwaraidd a di-grefft,' meddai. 'Meddyliwch am eich enw da.'

Roedd Wil yn llygad ei le, wrth gwrs. Ond mae cystadlu ym mêr esgyrn pob bardd o'r iawn ryw. Ni allwn felly oresgyn y temtasiwn i gymryd rhan yn y gystadleuaeth a fyddai'n cael ei chynnal yn y dafarn y noson honno.

'Gall hwn fod yn 'bach o hwyl. Dere mla'n, Wil, paid â bod yn swil,' meddwn gan arwain Wil i ganol yr ystafell.

'Dyw hwnna ddim yn odli chwaith,' meddai Wil.

'Ti'n gallu bod yn chwerw iawn, on'd wyt ti?' meddwn, gan sylweddoli'n sydyn pam ei fod mor gas tuag at yr Odl Odlwyr. 'Dwi'n gwybod beth sy'n dy boeni di. Rwyt ti'n ofni fy mod i'n well Odl Odlwr na ti.'

'Nonsens.'

'O'r gorau. Os nad wyt ti'n ofni colli i mi na'r Odl Odlwyr eraill, beth am fet fach i wneud yr achlysur yn fwy diddorol?'

Closiodd Wil ataf gan hanner cau ei lygaid. 'O'r gore. Faint?'

Closiais innau ato yntau. 'Os wyt ti'n teimlo'n hyderus ... beth am bum swllt?' heriais, gan anwesu'r cwdyn oedd yn cynnwys y 60 ceiniog a gefais gan Mami y noson cynt.

'60 ceiniog! Ond mae hynny'n gyflog dau fis!' gwichiodd Wil.

'Dyna'r gambl! Wrth gwrs, mi fydda i'n deall yn iawn os wyt ti'n ansicr o dy ddawn fel Odlwr ...'

'Iawn. Pum swllt amdani,' atebodd Wil.

Poerais ar fy llaw chwith ac ysgwyd ei law cyn ymuno â'r tri Odl Odlwr a gofyn beth oedd amodau'r gystadleuaeth.

'Yr her yw cyfansoddi cerdd brudd, dim mwy na hanner can llinell o ganu rhydd. Does neb i siarad, bydd pawb yn fud, dros gyfnod yr ornest, fydd yn awr o hyd,' meddai Aneirin y Meuryn, cyn ychwanegu y byddai pob un ohonom yn gorfod adrodd ein cerddi yn ein tro.

'Beth yw'r testun, f'annwyl feuryn?' gofynnais.

'"Mawl i'm cariad", dyna'r bwriad,' atebodd y meuryn.

III

Eisteddais wrth fwrdd ger y ffenest yng nghefn yr ystafell a gwylio'r tri chystadleuydd arall yn mynd ati i gyfansoddi yn eu dull unigryw eu hunain. Eisteddai Siôn Môn ar gadair, yn pwyso ymlaen gyda'i law chwith dros ei dalcen, gan fwmian geiriau fel petai'n dweud ei bader. Yn ei ymyl safai Rhisiart Prisiart a'i lygaid ar gau a gwên angylaidd ar ei wyneb. Eisteddai Wil ar y llawr yng nghornel bellaf yr ystafell yn sipian ei beint, yn crafu'r baw oddi tan ei ewinedd ac yn dylyfu gên bob hyn a hyn. Roedd hi'n amlwg bod y diawl hyderus eisoes wedi cyfansoddi'r gerdd yn ei ben.

Roedd gen i, wrth gwrs, dechneg gyfansoddi dra gwahanol i'r beirdd eraill. Yn ddiweddar roeddwn wedi gorfod defnyddio ysgrifbin a memrwn i gofnodi drafftiau cyntaf cerddi Wil. O ganlyniad ro'n i wedi dod i'r arfer â nodi ambell syniad fy hun ar ddarn o femrwn, rhag ofn imi eu hanghofio. Felly tynnais fy nghwdyn ysgrifennu o boced fy nghôt a'i osod yn ddestlus ar y bwrdd o'm blaen, cyn ei agor a thynnu ohono ddarn o femrwn, ffiol o inc, ysgrifbin a chyllell fach ro'n i'n ei defnyddio i hogi'r ysgrifbin bob hyn a hyn. Treuliais gyfnod hir yn penderfynu ble ddylwn i osod yr eitemau hyn ar y bwrdd o'm blaen cyn dechrau ar y gwaith cyfansoddi.

Y cam cyntaf yw nodi prif thema'r gerdd, cyn creu cynllun yn yr un modd ag y mae pensaer yn creu adeilad. Cyfle i roi trefn ar fy syniadau, fel petai. Ond cyn gwneud hynny mae'n rhaid i'r awen gyrraedd. Mae'n rhaid imi gyfaddef nad yw'r awen yn dod bob tro, ac roedd hwn yn un o'r achlysuron hynny. Ni ddaeth yr un syniad i 'mhen er imi wneud fy ngorau glas i feddwl am holl rinweddau Morfudd. Treuliais gyfnod hir felly yn edrych allan drwy'r ffenest ar y caeau o amgylch y dafarn ac ar y meuryn oedd yn hepian cysgu yn ei sedd, ac yn gwylio Siôn Môn a Rhisiart Prisiart a oedd yn dal i fwmial. Syllais ar Wil hefyd, a oedd erbyn hyn yn chwyrnu'n dawel. Dechreuais gnoi pig yr ysgrifbin ac edrych yn daer ar Wil. Roeddwn wrthi'n ceisio dyfalu am beth roedd Wil yn breuddwydio pan gefais syniad.

Ni allwn feddwl am unrhyw syniadau fy hun, ond beth petawn i'n ceisio meddwl fel Wil? Beth fyddai e'n ysgrifennu amdano? Gwenais, gan wybod yr ateb, a mater bach oedd hi i gael y maen i'r wal a gorffen y gerdd toc cyn i gloch y dref ganu Vespers. Bryd hynny y cododd Aneirin y Meuryn o'i gadair.

'Mae eich amser ar ben. Ysgrifbinnau i lawr, rhaid cau y llen,' meddai, cyn gwahodd Siôn Môn i draethu gyntaf.

Roedd cerdd Siôn yn un ddigon dymunol – cerdd ysgafn am gariad y dyn boliog tuag at fwyd. Serch hynny roedd ambell i wall ieithyddol fan hyn a fan draw, a theimlwn nad oedd hi'n gerdd a fyddai'n aros yn y meddwl.

Roedd ymdrech Rhisiart Prisiart yn un fwy traddodiadol. Yn rhy draddodiadol, yn anffodus, am mai dim ond aildwymo syniadau ac odlau amlwg cannoedd o feirdd eraill a wnaeth.

Fy nghyfle i oedd nesaf ac edrychais i fyw llygaid Wil wrth imi adrodd fy ngherdd.

'Dyddgu,' meddwn, mewn llais cryf, soniarus cyn dechrau traethu yn arddull unigryw Wil.

'Nid yw hon yn fy ngharu, y mae clefyd yn fy nychu. Nid yw hon yn caniatáu imi gysgu ... dyna pam dwi'n crynu ...'

Dwi'n cyfaddef imi 'fenthyca', ie, dyna'r gair, ambell linell o'r gerdd adroddodd Wil ar lannau afon Dyfi, ond mi ddefnyddiais fy holl ddoniau barddonol i gael gwared â'r gynghanedd a sicrhau fod pob llinell yn odli.

Gwelais wyneb Wil yn troi bob lliw, ac erbyn imi orffen y gerdd ro'n i'n eitha sicr mai cerdd o'r fath y byddai yntau wedi'i chyflwyno ar gyfer y gystadleuaeth.

'Y mae yn wynnach nag eira'r gwanwyn. Yr wyf yn amddifad o serch y ferch fwyn. Gwyn yw ei thalcen, coch yw ei thrwyn. Tanbeidrwydd yr haul, ei gruddiau hi. Dyddgu a'i gwallt disglair sy'n gwbl ddu.'

Dechreuodd y tri Odl Odlwr gymeradwyo'n wresog wedi imi orffen. Eiliad yn ddiweddarach daeth cnoc ar y drws, a oedd eisoes yn gilagored. Yno roedd Dyddgu yn gofyn a oeddem am gael mwy o ddiodydd.

'Yn y man, landledi. Rydym bron â gorffen weli di,' meddai Aneirin y Meuryn, cyn troi at Wil a'i wahodd i gyflwyno ei gynnig ef. Gwenais ar Dyddgu a gwenodd hithau yn ôl.

'Glywest ti mo'r gerdd, do fe?' gofynnais, gan ofni y byddai'n cael yr argraff anghywir.

'Clywed beth?' atebodd, gan ddal i wenu a chau'r drws yn araf.

Er fy mod yn gwybod mai fy ngherdd i oedd yr un orau hyd yn hyn, gwyddwn fod Wil yn fardd heb ei ail ac felly'n ffefryn i ennill y dydd.

Cododd ar ei draed. 'Llw Morfudd,' dywedodd, gan edrych i fyw fy llygaid a dechrau traethu. Ac mae'n rhaid imi gyfaddef fod ei gerdd yn wych.

'Gwell eniwed, fforffed ffug, No sorri'n wladaidd sarrug. Da fyddai Forfudd â'i dyn. O'r diwedd, hoen eiry dywyn.'

Gwyddwn ei bod ar ben arna i ac y byddai'n rhaid imi ildio'r 60 ceiniog, y pum swllt llawn, i Wil. Roeddwn eisoes wedi rhoi fy llaw ar fy mhwrs arian pan glywais Siôn Môn yn twtian ac yn ysgwyd ei ben mewn anghrediniaeth. Yn ei ymyl, roedd gwên

Rhisiart Prisiart wedi troi'n wg. 'Gwarthus,' meddai dan ei wynt.

Wrth i Wil draethu, 'Ys gwiwdwng onis gwedir: Ys gwyn fydd fy myd os gwir,' neidiodd Aneirin y Meuryn ar ei draed.

'Dyna ddigon o gynganeddu gwarthus,' gwaeddodd. 'Ych a fi. Ry'ch chi wedi'ch diarddel o'r gystadleuaeth a dyna ni. Yr enillydd, a'r un sy'n llwyr haeddu gwobrau di-ri, yw Dafydd ap Gwilym, yr odlwr o fri.'

Dechreuodd y dagrau lifo i lawr fy mochau. Hwn, gyfeillion, oedd y tro cyntaf imi ennill unrhyw beth erioed, ac yn eisteddfod gyntaf yr Odl Odlwyr ar hynny. Wrth imi scfyll yno'n llawn balchder, gwelais Aneirin y Meuryn yn codi ar ei draed ac yn estyn am y stôl odro fechan y bu'n eistedd arni drwy'r nos.

'Dyma eich gwobr, sef cadair ysblennydd. Llongyfarchiadau gyda mawr lawenydd,' meddai, cyn fy ngwobrwyo â'r darn o bren teircoes, pydredig.

'O, cadair ... gwych,' mcddwn yn siomedig. Yna sylweddolais nad y wobr oedd yn bwysig, ond dod i'r brig am y tro cyntaf yn fy mywyd. Anwesais y stôl. 'Diolch o galon am y gwaddol, rwy'n mynd i gasglu fy ail wobr farddol!' datganais, a cherdded draw at Wil a oedd yn gwgu yng nghornel yr ystafell.

'Ro'n i'n gwybod na fyddet ti'n gallu ymatal rhag cynganeddu. Mae angen iti ehangu dy grefft, Wil bach, ond mi ddaw hynny ... mi ddaw,' meddwn. 'Wel, wyt ti'n mynd i longyfarch dy feistr?' gofynnais iddo gan ddal y stôl o dan ei drwyn am ennyd. 'Arogla'r pren derw 'na, Wil. Beth wyt ti'n arogli?'

'Pen-ôl drewllyd Aneirin y Meuryn,' atebodd yn chwyrn.

'Na. Arogl buddugoliaeth yw hwnna, Wil. Arogl buddugoliaeth. Ac mae arnat ti 60 ceiniog, sef coron gyfan, i mi. Ond paid â phoeni. Wnei di ddim llwgu. Mi dynna i'r ddyled allan o dy gyflog fesul ceiniog dros y misoedd nesaf.' Gosodais fy nghadair farddol ar y llawr a rhoi fy nghoes chwith arni. 'Y dwbwl, Wil. Fi yw'r bardd cyntaf i ennill "coron" a chadair yn Aberteifi! Ac fel byddai'r Odl Odlwyr yn dweud: Fi yw'r bardd cyntaf teidi, sy'n llawn haeddu, ennill coron a chadair Aberteifi,' dywedais, cyn clywed Wil yn mwmian,

'Hmmm ... a'r un mwyaf rhwysgfawr a hunangyfiawn.'

'Hyd yn hyn, Wil, hyd yn hyn,' atebais.

Treuliais weddill y noson yng nghwmni Siôn Môn, Rhisiart Prisiart ac Aneirin y Meuryn yn gloddesta, yfed ac Odl Odli tan oriau mân y bore. Fel y gwyddoch eisoes, dwi ddim yn un sy'n goryfed fel arfer, ond roedd hwn yn achlysur arbennig ac mae'n rhaid imi gyfaddef imi ei gor-wneud hi braidd. Yn ôl Wil bu'n rhaid iddo fy nhywys i fy ngwely, gyda minnau'n canu 'Ni yw'r Odl Odlwyr ... ni'n Odl Odlwyr llwyr ... ni'n odli yn y bore ... ni'n odli efo'r hwyr ...'

Does gen i fawr o gof o fynd i'r gwely ond mae gen i frith gof o freuddwydio bod Morfudd wedi dod at erchwyn y gwely a sibrwd geiriau cariadus. Roedd hi'n edrych mor brydferth ag erioed. Plygodd a sibrwd yn fy nghlust,

'Dwi'n gwybod na alli di fy nghlywed, Dafydd. Dwi'n deall mai dy sifalri a'th swildod sydd wedi dy atal rhag dangos dy gariad tuag ataf hyd yn hyn. Ond mi arhosaf am y diwrnod pan fyddi di'n ddigon hyderus i wneud hynny. Dwi'n dy barchu am esgus nad wyt ti'n fy ngharu. Cysga'n dawel, Dafydd, fy nghariad,' meddai cyn diflannu i dywyllwch y nos.

IV

Roedd *Sext* wedi hen basio, yr haul wedi cyrraedd ei anterth, a Phoebus wedi dechrau ar ei daith i'r gorllewin yn ei gerbyd pan ddihunais drannoeth gyda phen tost anferthol. Agorais un llygad a gweld Wil yn sefyll yn ufudd wrth ochr y gwely yn dal fy nillad isaf.

'Mi fyddwn i wedi gadael ichi gysgu ond ro'n i'n meddwl y byddech chi am wybod bod beirdd C.R.A.P. Cymru wedi cyrraedd,' meddai.

'Faint o weithiau sydd raid imi ddweud, Wil? Paid â dweud "crap". Mae'n air mor hyll.'

'Rwy'n meddwl ei fod yn air addas iawn, syr. Y diffiniad o

"crap" yw "gwybodaeth brin ac arwynebol", sy'n bendant yn disgrifio y Bwa Bach, Madog Benfras ac Iolo Goch,' meddai Wil. Codais yn araf o'r gwely a gweld bod darn o femrwn wedi'i wthio i fy nhrôns.

'Beth yn y byd yw hwn?' gofynnais.

'Dy'ch chi ddim yn cofio, syr? Mi benderfynoch chi ymuno â Chymdeithas Odlwyr Cymru, sy'n golygu eich bod erbyn hyn yn fardd C.R.A.P. ac yn Gocfardd. Mi daloch chi'r aelodaeth lawn gyda'ch 'coron' a dyna'r dystysgrif, sydd hefyd yn nodi mai chi oedd enillydd cyntaf Eisteddfod yr Odl Odlwyr.

'Hmmm. Rhywbeth sy'n bendant yn werth ei drysori,' meddwn, gan chwifio'r darn o femrwn o flaen trwyn Wil. 'Arhosa di nes bydd y Bwa Bach a'r gweddill yn gweld hwn. Mi fyddan nhw'n biws o genfigennus, Wil.'

'Efallai, syr,' meddai Wil gyda hanner gwên.

'A yw'r Odl Odlwyr wedi codi eto?'

'Mi adawon nhw ben bore. Rwy ar ddeall eu bod yn ceisio lledaenu'r neges yn Llandudoch heddiw.'

'A beth am Morfudd? Yw hi wedi cyrraedd?'

'Ychydig cyn y gweddill, syr. Roedd hi'n edrych braidd yn flinedig. Mi ddywedodd ei bod wedi gorfod aros yn Llanbedr Pont Steffan neithiwr ac echnos oherwydd y don ar afon Teifi. Mae hi'n ymddiheuro am beidio â chyrraedd mewn pryd ac yn gobeithio y cewch chi gyfle arall i *ymarfer gyda'ch gilydd*,' atebodd Wil, gan godi'i aeliau wrth yngan y tri gair olaf.

'Ro'n i'n amau hynny. Ta beth. Cefais freuddwyd fyw iawn amdani neithiwr,' meddwn, cyn mynd ati i adrodd yr hanes.

Wn i ddim a yw'r un peth yn digwydd i chi, ddarllenwyr, ond mae pobl yn tueddu i hel esgusodion a gadael pan fyddaf ar fin disgrifio fy mreuddwydion. Ro'n i'n falch felly fy mod i wedi darparu ar gyfer hynny yn fy nghytundeb gyda Wil.

'... ac mi ddwedodd Morfudd y byddai'n aros amdana i tan y diwrnod y byddwn i'n ddigon hyderus i ddangos fy holl gariad tuag ati,' gorffennais.

'Ydych chi'n siŵr mai Morfudd oedd yn y freuddwyd?'

'Dwi'n gwybod yn iawn pwy dwi'n eu gweld a'u clywed yn fy mreuddwydion, diolch yn fawr. Pam wyt ti'n gofyn?'

'Am fy mod i wedi gweld Dyddgu ben bore ac mi ddwedodd hi ei bod wedi dod i'ch ystafell neithiwr i wneud yn siŵr eich bod chi'n iawn.'

'Pam yn y byd fydden i'n camgymryd Morfudd am Dyddgu? A pham fyddai Dyddgu'n meddwl fy mod i mewn cariad â hi?'

'Am eich bod wedi ysgrifennu cerdd yn ei chlodfori neithiwr, syr.'

'O, mam bach. Rwy'n meddwl y byd o Dyddgu, ond mae hi braidd yn rhy ... beth yw'r gair ...?'

'Deallus?'

'Na.'

'Prydferth?'

'Na.'

'Synhwyrol?'

'Na ... annibynnol, dyna ni. Mae hi'n rhy annibynnol a chadarn ei meddwl. Dwi'n hoffi menywod mwy chwareus. Mae'n rhaid inni feddwl am ffordd o ddarbwyllo Dyddgu nad myfi yw'r un iddi hi felly, heb frifo ei theimladau.'

'Mi feddylia i am hynny, syr,' meddai Wil, gan fy helpu i wisgo fy nghôt.

Codais fy nhystysgrif aelodaeth o'r Odl Odlwyr a mynd i lawr y grisiau i wynebu fy nghyd-feirdd, gan edrych ymlaen at ddisgrifio fy llwyddiant ysgubol y noson cynt.

V

Eisteddai'r Bwa Bach, Morfudd, Madog Benfras ac Iolo Goch o gwmpas bwrdd crwn yng nghefn y dafarn, yn rhannu pedair ystên o win. Roedd y Bwa Bach yn holi Morfudd am ei thaith o Faesyfed i Aberteifi pan ymunais â nhw, yn ysu i adrodd hanes fy nghampau barddol y noson cynt.

'Roedd hi'n siwrnai hollol ddiflas, fy nghariad i,' meddai

Morfudd gan ddal llaw ei gŵr. 'Dim ond pererinion ar eu ffordd i Dyddewi.'

'Oedd unrhyw ddynion ifanc yn eu plith?'

'Dim un. Ti'n gallu bod mor genfigennus weithiau, Bw Bw!' meddai Morfudd. Teimlais fy stumog yn troi.

'Ond pam na wnest ti gyrraedd tan heddiw, f'anwylyd?' gofynnodd y Bwa Bach gan edrych yn daer ar ei wraig. Roedd hi'n amlwg bod y Bwa Bach yn fwy amheus ac ansicr ers y noson honno yn Nanhyfer pan awgrymodd Rhys Meigen ei fod yn gwcwallt.

'Am fod ton ar afon Teifi yn Llanbedr Pont Steffan yn dilyn y storm echnos. Roedd hi'n amhosib croesi'r afon tan y bore 'ma. Treuliais y rhan fwyaf o'r amser ar fy mhengliniau yn gweddïo gyda gweddill y pererinion. Mae'n rhaid imi gyfaddef ei fod yn brofiad ysbrydol iawn,' atebodd Morfudd.

Gwenodd y Bwa Bach yn fodlon. Unwaith eto, roedd ateb ei wraig wedi tawelu ei amheuon. Serch hynny, gwelais Madog Benfras yn troi at Iolo Goch a rowlio'i lygaid. Roedd eu hagwedd sinigaidd tuag at Morfudd wedi dechrau fy nghorddi.

Manteisiodd Morfudd ar y cyfle i esgusodi ei hun a mynd i'w hystafell i orffen dadbacio. Bu tawelwch am rai eiliadau. Rhoddodd hynny gyfle imi ddechrau adrodd fy hanes.

'Dwi'n siŵr bod y cyfarfod cyffredinol yn un digon diflas, ond rhaid imi gyfaddef imi gael amser difyr ac ysbrydol iawn fan hyn neithiwr,' meddwn, gan dynnu'r darn o femrwn allan o 'mhoced.

'*Au contraire*, Dafydd,' meddai Madog Benfras ar fy nhraws cyn imi gael cyfle i ymhelaethu.

'Blewiach Blodeuwedd! Mae ganddon ni newyddion cyffrous,' ychwanegodd Iolo Goch.

'Ac mae gen innau newyddion cyffrous hefyd,' meddwn innau gan ddechrau agor y memrwn.

'Ddim hanner mor gyffrous â'n newyddion ni,' heriodd Madog, gan frwsio darn o flawd llif oddi ar ei gôt.

'Dwi'n amau hynny'n fawr, Madog o'r Penfras frid,' meddwn, cyn dechrau disgrifio fy llwyddiant y noson cynt.

'Mae ein newyddion mor gyffrous, mae'n haeddu ystên arall o win,' meddai Iolo. 'Dyddgu! Mwy o win!'

'Gawn ni weld pwy fydd â'r newydd mwyaf cyffrous, Iolo,' meddwn, cyn gwneud ymdrech arall i adrodd fy hanes. Ond cyn imi fynd ymhellach, rhewodd fy ngwaed pan glywais eiriau'r Bwa Bach.

'Ry'n ni, feirdd C.R.A.P. Cymru, wedi penderfynu diarddel unrhyw fardd sy'n ymwneud â grŵp o feirdd sy'n gwrthod cynganeddu, ond yn hytrach yn gwneud dim ond odli ar ddiwedd y frawddeg.'

'Pleidlais unfrydol ar hynny,' meddai Madog.

'Eitha ffrwcsyn reit 'fyd,' cytunodd Iolo.

'Oes enw ar y grŵp ... hmmm ... hollol wrthun yma?' gofynnais, gan ddechrau plygu'r memrwn oedd yn fy llaw. Sylwais fod Wil yn sefyll y tu ôl imi erbyn hyn.

'Maen nhw'n galw eu hunain yn Gymdeithas Odlwyr Cymru,' meddai'r Bwa Bach.

Ar hynny, cyrhaeddodd Dyddgu gydag ystên o win yn ei dwylo.

'Cymdeithas Odlwyr Cymru? Yr Odl Odlwyr?' gofynnais yn ddifeddwl. Lithrodd yr ystên o ddwylo Dyddgu, gan arllwys gwin dros y bwrdd a thros sanau gwyrdd ysblennydd Madog Benfras, a oedd bellach yn sanau coch.

'Mae'n flin gen i,' meddai Dyddgu, gan ruthro yn ôl at y bar i nôl clwtyn i sychu traed Madog.

'Cywir, Dafydd. Mae rhai yn eu galw'n Odl Odlwyr. Sut oeddet ti'n gwybod amdanyn nhw? Wyt ti wedi dod ar eu traws nhw?'

'Fi? Na ... dim o gwbl ... erioed wedi treulio noson yn eu cwmni ... na, dim o gwbl,' meddwn yn ffwndrus.

Cododd Madog ei ben wrth i Dyddgu ddechrau sychu ei draed. 'Os felly, sut oeddet ti'n gwybod am eu bodolaeth nhw, Dafydd?'

'Ie, sut oeddet ti'n gwybod mai'r Odl ffrwcsyn Odlwyr yw'r enw arall arnyn nhw?' ychwanegodd Iolo Goch.

Teimlais ias oer yn mynd i lawr fy nghefn. 'Wel ... wel ...'

'Am fy mod i wedi dweud wrth Dafydd,' meddai Dyddgu, gan ddychwelyd o'r bar a gwenu'n siriol arna i. 'Mi ddaethon nhw yma rhyw wythnos yn ôl ac mi ddwedais i wrthyn nhw mai dim ond beirdd swyddogol oedd yn cael yfed a lletya fan hyn.'

'Clywch, clywch!' meddai Madog gan fwrw'r bwrdd â'i ddwrn.

'Eitha reit 'fyd,' cytunodd Iolo.

'Ers pryd mae'r gwaharddiad mewn grym?' gofynnais, gan weld llygedyn o obaith o achub fy nghroen.

'Ers ddoe, wrth gwrs,' atebodd y Bwa Bach.

'Pryd yn gwmws ddoe?' ychwanegais, gan obeithio bod y penderfyniad wedi'i wneud ar ôl imi ennill cadair Cymdeithas Odlwyr Cymru.

'Beth yw'r ots? Tua chanol dydd oedd hi.'

'Rwyt ti'n edrych yn welw, Dafydd,' meddai Madog.

'Gwelw iawn,' cytunodd Iolo, gan sylwi ar y darn o femrwn. 'Beth sy 'da ti yn dy law?'

'Dim. Ambell syniad am gerdd ... sy'n llawn cynganeddion ... dim odlau ... heblaw am rai mewnol, wrth gwrs. Rwy'n fardd C.R.A.P. o'm corun i'm sawdl. Rwy'n poeri ar yr Odl Odlwyr,' atebais, heb wybod yn iawn beth ro'n i'n ei ddweud. Llyncais fy mhoer gan wybod y byddai fy ngyrfa fel bardd ar ben petai'r gwir yn cael ei ddatgelu. Diolch byth fod yr Odl Odlwyr wedi gadael yn y bore, meddyliais. Yna, sylweddolais yn sydyn fod yr unig dystiolaeth o unrhyw gysylltiad rhyngof i a'r beirdd hereticaidd hyn yn fy llaw.

'A dweud y gwir, dyw'r syniadau hyn ddim yn fy mhlesio. Dy'n nhw ddim yn ddigon safonol,' meddwn gan droi at Wil, a oedd yn dal i sefyll y tu ôl imi. 'Rho hwn yn y tân, wnei di, Wil?'

'Â phleser, syr,' meddai hwnnw, gan gymryd y memrwn o'm llaw a'i daflu i'r fflamau. Gwyliais y dystiolaeth yn troi'n lludw o flaen fy llygaid. Ochneidiais yn hir gan wybod fy mod i'n ddiogel. Addewais i mi fy hun y byddwn yn osgoi'r Odl Odlwyr ar bob cyfrif o hynny ymlaen.

'Mwy o win i bawb ... y gwin gorau, Dyddgu!' bloeddiais.

Ond ar y gair clywais sŵn yn dod o'r tu allan i'r dafarn. Sŵn canu. Ac yn fwy na hynny, sŵn canu cyfarwydd.

'Ni yw yr Odl Odlwyr, ni'n Odl Odlwyr llwyr ... ni'n odli yn y bore ... ni'n odli efo'r hwyr ...'

Codais o'm sedd a rhuthro at ffenest y dafarn, gyda Wil a Dyddgu gam y tu ôl imi. Yn nesáu'n gyflym at y dafarn roedd Aneirin y Meuryn, Siôn Môn, Rhisiart Prisiart a dyn anhysbys yn canu nerth eu pennau.

'Ddwedest ti eu bod wedi mynd i genhadu i Landudoch,' sibrydais wrth Wil.

'Beth wnawn ni?' sibrydodd Dyddgu.

'Mi fydd yn rhaid iti gael gwared arnyn nhw, Dyddgu. Dweda bod dim lle iddyn nhw yma. Mae'n hollbwysig nad yw'r Odl Odlwyr yn cwrdd â ni neu mi fydd fy ngyrfa i ar ben,' meddwn.

'Heb sôn am y nawdd mae'r Hen Lew Du'n ei dderbyn gan feirdd C.R.A.P. Cymru,' ychwanegodd Dyddgu, cyn camu at ddrws y dafarn.

'Pwy yn y byd sy'n canu'r gân aflafar 'na? Mae'n swnio fel petai rhywun yn canu am yr Odl Odlwyr,' meddai Madog Benfras gan godi ar ei draed.

'Rwyt ti'n ffrwcsyn iawn,' cytunodd Iolo Goch.

'Mae'r ddau ohonoch chi'n iawn. Rwy'n siŵr eu bod nhw'n canu am Odl Odli,' ychwanegodd y Bwa Bach.

Roedd hi'n rhy hwyr i Dyddgu wneud unrhyw beth i achub y sefyllfa. Roedd yr Odl Odlwyr eisoes wedi dod trwy'r drws. Rhewais gan fethu ag yngan gair. Safodd Aneirin y Meuryn, Siôn Môn, Rhisiart Prisiart a'r dyn anhysbys ger y drws. Roedd golwg ddigon gwallgof arnyn nhw, ac mae'n amlwg i Wil gael syniad. Gwelodd eu bod yn edrych yn debyg iawn i lu o sectau eraill roeddem wedi dod ar eu traws wrth deithio ar hyd a lled Cymru dros y misoedd cynt.

Amneidiodd arna i, y Bwa Bach, Madog ac Iolo i ymgasglu o'i amgylch yn gyflym tra bod Dyddgu'n ceisio cael gwared â'r Odl Odlwyr.

'Ry'ch chi wedi camglywed y gân. Nid Odl Odlwyr mo'r rhain, ond cangen eithafol o'r Lolardwyr, yr Od Lolardwyr ... y sect sy'n credu bod Cristnogaeth wedi colli'i ffordd. Roedden nhw'n aros yma neithiwr. Maen nhw'n casáu unrhyw un sy'n amharchus o Gristnogaeth, yn enwedig beirdd sydd ddim yn cysegru eu hunain yn llwyr i'r Arglwydd Iesu. Petawn i'n chi 'sen i'n osgoi sôn eich bod yn feirdd. Maen nhw'n enwog am ladd pobl sy'n anghytuno â nhw.'

'Gwych, Wil!' bloeddiais heb feddwl, cyn adfer y sefyllfa'n gyflym. 'Gwych dy fod wedi meddwl rhybuddio pawb.'

Troais a gweld bod Aneirin y Meuryn wedi sylwi arna i.

'Dafydd! Dafydd!' gwaeddodd, gan hyrddio heibio i Dyddgu ac anelu amdana i.

'Wnaethon ni fwynhau ein hunain cymaint yma ddo', wnaethon ni benderfynu aros yma heno 'to. Ond yn ôl Dyddgu gu, sdim lle yn yr Hen Lew Du,' meddai.

Edrychodd Madog Benfras yn amheus arno. 'Rwy'n sylwi eich bod chi'n odli, frawd,' meddai.

'Ydw wir, frawd, er fy mod i'n dlawd,' atebodd Aneirin gan chwerthin.

Tynnais Madog i'r naill ochr yn gyflym ac esbonio iddo fod yr Od Lolardwyr yn tueddu i odli nawr ac yn y man.

'Yn debyg iawn i'r Odl Odlwyr?' gofynnodd Madog gan edrych i fyw fy llygaid.

'Cyd-ddigwyddiad llwyr,' atebais heb lawer o arddeliad, cyn troi a gweld bod Aneirin wedi dechrau sgwrs gyda'r Bwa Bach, a oedd eisoes wedi anghofio rhybudd celwyddog Wil am yr Od Lolardwyr.

'Fy enw i yw Bwa Bach a dwi'n aelod o'r cr–' dechreuodd, cyn i mi ymyrryd yn gyflym.

'... Cr-istnogion. Fel chwychwi, ry'n ni'n ceisio lledaenu'r ffydd a chenhadu dros ein daliadau cryf,' meddwn, gan geisio bod mor annelwig â phosib.

Erbyn hyn roedd yr aelod anhysbys o'r Odl Odlwyr wedi llwyddo i ddianc o grafangau Dyddgu ac wedi ymuno â ni.

'Gadewch imi gyflwyno Ednyfed Maesyfed, *cenhadwr* sy'n hoffi caru ac yfed. Methodd â chyrraedd Aberteifi ddoe, a bu'n rhaid iddo aros yn Llanbed am hoe,' meddai Aneirin gan wincio arnaf.

Dyna gyd-ddigwyddiad, meddyliais, fod Morfudd ac Ednyfed Maesyfed wedi gorfod aros yn Llanbedr Pont Steffan am noson.

'Caru ac yfed? Dyw hynny ddim yn swnio'n Gristnogol iawn,' sibrydodd Iolo Goch yn fy nghlust. Gwelais fod y Bwa Bach a Madog hefyd yn edrych arnaf yn amheus.

'Mi ddwedais i eu bod nhw'n sect od, on'd do?' atebais.

Ar hynny, cerddodd Morfudd i lawr y grisiau o'r ystafell wely.

'Morfudd!' gwaeddodd y Bwa Bach ac Ednyfed Maesyfed ar yr un pryd.

Edrychodd Morfudd draw a diflannodd y lliw o'i hwyneb. Safodd yno fel delw. Trodd y Bwa Bach at Ednyfed Maesyfed.

'Sut yn y byd y'ch chi'n nabod Morfudd?' gofynnodd yn swta.

'Mi atebaf os oes raid, ond pwy y'ch chi, ei thaid?' atebodd yr Odl Odlwr.

'Fi yw ei gŵr. Atebwch fy nghwestiwn. Sut y'ch chi'n nabod Morfudd?'

Sylweddolais o ymateb Morfudd nad oedd yn gyd-ddigwyddiad fod Morfudd ac Ednyfed Maesyfed wedi gorfod aros yn Llanbedr Pont Steffan am noson. Cafodd fy amheuon eu cadarnhau gan ostler tafarn y Castell Gwyrdd, Llanbed, pan oedden ni feirdd a Morfudd yn lletya yn y dref hynod brydferth honno rai misoedd yn ddiweddarach. Yn ôl yr ostler roedd Morfudd ac Ednyfed Maesyfed yn 'gyfeillgar iawn â'i gilydd'.

Erbyn hyn roedd Morfudd wedi dechrau dod ati'i hun yn dilyn y sioc o weld Ednyfed Maesyfed gyda'r Bwa Bach, ac wedi ymuno â ni yng nghanol y dafarn.

'Wyt ti'n nabod hwn?' gofynnodd y Bwa Bach i'w wraig.

'Wrth gwrs fy mod i.'

'Mi ddwedaist ti mai dim ond pobl oedrannus a phererinion oedd yn dy gwmni,' taranodd y Bwa Bach, gan syllu ar y dyn ifanc golygus a safai o'i flaen. 'Mi ddwedaist ti dy fod wedi treulio'r rhan fwyaf o'r amser ar dy bengliniau,' ychwanegodd.

'Os nad yw hi'n bur, mae hynny o leia'n wir,' sibrydodd Ednyfed dan ei wynt. Edrychodd Morfudd yn erfyniol arno. O'r diwedd trodd at y Bwa Bach.

'Dwi'n gobeithio nad y'ch chi'n awgrymu bod rhywbeth amhriodol wedi digwydd rhyngof i a'ch gwraig. Rwy'n uchelwr parchus ac yn Gristion fel craig,' meddai Ednyfed.

'Rwy'n gwybod pwy y'ch chi a'ch ffrindiau. Ry'ch chi'n aelodau o un o'r sectau hereticaidd 'na ... yr Od Lolardwyr!' taranodd y Bwa Bach. 'Duw a ŵyr beth yw eich daliadau.'

Erbyn hyn roedd Siôn Môn, Rhisiart Prisiart a Dyddgu wedi ymuno â ni. Daliodd y Bwa Bach ac Ednyfed ati i ffraeo.

'Od Lolardwyr?' gofynnodd Ednyfed a dechrau chwerthin. 'Na, na. Nid Od Lolardwyr, ond Odl Odlwyr,' ychwanegodd. Griddfanais yn uchel wrth i Aneirin y Meuryn ac yntau ddechrau canu, 'Ni yw yr Odl Odlwyr ... ni'n Odl Odlwyr llwyr ... ni'n odli yn y bore ... ni'n odli efo'r hwyr.'

Trodd y Bwa Bach ataf fi a Wil a Dyddgu. 'Rwy'n credu ein bod ni'n haeddu esboniad,' meddai.

'Clywch, clywch,' ategodd Madog gan wenu'n gam.

'Cytuno'n ffrwcsyn llwyr,' ategodd Iolo Goch.

VI

Eisteddai'r Bwa Bach ac Aneirin y Meuryn ger y bwrdd yn yr ystafell fechan lle'r enillais i goron a chadair eisteddfodol y noson cynt.

Ond y tro hwn roeddwn yno'n sefyll o flaen fy ngwell i ateb cyhuddiad Cymdeithas Cywyddwyr, Rhigymwyr, Awdlwyr a Phrydyddion Cymru o ddwyn anfri ar y gymdeithas, ac i ateb cyhuddiad Cymdeithas Odlwyr Cymru o ddwyn anfri ar y gymdeithas honno hefyd. Roeddwn yn ogystal yn ateb y cyhuddiad o geisio celu'r gwir rhag y ddwy gymdeithas i achub fy ngyrfa farddol.

Fel uchelwr sy'n gaeth i reolau sifalri llym, penderfynais syrthio ar fy mai a chyfaddef fy modi wedi cymryd rhan yn eisteddfod yr Odl Odlwyr ac wedi ceisio cuddio hyn rhag beirdd C.R.A.P. Cymru. Ceisiodd Dyddgu achub fy nghroen drwy honni mai ei bai hi oedd e am ganiatáu i'r Odl Odlwyr logi'r ystafell i gynnal yr eisteddfod yn y lle cyntaf.

Wfftiodd y Bwa Bach hynny gan ddweud ei bod hi'n rhydd i logi'r ystafell i bwy bynnag a fynnai. Ond dywedodd y dylwn innau wybod yn well ac na ddylwn fod wedi cymryd rhan mewn eisteddfod answyddogol a gynhaliwyd gan gorff barddol arall, hyd yn oed os nad oeddwn yn gwybod am benderfyniad y gymdeithas i ddiarddel unrhyw fardd fyddai'n ymwneud â'r Odl Odlwyr.

Rhoddodd y Bwa Bach hances ddu ar ei ben a dweud nad oedd dewis ganddo ond diarddel y bardd Dafydd ap Gwilym o'r gymdeithas am byth. Yn ei dro, rhoddodd Aneirin y Meuryn hances ddu ar ei ben a datgan fod yr Odl Odlwyr hefyd yn fy niarddel o'r gymdeithas honno am oes. Ychwanegodd y byddai'n rhaid imi roi'r gadair yn ôl. Wrth imi roi'r stôl odro i Aneirin dechreuodd Dyddgu grio, a chlywais hi'n dweud trwy ei dagrau,

'Pwy fyddai'n meddwl y byddai bardd gorau Cymru'n gorfod rhoi cadair Aberteifi yn ôl am gamgymeriad mor bitw?'

Gwyddwn fod fy ngyrfa farddol ar ben. Yna, closiodd Wil ataf.

'Rwy'n credu y gallaf achub eich croen,' sibrydodd.

'Sut?' sibrydais innau cyn ychwanegu, 'Mae coron ynddi iti ...'

'Coron yr wythnos.'

'Coron bob chwarter.'

'Y mis ...'

'Iawn. Cytuno.'

'… a chytuno i 'nysgu fi i ddarllen ac ysgrifennu?'

'Damo ti. O'r gore.'

Pesychodd Wil a gofyn i'r Bwa Bach ac Aneirin y Meuryn am gyfle i ddweud gair cyn i'r achos ddod i ben. Ar ôl cael caniatâd, camodd Wil i'r adwy a sefyll gerbron gweddill y beirdd, Dyddgu a Morfudd.

'Mae'r dyn hwn sy'n sefyll o'ch blaenau heddiw wedi ei gyhuddo o ddwyn anfri ar ddwy gymdeithas ac wedi derbyn ei gosb heb gynnig gair i amddiffyn ei hun.' Estynnodd Wil ei fraich a phwyntio ataf.

'Am ei fod yn euog,' taranodd Madog Benfras.

'Ti'n llygad dy ffrwcsyn le, Madog,' cytunodd Iolo Goch.

'Ond a yw e'n euog, gyfeillion?' gofynnodd Wil gan gamu yn ôl ac ymlaen o flaen y fintai fechan, a eisteddai mewn rhes fel petaen nhw'n rheithgor. 'Mae gan y dyn hwn gyfrinach.'

Teimlais fy ngwaed yn oeri. A oedd e'n mynd i ddatgelu mai ef oedd yn ysgrifennu (drafft cyntaf) ein cerddi llwyddiannus? Daliais fy anadl.

'Ei gyfrinach yw ei fod wedi rhoi o'i amser i ddechrau fy nysgu i, daeog tlawd, i farddoni dros y misoedd diwethaf. Y gwir yw taw fi a blagiodd fy meistr, Dafydd ap Gwilym, y bardd uchel ei barch, i gymryd rhan yn y gystadleuaeth.'

'Ond cymeroch chi'ch dau ran yn y gystadleuaeth,' mynnodd y Bwa Bach.

'Do. Ond roedd fy meistr, Dafydd ap Gwilym, y bardd uchel ei barch, yn ofni na fyddai fy ngherdd yn cael ei thrin yn deg am fy mod i'n was ac yn daeog. Felly, mi gymerodd fy meistr ran yn y gystadleuaeth gan ddefnyddio un o fy ngherddi pitw i o dan ei enw ei hun. Dyna'r math o ddyn yw fy meistr, gyfeillion.'

Clywais ochenaid o siom yn dod o gyfeiriad Dyddgu wrth iddi sylweddoli mai Wil ac nid myfi oedd wedi ysgrifennu'r gerdd amdani. O leia fyddai hi ddim yn meddwl fy mod i mewn cariad â hi nawr, meddyliais.

'Cefais i fy niarddel o'r gystadleuaeth am ddefnyddio cynghanedd,' aeth Wil yn ei flaen, cyn i Iolo dorri ar ei draws.

'Go lew ti'r ffrwcsyn.'

'... ond defnyddio llinellau o gynghanedd gwych y bardd uchel ei barch, Dafydd ap Gwilym, yr oeddwn wedi'u rhoi ar fy nghof wnes i.'

'Y llên-ffrwcsyn-leidr,' sibrydodd Iolo wrth Madog.

'Felly yr unig ganu rhydd a ddefnyddiwyd yn nhalwrn yr Odl Odlwyr oedd fy ngherddi i. Dyna'r math o ddyn yw fy meistr. Bob amser yn meddwl am rywun arall,' gorffennodd Wil.

Ceisiais edrych mor wylaidd â phosib a gwelais Morfudd a Dyddgu'n ochneidio mewn tosturi.

Roeddwn yn hapus iawn fod Morfudd yn meddwl fy mod i wedi aberthu fy hun i helpu Wil, ond o weld wyneb Dyddgu, sylweddolais ei bod hithau hefyd yn llawn edmygedd o'r meistr ifanc.

'Doedd fy meistr ddim yn cystadlu drosto'i hun ... roedd am roi cyfle i'w was ennill. A dyna pam y gadawodd e imi ddweud y celwydd am yr Od Lolardwyr a'r Odl Odlwyr. Roedd am fy amddiffyn i.'

'Ond mi fu'n dathlu'n llawn fel rhywun oedd wedi ennill go iawn,' meddai Aneurin y meuryn.

Chwarddodd Wil yn dawel a cherdded draw at y Bwa Bach ac Aneirin.

'Do. Dyna'r math o ddyn yw fy meistr. Roedd e'n dathlu fel petai yntau wedi ennill, yn ymfalchïo yn llwyddiant taeog bach twp fel fi. Dathlu fy llwyddiant i oedd e, gyfeillion. A dyna'r unig drosedd mae'r dyn ... na, y cawr sy'n sefyll o'ch blaenau yn euog ohono,' gorffennodd Wil.

Erbyn hyn roedd beirdd C.R.A.P. Cymru yn eu dagrau. Roedd yr Odl Odlwyr yn eu dagrau. Roedd Dyddgu a Morfudd yn eu dagrau. Roeddwn innau, hyd yn oed, yn fy nagrau. Teimlais yn llawn balchder am eiliad neu ddwy cyn imi gofio mai celwydd noeth oedd y cyfan.

Cododd Aneirin ar ei draed. 'Felly, Dafydd ap Gwilym, peidiwch â phwyllo, ydych chi'n cyfaddef eich bod wedi twyllo?'

'Ydw,' sibrydais.

'Felly, gwae ac och! Mae'n rhaid imi ddiarddel y ddau ohonoch,' meddai Aneirin, cyn tywys gweddill yr Odl Odlwyr allan o'r dafarn. Sylwais ar Ednyfed yn rhoi winc slei i Morfudd ond ni chafodd unrhyw ymateb ganddi.

Yna cododd y Bwa Bach ar ei draed. 'Yn dilyn tystiolaeth y taeog, Gwilym ap Dafydd, rwy'n fodlon datgan ein bod wedi camfarnu'r bardd uchel ei barch, Dafydd ap Gwilym. Dafydd, does gen ti ddim achos i'w ateb. Rwyt ti dal yn fardd C.R.A.P.' Yna trodd y Bwa Bach at Wil. 'Yn anffodus i ti, y taeog Gwilym ap Dafydd, mi fydd yn rhaid iti dderbyn cosb eithaf ein cymdeithas am ysgrifennu cerdd nad oedd yn cynganeddu, ond yn gwneud dim mwy nag odli ar ddiwedd brawddeg. Does dim dewis gennyf ond dy wahardd rhag bod yn aelod am byth.'

Moesymgrymodd Wil. 'Rwy'n derbyn eich penderfyniad,' meddai gydag urddas. Cododd, ac wrth iddo gerdded draw at Dyddgu, sibrydodd yn fy nghlust, 'Yn enwedig am mai fi fydd yr unig fardd i ennill coron y mis o hyn ymlaen!'

Gwenais yn wan arno cyn ymuno â Madog ac Iolo Goch.

'Mi wnest ti ddewis doeth pan gyflogest ti Wil,' meddai Madog.

'Bob amser wedi dweud hynny fy hun, on'd ydw i, Madog?' cytunodd Iolo Goch.

Anwybyddodd Madog ê. 'Os enillodd Wil y gystadleuaeth gyda'i gerdd mae'n amlwg dy fod wedi ei ddysgu'n dda ... ac mae'n amlwg bod y profiad wedi gwella dy farddoniaeth dithau hefyd, Dafydd,' meddai Madog.

'Beth wyt ti'n awgrymu, Madog?' gofynnais, gan gymryd cam yn ôl.

'Rydw i ac Iolo wedi sylwi fod dy gerddi diweddaraf yn ymwneud mwy â byd natur, anifeiliaid, coed, yr awyr agored ac yn y blaen,' meddai Madog. 'Y math o fywyd y mae Wil wedi'i brofi ... yn wahanol i ti, Dafydd, sydd wastad wedi dibynnu ar Ofydd a beirdd Lladin eraill am d'ysbrydoliaeth.'

'Mae Madog yn iawn,' cytunodd Iolo Goch. 'Mae'n amlwg i bawb bod Wil wedi bod yn help mawr iti o ran defnyddio'i brofiadau i greu'r cerddi diweddaraf. Maen nhw mor fyw.'

'Beth y'ch chi'ch dau'n awgrymu?' gofynnais yn nerfus.

Closiodd y ddau ataf.

'Ry'n ni'n fodlon talu'n hael er mwyn cael rhannu profiadau Wil, fel bod pob un ohonon ni'n gallu elwa o'i brofiadau taeog,' meddai Madog.

'Mae'n anodd bod yn fardd teithiol. O ble y'n ni i fod i gael ein deunydd crai a'n hysbrydoliaeth wrth inni deithio o lys i lys?' ychwanegodd Iolo Goch.

Gollyngais ochenaid o ryddhad wrth imi sylweddoli fod Madog ac Iolo'n meddwl mai dim ond llamfwrdd i fy marddoniaeth oedd Wil.

'Mae'n flin gen i, gyfeillion, ond alla i ddim cytuno â chynnig o'r fath. Mae'n wir bod rhai o brofiadau Wil wedi bod yn ddefnyddiol ar gyfer llond dwrn o'm cerddi newydd, ond fel ry'ch chi'n gwybod, talent y bardd yw saernïo'r deunydd hwnnw i greu'r gwaith ei hun. Dwi ddim am fod yn rhwysgfawr ond dwi ddim yn credu y bydd defnyddio deunydd crai Wil yn newid safon eich barddoniaeth,' gorffennais.

Gadewais y ddau'n syllu'n gegagored arna i wrth imi ymuno â'r Bwa Bach a Morfudd.

'Dwi dal ddim yn siŵr na ddigwyddodd unrhyw beth rhyngot ti a'r Ednyfed Maesyfed 'na,' meddai'r Bwa Bach.

'Yw Bw Bw'n flin? Yw Bw Bw'n amau Mo Mo?' gofynnodd Morfudd.

'Mae Bw Bw'n flin iawn, ond mae Bw Bw'n credu Mo Mo,' atebodd y Bwa Bach, cyn gafael yn dyner yn llaw ei wraig.

Ochneidiais. Gwyddwn y byddai'n dalcen caled cael cyfle i drefnu 'ymarfer un i un' gyda Morfudd o hyn ymlaen. Troais a gweld Dyddgu'n sibrwd rhywbeth yng nghlust Wil. Cododd fy nghalon. Oedd ymyrraeth Wil i achub fy nghroen wedi achosi i'r cen ddisgyn oddi ar lygaid Dyddgu fel ei bod hi'n gweld Wil mewn goleuni newydd erbyn hyn?

Cerddodd Wil draw ataf.

'Ai dy longyfarch di oedd Dyddgu? Mi welais hi'n sibrwd yn

dy glust. Arwydd da. A fyddwch chi'ch dau'n dathlu'r fuddugoliaeth yn nes mla'n?' gofynnais gan roi winc awgrymog iddo.

'Dim o gwbl,' atebodd Wil yn swrth. 'Roedd hi'n dweud faint roedd hi'n parchu fy meistr am aberthu ei hun dros ei was taeog.'

Safodd y ddau ohonom yn syllu ar Morfudd a Dyddgu, gan feddwl tybed a fyddem yn llwyddo i ennill eu calonnau ryw ddydd. Prin iawn oedd ein gobaith o wneud hynny.

Ond diolch i'r 'rhyfel creulon yn erbyn Ffrainc', chwedl Wil, cawsom gyfle i adfer y sefyllfa yn ystod haf bythgofiadwy 1346.

I

'Un glust, boch ac ael dde!' gwaeddodd Madog Benfras wrth imi dderbyn cymeradwyaeth y dorf fechan o yfwyr oedd wedi ymgynnull o'm hamgylch i wylio fy ngorchest ddiweddaraf yn yr Hen Lew Du yn Aberteifi ar ddechrau haf chwilboeth 1346.

Roedd fy llwyddiant yn gysylltiedig â syniad diweddaraf Dyddgu i ddenu mwy o gwsmeriaid i'r dafarn. Yr enw a roddodd Dyddgu ar y gêm newydd oedd Pennau Saeth.

Fel y gwyddoch, ddarllenwyr doeth, mae cyfraith gwlad yn datgan bod yn rhaid i bob dyn rhwng pymtheg a thrigain oed yng Nghymru a Lloegr ymarfer saethu gyda bwa a saeth o leiaf unwaith yr wythnos. Y nod yw gwella'u sgiliau i sicrhau llwyddiant ysgubol Lloegr yn y brwydro diddiwedd yn erbyn y Ffrancwyr a'r Albanwyr.

Mae Dyddgu wedi bachu ar y cyfle i ddefnyddio'r gyfraith hon i greu gêm dafarn lle mae dynion yn ymarfer taflu saethau gydag un llaw tra maen nhw'n dal tancard o gwrw yn y llaw arall. Syniad sy'n ateb gofynion y gyfraith ac yn rhoi cyfle i'r taeogion ymlacio dros dancard o gwrw ar yr un pryd dros y Sul. Y nod yw taflu'r saethau bychain o bren a phlu gwyddau at darged. 'Tri chynnig i Gymro', medden nhw (ac er gwybodaeth, gyfeillion, myfi a fathodd y dywediad hwnnw), felly mae'r chwaraewyr yn cael taflu tri phen saeth yn eu tro. Am fod nifer o daeogion yn brin o fwyd ac arian yn dilyn cynhaeaf gwael y llynedd, cafodd Dyddgu'r syniad gwych o'u cyflogi nhw fel targedau.

Mae'r rheolau'n rhai hynod syml. Rhaid i'r chwaraewr daro dwy glust, dwy foch, dwy ael, y talcen, a'r ên yn eu tro, cyn ennill y gêm drwy daro trwyn y taeog. Mae modd ennill gêm mewn naw tafliad, ond pur anaml y bydd hynny'n digwydd, oni bai mai eich enw yw Dafydd ap Gwilym, wrth gwrs.

Roeddwn wedi curo Madog Benfras ac Iolo Goch yn y ddwy gêm ddiwethaf gan bocedu ceiniog yr un am y pleser. Ond roeddwn yn disgwyl mwy o her yn y gêm nesaf yn erbyn Wil. Roeddwn yn hen gyfarwydd â'i ymffrostio diddiwedd am ei gampau gyda'i fwa croes ym mrwydr Saint-Omer ar ddechrau'r 'rhyfel creulon yn erbyn Ffrainc', ac yn edrych ymlaen at y cyfle i weld ei ddoniau ar waith.

'Yr agosaf at y trwyn i ddechrau,' meddai Iolo Goch, a oedd yn dyfarnu'r gêm. Camodd Wil at y rhicyn gan wynebu taeog o'r enw Brith. Roedd ganddo enw addas oherwydd edrychai fel petai'n dioddef o achos difrifol o'r frech Ffrengig. Roedd yr holl saethau oedd wedi taro'i ben ers i Dyddgu gyflwyno'r gêm wythnos ynghynt wedi gadael eu marc.

'Pob lwc, syr,' meddai Brith yn gwrtais, wrth iddo osod ei ben yn y twll targed. Taflodd Wil ei saeth gyntaf, a fwriodd y darn pren uwchlaw pen y taeog.

'Perfformiad siomedig braidd gan un o arwyr Saint-Omer,' meddwn, gan gamu at y rhicyn a thaflu fy saeth, a laniodd yn ddestlus ar drwyn Brith.

'Wwwfff!' meddai hwnnw gan wingo mewn poen, cyn ychwanegu'n gyflym, 'Saeth wych, syr. Da iawn.' Camais ymlaen i gasglu fy saeth, cyn dychwelyd at y rhicyn i ddechrau'r gêm.

Teflais fy saethau i gyfeiliant ebychiadau poenus Brith cyn i Iolo weiddi, 'Dwy glust a thalcen!'

Camais heibio i Wil gan wincio arno. 'Falle caiff un o saethwyr gorau brwydr Saint-Omer fwy o lwc y tro hwn,' meddwn.

Anelodd Wil ei saethau at wyneb Brith, ond oedodd am amser hir gan fethu â'u taflu.

'Beth sy'n bod?' gofynnodd Madog Benfras, a oedd newydd ddychwelyd o'r bar gyda phedwar tancard o gwrw.

'Alla i ddim taflu'r saethau at y taeog truenus hwn. Mae e mewn poen,' meddai Wil.

'Peidiwch â phoeni amdana i, syr. Dwi'n lwcus i gael unrhyw swydd o gwbl y dyddiau 'ma. Mae'r gwaith yn talu'n dda a gallaf fwydo fy nheulu dros y gaeaf.'

'O'r gorau 'te,' meddai Wil, ond methodd â tharo wyneb Brith gyda dim un o'i saethau.

'Dim sgôr,' meddai Iolo Goch yn dawel.

'O! Lwc wael, syr,' meddai Brith mewn rhyddhad, wrth i Wil gasglu ei saethau a dod i sefyll wrth fy ymyl.

'Dyw'r gêm yma'n ddim byd tebyg i fod yn rhan o frwydr fel Saint-Omer. Mae gorfod brwydro am eich bywyd yn rhywbeth hollol wahanol,' meddai'n biwis wrth imi gamu at y rhicyn unwaith eto.

'Ceillia... Cach... Cris...' gwaeddodd Brith wrth i fy saethau daro'i wyneb.

'Dwy foch ac ael dde,' gwaeddodd Iolo.

'Gêm i blant yw hon,' meddai Wil. 'Mae'n hollol wahanol pan y'ch chi'n arogli pren yr ywen, yn tynnu'r llinyn yn ôl, yn teimlo pwysau'r bwa ac yna'n anadlu'n hir cyn rhyddhau'r saeth,' ychwanegodd, gan fynd trwy'r holl ystumiau a llwyddo i fwrw'r wal deirgwaith.

'Dim sgôr,' meddai Iolo Goch yn dawel.

'Parang. Twang. Bodoing,' meddwn o dan fy anadl.

'Dere mla'n, Daf. Mae 'da ti gyfle i orffen gyda naw saeth,' meddai Madog wrth imi gamu at y rhicyn. 'Ti angen un ên,' meddai, cyn imi fwrw'r saeth gyntaf i ên y taeog.

'Ti angen un ael,' meddai Iolo Goch cyn i'r ail saeth lanio ar ael y taeog.

'A'r trwyn i orffen,' meddai Wil yn bwdlyd, cyn i'r drydedd saeth daro trwyn y taeog.

'Gwych iawn, Daf. Ti wedi gorffen gyda naw saeth,' meddai Iolo.

'Falle mai ti ddyle ymuno â'r fyddin fel saethwr bwa,' awgrymodd Madog.

'Yn enwedig am fod y Brenin Edward y Trydydd wrthi'n casglu byddin enfawr at ei gilydd i ymladd yn Ffrainc cyn bo hir,' ychwanegodd Iolo.

Mae'n rhaid imi gyfaddef mai'r peth olaf ar fy meddwl oedd ymuno â'r fyddin. Pan ddywedais i 'iach yw croen pob cachgi', roeddwn i'n golygu pob gair. Bardd cariad yw Dafydd ap Gwilym. Bardd rhamant, bardd y caeau, y llatai, y llwyni a'r perthi. Bardd y deildy. Ond bardd rhyfel? Na.

Yn hynny o beth roeddwn i'n dilyn ôl troed fy nhad, Gwilym Gam (peidiwch â gofyn) a wrthododd fynd i ryfela gyda chatrawd perthynas i Mami cyn i mi gael fy ngeni. Serch hynny, dyw hi ddim yn ddoeth dangos eich bod yn llwfr. Felly atebais Madog ac Iolo yn ofalus.

'Mi fydden i'n dwlu mynd i Ffrainc i roi trwyn gwaedlyd i'r hen Sioni Winwns, ond yn anffodus mae fy swydd fel bardd yn golygu ei bod hi'n hollbwysig fy mod i'n aros i godi calonnau yma yng Ngwalia tra bod ein bechgyn dewr ar faes y gad.'

'Dyw hynny ddim wedi atal Gruffudd ffrwcsyn Gryg rhag ymuno â'r fyddin,' meddai Iolo Goch.

'Gruffudd Gryg? Yn y fyddin? Does bosib. Yw e'n holliach?'

'Mae wedi cael swydd fel bardd yng nghatrawd Rhys ap Gruffydd,' atebodd Madog mewn goslef oedd yn llawn eiddigedd.

'Y diawl lwcus,' ategodd Iolo. 'Swydd ddiogel yn eistedd ar ben bryn yn yfed gwin Bordeaux ac yn bwyta bara a chaws. Gwylio'r brwydro o bell, yna cachu cywydd allan mewn hanner awr.'

'Yn hollol,' cytunodd Madog.

'Maen nhw dweud y bydd y rhyfel drosodd erbyn y Nadolig am fod gan fyddin Lloegr arf newydd,' meddai Wil.

'Pa arf?' gofynnais.

'Maen nhw'n ei alw'n *ribauldequin* neu Cae Non neu rywbeth tebyg, ffrwydrad anferth sy'n dod allan o dwnnel hir,' atebodd Wil.

'Hwrod Hergest! Yn ôl merched Rhosllanerchrugog dwi wedi bod yn llwyddo i wneud hynny ers blynyddoedd!' gwaeddodd Iolo, a griddfanodd y gweddill ohonom ar yr un pryd.

II

Gyda hynny rhuthrodd y Bwa Bach a Morfudd i mewn i'r dafarn. Roedd wyneb y Bwa Bach yn biws ac roedd e'n rhegi dan ei wynt.

'Henffych, Bwa Bach. Beth sy'n bod?' gofynnodd Madog

Benfras. Roedd yr hen ragrithiwr wedi bod yn seboni'r trefnydd ers imi ei ddisodli yn brif fardd ein cymdeithas rai misoedd ynghynt.

'Wyt ti wedi clywed bod Gruffudd Gryg wedi'n gadael am swydd gyda'r fyddin?' gofynnodd y Bwa Bach.

Amneidiodd Madog yn gadarnhaol. 'Dwi'n amau ei fod wedi gwneud hynny am fod y cachgi'n gwybod ein bod yn perfformio yn Llys Aeron nos yfory. Mae e wastad wedi cael ymateb hallt yn fanno. Dyw moch Môn byth yn cael derbyniad da ar y tir mawr.'

'Yn wahanol i ti, Madog, sydd wastad yn cael ymateb da,' cytunodd Iolo Goch.

'Yn hollol. Yn enwedig pan dwi'n cael cyfle i orffen y perfformiad,' meddai Madog, gan hoelio'i lygaid arna i.

'Ond pwy fydd yn cymryd ei le?' gofynnais, gan ymuno â'r pedwar ger drws y dafarn.

'Llywelyn Goch oedd i fod i gamu i'r adwy. Ond dwi newydd glywed ei fod yn perfformio ym Mhennal nos yfory,' meddai'r Bwa Bach.

Chwarddodd Madog. '*Perfformio* gyda'r fenyw 'na sy 'da fe 'na. Beth yw ei henw hi 'to?'

'Lleucu ffrwcsyn Llwyd. A dwi ddim yn ei feio o gwbl. Mae hi'n angel,' meddai Iolo Goch.

'Mi fyddwn ni fardd yn brin unwaith eto,' cwynodd y Bwa Bach.

Gyda hynny daeth Dyddgu draw atom o'r tu ôl i'r bar gyda rhywbeth yn ei llaw.

'Mi gyrhaeddodd y llythyr 'ma ben bore. Llythyr i chi a Morfudd,' meddai'n dawel wrth y Bwa Bach. Llyncodd ei phoer cyn ychwanegu, 'O ... o Ffrainc!'

'Martin!' ebychodd Morfudd gan gymryd cam am yn ôl ac edrych ar Dyddgu fel petai'n dal cyllell yn ei llaw yn hytrach na llythyr.

'Paid â mynd o flaen gofid, f'anwylyd. Efallai ei fod yn newyddion da am dy frawd,' meddai'r Bwa Bach, gan agor sêl y llythyr yn gyflym.

Doedd hynny ddim yn debygol a dweud y gwir, oherwydd doedd Morfudd erioed wedi derbyn newyddion da am ei brawd iau. Roedd rhieni Morfudd wedi marw, ac felly hi a'r Bwa Bach oedd unig deulu Martin. Roedd wedi dwyn anfri arnynt yn rheolaidd drwy oryfed yn nhafarndai'r rhan fwyaf o fwrdeistrefi Cymru. Roedd ganddo enw drwg am ymladd hefyd, ac am ei anturiaethau carwriaethol ffiaidd. Dim ond un gair y gellid ei ddefnyddio i'w ddisgrifio. Rhacsyn. Ond roedd yn frawd i Morfudd ac roedd hi'n ei garu. Darbwyllodd hi'r Bwa Bach i roi arian i'w brawd i ymuno â'r fyddin, yn y gobaith o adfer ei enw da wedi iddo hanner lladd dyn mewn tafarn yng Nghemais.

'Yw e wedi marw?' Trodd Morfudd yn welw a gafaelodd yn dynn ym mraich ei gŵr wrth iddo ddarllen y llythyr.

Trodd y Bwa Bach i wynebu ei wraig. 'Mae'n waeth na hynny,' meddai. 'Cafodd ei ddal gan fyddin Ffrainc yn dilyn brwydr St Pol de Léon yn Llydaw ar y nawfed o Fehefin. Mae'n garcharor yno. Am ei fod yn uchelwr mae ei garcharwr, y Comte de Villeneuve, yn rhywle o'r enw Namnun, yn mynnu ein bod ni'n talu pridwerth o ugain punt i'w ryddhau.'

'Ond allwn ni ddim fforddio swm o'r fath!'

'Dwi'n gwybod. Mae bron yn incwm blwyddyn ...' dechreuodd y Bwa Bach cyn i'w wraig dorri ar ei draws.

'... incwm *tair* blynedd, Bwa Bach,' meddai, gan giledrych arnom ni'r beirdd.

'Ie, wrth gwrs ... incwm tair blynedd,' cytunodd hwnnw, cyn troi at aelodau'r Cywyddwyr, Rhigymwyr, Awdlwyr a Phrydyddion.

'Peidiwch ag edrych arnon ni. Does ganddon ni ddim arian,' protestiodd Madog.

'Cytuno'n llwyr. Dim ffrwcsyn ceiniog i'n cynnal nes inni gael ein talu am berfformiad nos yfory,' meddai Iolo.

'Nos yfory? Fydd 'na ddim perfformiad nos yfory! Ydych chi'n meddwl y gallwn ni drefnu noson mewn llys gyda bywyd fy mrawd annwyl yn y fantol?' taranodd Morfudd, a'i llygaid glas yn pefrio.

'Wel ... falle y gallwn ni ei ohirio am ddiwrnod neu ddau ...' awgrymodd ei gŵr, cyn gweld wyneb ffyrnig ei wraig. '... na. Na, efallai mai canslo fyddai orau,' ychwanegodd a throi i weld wyneb ffyrnig Madog Benfras.

'Os felly, does dim dewis ganddon ni ond gadael eich cyflogaeth yn y fan a'r lle,' meddai Madog, gan godi o'i gadair. 'Ry'n ni wedi dioddef gormod o beidio â chael ein talu, a hynny am wythnosau lawer, heb sôn am y nosweithiau di-ri sy'n cael eu canslo ar dy fympwy di, Morfudd,' ychwanegodd yn chwyrn.

'Cytuno'n llwyr, Madog,' ebe Iolo.

'Yn waeth, dy'ch chi ddim yn fodlon talu tâl cadw i Iolo a minnau am gymryd rhan yn yr holl nosweithiau ar gyfer uchelwyr Cymru. Does dim dwywaith eich bod chi wedi torri telerau ein cytundeb. A dyna pam rydym wedi penderfynu rhoi'r gorau i fod yn aelodau o'ch cymdeithas. Mi fydda i ac Iolo'n dychwelyd i ogledd-ddwyrain Cymru ac yn sefydlu'n bagad barddol ein hunain,' taranodd Madog.

'Byddwn,' ychwanegodd Iolo.

'Byddwn wir, Iolo. Rwy'n ffyddiog y bydd cymdeithas beirdd Wrecsam, Alun, Nercwys, a'r Coed-poeth yn llwyddiant ysgubol,' gorffennodd Madog cyn dechrau brasgamu allan o'r dafarn.

'Cytuno'n llwyr,' ategodd Iolo gan ddilyn Madog.

Wn i ddim ai'r dagrau a ddaeth i lygaid prydferth Morfudd a disgyn i lawr ei bochau, ynteu'r bronnau godidog a gododd i gwrdd â'r dagrau hynny, a wnaeth imi yngan y geiriau canlynol.

'Mi af i i Ffrainc, Morfudd, i geisio rhyddhau Martin o grafangau'r Comte 'ma, a'i ddychwelyd i fynwes ei deulu.'

Edrychodd Morfudd yn syn arna i. Dwi ddim yn cofio popeth ddywedodd hi amdanaf, heblaw am y geiriau 'llwfr' a 'gŵr gwrthnysig'. Yn y bôn, roedd hi'n fy nghyhuddo i fod yn gachgi. Edrychais yn hir arni cyn ymateb.

'Does dim ots gen i beth wyt ti'n feddwl. Dwi'n mynd i Ffrainc ac mi fyddaf yn dychwelyd i'r dafarn hon cyn diwedd yr haf, a dy frawd gyda mi. Ac mi fydd fy ngwas ffyddlon, Wil – un o arwyr brwydr Saint-Omer ac un o'r saethwyr bwa croes gorau erioed – yn fy helpu i gyflawni fy ngorchest yn enw sifalri, yn enw Morfudd ac yn enw'r Bwa Bach,' bloeddiais yn uchel.

Camais heibio i Dyddgu gyda dagrau'n llifo i lawr fy mochau innau hefyd.

'Dere mla'n, Wil. I Ffrainc!' gwaeddais wrth adael y dafarn.

III

Ni thorrais air â Wil nes inni gyrraedd canol y dref ychydig funudau'n ddiweddarach. Erbyn hyn roedd fy ngwaed wedi oeri rhywfaint, a dechreuais feddwl am fy mhenderfyniad i ymuno â byddin y Brenin Edward a'i fab, y Tywysog Du.

'Wyt ti'n meddwl iti fod braidd yn fyrbwyll?' gofynnodd Wil, wrth i'r ddau ohonom eistedd o flaen neuadd farchnad y dref.

'Y cytundeb yw dy fod ti'n fy ngalw i'n "chi" a "syr" mewn mannau cyhoeddus,' atgoffais Wil.

'O'r gorau. Ydych *chi* wedi bod yn ddoeth yn addo gwneud hyn, *syr*?' gofynnodd Wil.

'Pam?' atebais yn swta.

'Dyma pam. Does gennych chi ddim profiad milwrol. Allwch chi ddim saethu bwa croes na bwa hir. Allwch chi ddim ymladd gyda chleddyf. Allwch chi ddim marchogaeth ceffyl sy'n fwy o faint na phalffri. Yn gryno, allwch chi ddim amddiffyn eich hun yn erbyn lleidr pen ffordd heb sôn am filoedd o Ffrancod ffyrnig, a fydd am wasgaru eich perfedd o Calais i Bordeaux.'

'Ond mi alli di fy nysgu i ddefnyddio'r bwa croes, a dwi'n un sy'n dysgu'n gyflym,' awgrymais yn obeithiol.

'Mae bywyd milwrol yn newid yn gyflym y dyddie 'ma, syr. Ro'n i'n gallu defnyddio bwa croes yn well na'r rhelyw, mae hynny'n wir, ond mae'r dyddie hynny ar ben. Erbyn hyn y bwa hir sydd ar waith, ac yn fuan iawn, mi fydd hwnnw'n cael ei ddisodli gan y Cae Non newydd 'ma mae'r Saeson yn bygwth ei ddefnyddio. Mae'r byd wedi newid. Mi fydda i gymaint ar goll yn Ffrainc â chi, syr.'

Edrychais ar Wil am ennyd cyn rhoi fy mhen yn fy nwylo.

'Rwyt ti'n iawn, Wil. Beth ydw i wedi'i wneud? Beth ddaeth drosta i? Dwi wedi dedfrydu fy hun i farwolaeth. Mae hi ar ben arnaf. Os af i Ffrainc mi fyddaf yn marw. Os nad af i Ffrainc, mi fydd Morfudd a phawb arall yn gwybod fy mod i'n llwfr. Fydd hi byth yn fy ngharu, ac mae hynny'n golygu na fydd bywyd yn werth ei fyw ta beth.'

Ochneidiodd y ddau ohonom ac eistedd yno mewn tawelwch am gyfnod hir. Ymhen amser dechreuodd pobl y dref ymgynnull i wrando ar y crïwr tref yn cyhoeddi'r newyddion diweddaraf.

Fel arfer, does gan y crïwr ddim o werth i'w adrodd. Ond y tro hwn, am unwaith, roedd ganddo newyddion diddorol i'w rannu.

'Clywch, clywch! Clywch, clywch! Mae Gruffudd Gryg wedi gorfod rhoi'r gorau i fod yn fardd catrawd i Rhys ap Gruffydd. Gwddwg tost wedi taro eto. Y gatrawd yn chwilio am fardd newydd.'

Gwenais gan godi ar fy eistedd a throi at Wil.

'Perffaith. Swydd ddiogel yn eistedd ar ben bryn yn yfed gwin Bordeaux a bwyta bara a chaws tra bydda i'n gwylio'r brwydro, yna cachu cywydd allan mewn hanner awr. Ac os bydd y Saeson mor llwyddiannus ag yr wyt ti'n tybio, Wil, mi fyddwn wedi trechu'r Comte de Villeneuve yn Namnun cyn iti ddweud *Bonjour Monsieur*!'

'Ond pam y'ch chi mor ffyddiog mai chi fydd yn cael y swydd?'

'Am fod brawd Mami, sef Wncwl Llywelyn, wedi priodi chwaer gŵr o'r enw Rhys ap Gruffydd. Ac efe, fy macwy ffyddlon, yw arweinydd Catrawd De Cymru! Dere mla'n, Wil. I Ffrainc, neu o leia i gartref Wncwl Rhys yn Sir Gâr. I Lansadwrn!'

Roedd y daith o Aberteifi i gartref perthynas Mami yn Llansadwrn yn un a gymerai ddiwrnod o gerdded caled. Ond penderfynais aros dros nos ym mhentref hyfryd Llandysul, a threulio'r bore trannoeth yn pysgota am sewin ar afon Teifi cyn ailddechrau ar ein taith drennydd. Doedd dim brys. Wedi'r cyfan, fel y gŵyr pawb yng Nghymru, mae pwy ry'ch chi'n perthyn iddyn nhw'n bwysicach nag unrhyw dalent. Doedd dim amheuaeth felly mai fi fyddai'n cael y swydd.

O ganlyniad, roedd fy nhraed i a Wil mewn cyflwr da, ac roedd ein hwyliau mewn cyflwr gwell fyth pan gyrhaeddon ni blasty newydd ysblennydd Rhys ap Gruffydd.

Roedd Plas Abermarlais yn fwy o gastell na maenordy, ond doedd hynny ddim yn fy synnu am fod Rhys ap Gruffydd, neu Wncwl Rhys fel ro'n i'n ei adnabod, wedi treulio'r rhan fwyaf o'i drigain mlynedd a mwy ar y ddaear yn brwydro mewn rhyfeloedd yn yr Alban, Iwerddon a Ffrainc. Erbyn hyn roedd yn ddyn cyfoethog iawn a chanddo brydlesi ar dir Dinefwr a Dryslwyn heb sôn am feddu ar Arglwyddiaeth Arberth. Yn ogystal, cafodd ei benodi'n Siryf Caerfyrddin rai misoedd ynghynt am ei deyrngarwch i'r Brenin, Edward y Trydydd. Ar ben hynny roedd gwaddol ei wraig, Joan, yn cynnwys tiroedd chwe sir yn Lloegr. Hefyd, Duw a ŵyr faint o ysbail roedd yr hen gybydd wedi'i bocedu yn ystod ei ymgyrchoedd di-rif.

Cyflwynais fy hun ar y rhiniog, gan anfon Wil i'r bwtri i gael rhywbeth i'w yfed a'i fwyta. Ymunais â Rhys yn y Neuadd Fawr. Roedd e'n sefyll ger y tân yn straffaglu i roi darn o arfwisg ar ei law chwith.

'Henffych, ewythr annwyl. Paratoi am yr ymgyrch yn Ffrainc, mae'n amlwg,' meddwn, gan gamu ymlaen i siglo ei law.

'Hmmm. Ap Gwilym! Wyt ti'n dal i brancio o gwmpas yn arteithio pawb gyda dy farddoniaeth druenus?' gofynnodd Rhys, gan edrych i lawr ei drwyn arna i. Roedd hynny'n dipyn o bellter am fod Rhys dros chwe throedfedd o daldra a bron yr un lled.

'Tan yn ddiweddar, ydw, f'ewythr. Ond rwy'n ysu i fynd i Ffrainc i roi llygad ddu i Sioni Winwns a thrwyn gwaedlyd i frenin Ffrainc. Dyna pam dwi wedi dod yma i gynnig fy ngwasanaeth i chi a theithio i Ffrainc gyda'r gatrawd Gymreig!' meddwn yn gelwyddog.

Anwesodd Rhys ei farf wen.

'Rwyt ti'n fwy tebygol o roi trwyn gwaedlyd i'n brenin ni, y lladwrn gwirion. Hmmm. Ro'n i wastad wedi meddwl dy fod ti'n llwfr fel dy dad,' meddai, gan astudio fy wyneb yn ofalus. 'Ond falle fy mod wedi dy gamfarnu. Falle bod gen i le iti yn y gatrawd.' Eisteddodd i lawr a gofyn imi ei helpu i roi ei arfwisg ar ei goes chwith. Codais y darn agosaf o blith y darnau di-ri o fetel oedd ar y llawr. 'Na, y ffŵl. Y *fauld* yw hwnna. Yr un draw fanco, y *greaves*, sy'n mynd am fy nghoesau!' taranodd Rhys cyn syllu arna i am sawl eiliad. 'Dy fam oedd y fenyw bertaf a welais i erioed, Dafydd,' meddai o'r diwedd, wrth imi straffaglu i roi'r arfwisg am ei goes enfawr. 'Roedd pob dyn yn ei iawn bwyll mewn cariad â hi pan o'n i'n ifanc, gan gynnwys fi. Ro'n i'n ystyried gofyn am ei llaw. Ta beth, bu'n rhaid imi fynd i ryfel. Mi wrthododd dy dad ddod gyda mi i'r Alban. Y diawl llwfr. Pan ddychwelais flwyddyn yn ddiweddarach roedd dy fam wedi'i briodi a symud i'r twll anghysbell 'na yng ngogledd Ceredigion, ac roeddet ti wedi cael dy eni. Ac yn waeth, roedd fy chwaer, Nest Fechan, wedi priodi dy ewythr, Llywelyn.'

'Mi allwn i fod wedi bod yn fab i chi, felly, f'ewythr annwyl,' meddwn, gan geisio manteisio ar ei atgofion melys am Mami.

'Gallet. Ond yn ffodus, mi briodais i fenyw lawer mwy cyfoethog na dy fam, sydd wedi caniatáu imi wneud yr hyn dwi'n ei fwynhau fwyaf,' meddai Rhys, gan godi ar ei draed a gafael yn ei gleddyf.

'A beth yw hynny, berthynas mwyn?'

Edrychodd Rhys yn syn arna i. 'Lladd, wrth gwrs! Lladd!' gwaeddodd gan chwifio'i gleddyf o flaen fy wyneb a chwerthin yn afreolus.

'Ac rydw innau o'r un anian, berthynas dewr o'r ffyrnig frid.

Gadewch imi ddod gyda chi i Ffrainc,' erfyniais, gan barhau i'w helpu i wisgo'i arfwisg.

'Damo, mae'r *pauldrons* yma'n dynn. Dwi'n dechrau credu fy mod i'n mynd yn rhy hen i'r rhyfela 'ma,' cwynodd Rhys gan anadlu'n drwm.

'Dwi newydd gael syniad. Beth petawn i'n defnyddio fy sgiliau barddol i helpu'r gatrawd? Petai swydd bardd ar gael gyda'r gatrawd gallwn ddefnyddio fy noniau i glodfori'r arwyr fyddai'n lladd y Ffrancwyr. Hwrâ!' bloeddiais.

Erbyn hyn roedd Syr Rhys yn gwisgo'i *vambrace* am ei freichiau.

'Syniad gwych, ap Gwilym ... ond yn anffodus rwyt ti'n rhy hwyr. Rwyf eisoes wedi trefnu ar gyfer hynny. Dwi ddim yn mynd i gyflogi 'run bardd arall ar gyfer y gatrawd,' meddai, gan roi'r *gauntlet* ar ei ddwylo. 'Ta beth, dwi'n cofio dy weld yn perfformio yn fy llys y llynedd. Roeddet ti'n warthus.' Chwarddodd cyn codi ar ei draed gyda chryn drafferth. 'Na, Dafydd. Fyddai gorchwyl o'r fath ddim yn dy siwtio di o gwbl. Ond fel mae'n digwydd, mae gen i'r union swydd ar dy gyfer. Ro'n i'n bwriadu i'r mab, Rhys Ifanc, ddod gyda fi i frwydro. Ond mae'r diawl mor drwsgl mae e'n beryg iddo'i hun a phawb arall.'

'Ble mae e nawr?' gofynnais. Cofiais fod Rhys Ifanc, oedd ryw bum mlynedd yn iau na fi, bob amser yn dioddef o ryw anffawd neu'i gilydd.

'Mae e yn fy mhlas yn Nryslwyn yn gwella ar ôl torri'i goes ar ôl cwympo oddi ar ei geffyl. Y ffŵl gwirion. Ond ro'n i'n debyg iawn iddo pan o'n i'n ifanc. Wastad yn cwympo dros fy nhraed neu'n taro mewn i rywbeth. Mae'n rhedeg yn y gwaed, mae'n debyg,' meddai Rhys, cyn ychwanegu, 'felly mae 'na le gwag wrth fy ochr i, Dafydd. Nawr fy mod i'n gwybod dy fod yn rhyfelwr o fri, yr unig le i ti fydd ar flaen y gad. Dere â'r helmed 'na imi i weld a yw hi'n dal i ffitio'r hen ben 'ma.'

Erbyn hyn ro'n i'n crynu o 'mhen i'm sawdl wrth feddwl am orfod wynebu *crème de la crème* milwyr Ffrainc. Ceisiais lyncu fy mhoer ond roedd fy ngheg yn rhy sych.

'Mi fydda i yna, ysgwydd wrth ysgwydd â chi,' meddwn mewn llais crynedig.

'Beth?' taranodd Rhys. 'Na. Na. Na. Mi fydda i y tu ôl i'r fyddin ar fy ngheffyl. Dyw hen filwr fel fi ddim yn mentro'i fywyd bellach, mae e'n gadael hynny i'r to ifanc. Ti fydd ar flaen y gad, fachgen. Rwyt ti wedi dwyn anfri ar y teulu drwy brancio o gwmpas Cymru fel ryw geiliog dandi o fardd yn rhy hir. Dyma dy gyfle i brofi dy fod ti'n ddyn ac i adfer enw da'r teulu.'

Erbyn hyn roeddwn yn crynu cymaint nes imi ollwng yr helmed wrth geisio ei rhoi i Rhys. Syrthiodd ar ei droed chwith.

'Awwww!' bloeddiodd hwnnw, a dechrau hercian ar un droed. 'Y blydi diawl trwsgl ...' gwaeddodd, cyn sylweddoli beth roedd newydd ei ddweud ac edrych yn graff arna i eto.

<h1 style="text-align:center">V</h1>

Ar ôl gadael Rhys ap Gruffydd yn Llansadwrn, ymlwybrais yn benisel yn ôl i fy nghartref ym Mrogynin i ffarwelio â Mami a Dadi, cyn dechrau ar y daith ddau gan milltir i Portsmouth yng nghwmni Wil.

Roedd Wil a minnau wedi cytuno i gwrdd â Syr Rhys yno ar y trydydd o Orffennaf, pan fyddai'r llu yn gadael y porthladd hwnnw am Ffrainc. Wna i mo'ch diflasu'n ormodol am fy anhwylustod yn ystod y daith. Anlwc yn pentyrru ar anlwc, gyfeillion. Am fod gen i bothelli ar fy nhraed bu'n rhaid imi aros yn Swindon (twll o le) am ddeuddydd, cyn i annwyd trwm iawn fy ngorfodi i aros yn y gwely mewn tafarn yn Newbury am ddeuddydd arall. Cefais lythyron gan feddygon y ddwy dref i gadarnhau fy nghystudd rhag ofn i rywrai, Morfudd yn enwedig, amau fy mod i'n llwfr. O ganlyniad i hyn oll cyrhaeddodd Wil a finnau Portsmouth wythnos yn hwyr.

'Dyna drueni fy mod wedi colli'r cyfle i frwydro yn erbyn y Ffrancod ac achub brawd Morfudd oherwydd fy salwch, Wil,' meddwn.

'Ie wir,' cytunodd hwnnw â gwên fach ar ei wyneb.

Roeddem wedi llwyr ymlâdd yn dilyn y daith hir o Gymru i dde Lloegr. Serch hynny, cefais fy nghyffroi o weld y dref yn llawn milwyr, seiri maen, crefftwyr, a'r holl fintai oedd ei hangen i gynnal y llu oedd wedi gadael am Ffrainc.

Aethom i dafarn y Black Lion lle roeddem wedi trefnu i gwrdd â Syr Rhys yr wythnos cynt. Ro'n i'n gobeithio y byddem yn gallu aros yno'n rhad ac am ddim am fod fy ewythr eisoes wedi talu. Y nod oedd mwynhau tafarnau di-ri'r porthladd cyn dychwelyd i Gymru ymhen diwrnod neu ddau ... neu dri ... neu ragor. Roeddwn wrthi'n dadlau gyda'r landlord fod yr ystafell wedi'i thalu amdani, er bod hynny wythnos ynghynt, pan glywais lais cyfarwydd.

'Y Ceiliog Dandi ei hun! Wythnos yn hwyr ond, yn wahanol i dy dad llwfr, o leia ti wedi cyrraedd!'

Troais fy mhen a gweld Rhys ap Gruffydd yn eistedd mewn cadair, gyda dwy ferch fronfawr ar ei bengliniau anferth.

'Felly wnaethoch chi ddim cyrraedd mewn pryd i hwylio i Ffrainc chwaith, f'ewythr,' meddwn yn obeithiol.

'Do! Ond bu'n rhaid inni droi yn ôl oherwydd y tywydd garw. Felly rwyt ti, Dafydd, wedi cyrraedd ar yr adeg berffaith.'

'Sut felly?'

'Am ein bod ni'n hwylio i Ffrainc heno!'

'Gwych,' gwichiais.

Sylwais yn sydyn fod y rhan fwyaf o bobl oedd yn y dafarn yn gwisgo'r un wisg â Rhys ei hun, sef tiwnig wyrdd a gwyn a het o'r un lliwiau. Cododd Rhys ar ei draed. Ffarweliodd â'r merched drwy gusanu'r ddwy'n frwd yn eu tro cyn dod i sefyll o flaen Wil a minnau a'i goesau ar led.

'Fel y gwelwch chi, mae pob aelod o fy nghatrawd yn gorfod gwisgo'r diwnig wyrdd a gwyn a'r het o'r un lliwiau er mwyn inni allu adnabod ein gilydd ar faes y gad. Mae ganddoch chi'ch dau ddigon o amser i gasglu'ch gwisg filwrol gan y swyddogion cyn inni hwylio,' meddai.

'Ble mae'r gwisgoedd?' gofynnais yn nerfus.

'Draw fan 'co wrth y bar.'

Edrychais draw. Yno safai tri Sais, ill tri'n berchen ar farf ddu bigog a mwstásh cyrliog.

'What Ho!' meddai Hicin.

'Pip Pip!' meddai Siencyn.

'Ding Dong!' meddai Siac.

VI

Y noson honno roedd Wil a minnau ymhlith y tair mil o gadfridogion, deng mil o saethwyr a phedair mil o filwyr troed o Gymru a hwyliodd gyda bwyd, ceffylau ac arfau ar saith cant o gychod o Portsmouth, cyn glanio yn La Hogue drannoeth.

Wrth inni groesi'r bont i'r cwch a gludai geffylau, bwyd ac oddeutu hanner cant o saethwyr bwa hir, roedd Rhys ap Gruffydd yn llawn *bonhomie* a *joie de vivre*, chwedl Wil, a oedd wedi dechrau dysgu Ffrangeg imi. Dilynais i a Wil y cadfridog i'w gaban, yn araf iawn rhag ofn inni rwygo ein dillad milwrol newydd. Roedd Hicin, Siencyn a Siac wedi dial ar Wil am y grasfa a roddodd iddynt yn yr Hen Lew Du flwyddyn ynghynt drwy roi'r tiwnigau tynnaf posib i ni i'w gwisgo. Ro'n i'n rhegi Wil am godi gwrychyn y Saeson wrth inni ddilyn Rhys i'w gaban, a oedd yn syndod o foethus gyda dodrefn derw ac addurniadau brocêd.

'Mi fydd hwn yn gwneud y tro i'r dim,' meddwn, gan wenu ar Rhys. Tynnodd Wil fy ysgrepan oddi ar ei ysgwydd a'i rhoi ar y llawr. Ond ni chefais wahoddiad gan Rhys i eistedd.

'Hmmm. Gad imi esbonio, Dafydd. Y cam cyntaf ar gyfer cadfridog yw dod i adnabod a deall y dynion y mae e'n eu harwain. A'r ffordd orau o wneud hynny yw treulio amser yn eu cwmni. Felly mi fyddi di'n teithio i Ffrainc yng nghwmni'r saethwyr bwa yng ngwaelod y cwch,' meddai hwnnw.

Dyma'r tro cyntaf imi deithio ar long, ac ni chefais fy

mhlesio gan yr amgylchedd cyfyng roedd yn rhaid i'r saethwyr ddygymod ag ef yng ngwaelod y cwch. Doedd dim lle i symud a chyn hir roedd fy nghorff yn gleisiau drosto. Wrth imi geisio dod o hyd i le i eistedd cefais fy nharo gan fwâu hir o'm corun i'm pen-ôl. Roedd y lle'n arogli'n afiach hefyd, gyda nifer o'r milwyr yn chwydu'n gyson am nad oeddent hwythau chwaith yn gyfarwydd â theithio ar y môr.

O'r diwedd, llwyddais i a Wil i gael lle i eistedd yng nghanol sawl sachaid o flawd, gyferbyn â hanner dwsin o saethwyr bwa. Edrychon nhw'n swrth arnom yn y gwyll, gan ein hastudio'n ofalus. Syllais innau'n ôl yn betrusgar ar eu hwynebau garw. Roedd rhai ohonynt yn greithiau i gyd, eraill wedi colli clust, llygad neu hanner trwyn. Fydden nhw werth dim fel targed dartiau, meddyliais.

Yn dilyn munudau o dawelwch, pwysodd un o'r dynion ymlaen gan anwesu ei fwa hir.

'Dwi'n eich nabod chi,' meddai wrthyf yn swta.

Lledodd gwên fach ar draws fy wyneb. 'Ydych, mae'n siŵr. Myfi yw'r bardd Dafydd ap Gwilym ... mae'n bleser ...' dechreuais, gan estyn fy mraich dde iddo.

'Nid chi. Fe,' meddai, gan barhau i syllu arnaf. Pwysais ymlaen a gweld fod gan y saethwr lygaid croes. Pa obaith oedd ganddon ni o guro Ffrainc gyda saethwyr fel hwn, meddyliais.

'Dwi byth yn anghofio wyneb, yn enwedig un a fu'n cnychu fy ngwraig tu ôl i fy nghefn,' meddai'r saethwr gan godi ei fwa hir a dechrau procio Wil yn ei frest. 'Y tro diwethaf imi dy weld di roeddet ti'n dianc o fy nhŷ i yn Llantrisant gyda dy fritshys o amgylch dy sodlau, y diawl. Welais i fwy o dy ben-ôl di na dy wyneb ond dwi'n siŵr mai ti yw e ... beth yw'r enw 'to? Ges i hwnnw mas o'r wraig ar ôl rhoi cweir iddi. Ie, dyna fe ... Wil.'

Edrychais ar Wil, a oedd yn eistedd fel delw yn yr hanner tywyllwch. Gwyddwn y byddai'n rhaid imi geisio achub ei gam.

'Ry'ch chi'n hollol anghywir, syr. Dyw'r dyn yma erioed wedi bod yn Llantrisant. Ac mi ddylwn i wybod am fod Seisyll fan hyn wedi bod yn was ffyddlon i'n teulu ni ers ei fod yn grwt ifanc,' meddwn, gan wenu ar y saethwr.

'Seisyll?' gofynnodd hwnnw.

'Seisyll!' ebychodd Wil dan ei wynt.

'Ydych chi'n siŵr?' gofynnodd y saethwr.

'Ydych chi'n siŵr?' sibrydodd Wil.

'Ydych chi'n amau gair uchelwr? Ac yn fwy na hynny, perthynas agos i'ch cadfridog, Rhys ap Gruffydd?' gofynnais yn awdurdodol.

Sgyrnygodd y saethwr, gan ddal ati i syllu ar Wil. Serch hynny, rhoddodd lonydd iddo wedi hynny. Ni allai fentro ymosod arno ac ennyn llid Rhys ap Gruffydd.

Bu tawelwch eto am sbel yng ngwaelod y cwch. Yr unig sŵn oedd i'w glywed oedd stumogau'r saethwyr yn corddi ac ambell un yn chwydu bob hyn a hyn. Yna, ymhen hir a hwyr, daeth y cogydd o amgylch gyda chrochan o uwd. Cerddai ymysg y saethwyr, gan roi'r bwyd yn eu powlenni. Roedd y tonnau wedi cael effaith andwyol ar fy stumog, felly gwrthodais yr uwd, gan feddwl am Rhys yn gloddesta uwchlaw yn ei gaban.

'Dim diolch,' meddwn wrth y cogydd. Ond roedd hwnnw'n edrych yn ofalus ar Wil.

'Wil? Wil ap Dafydd?'

Griddfanais. Unwaith eto, eisteddai Wil fel delw yn yr hanner tywyllwch. Pwysodd y saethwr ymlaen wrth iddo glywed yr enw 'Wil' eto.

'Na. Dyma'r eildro i rywun gamgymryd fy ngwas ffyddlon, Seisyll, am y Wil bondigrybwyll 'ma,' meddwn. Edrychais ar y saethwr a gwenu'n hyderus arno.

'Ro'n i'n meddwl na fydde Wil yn meiddio teithio i Ffrainc eto ar ôl beth ddigwyddodd cyn brwydr Saint-Omer rai blynyddoedd yn ôl,' meddai'r cogydd cyn ychwanegu, 'Uwd, Wil? Mae'n ddrwg gen i. Uwd, Seisyll?'

'Diolch,' atebodd Wil mewn llais llawer dyfnach na'r arfer.

Ar ôl i'r cogydd roi'r uwd ym masn Wil gafaelais yn ei fraich i'w atal rhag mynd.

'Beth yn gwmws ddigwyddodd i'r Wil 'ma yn Saint-Omer? Mae'r daith yn un hir a diflas. Falle bydd eich stori'n hwyluso'r siwrne,' meddwn, gan giledrych ar Wil. Roedd hwnnw wedi dechrau bwyta'i uwd yn araf a'i ben yn ei blu.

'O'r gore,' meddai'r cogydd, gan eistedd rhyngof i a Wil yn wynebu'r saethwyr. 'Ro'n i yn yr un gatrawd â Wil yn y fyddin,' meddai.

'... fel saethwr bwa croes,' ychwanegais. Edrychodd y cogydd yn syn arna i.

'Pam fyddech chi'n meddwl hynny? Bwa croes? Ha ha ha. Wil? Ha ha ha. Na. Cogydd oedd e. Cofiwch chi, roedd bwydo mil o ddynion deirgwaith y dydd yn waith caled iawn. Roedd troi'r holl gawl 'na drwy'r dydd yn niweidiol iawn i'r cefn a'r ysgwyddau.'

'Y cefn a'r ysgwyddau. Dwi'n dechrau deall,' meddwn. Cofiais am esgusodion Wil y tro cyntaf inni gwrdd yn yr Hen Lew Du, pan ddywedodd wrthyf fod ganddo 'gefn gwael, sy'n ei gwneud hi'n anodd imi blygu drosodd yn y caeau ... ac yn waeth ... mae fy ysgwyddau mewn dipyn o stad ... mae pwysau'r diawl yn y bwâu hir 'na, chi'n gwybod.'

Syllais ar Wil, oedd yn dal i astudio ei uwd yn fanwl. Aeth y cogydd yn ei flaen.

'Wel, roedd Wil, a bod yn deg, yn ceisio gwneud y bwyd yn fwy blasus i'r milwyr ac yn hoffi arbrofi. Byddai'n ychwanegu perlysiau a phlanhigion gwahanol i'r cawl. Ond, un diwrnod, roedd y fyddin wedi teithio'n bell, dros ddeng milltir ar hugain heb orffwys, a hynny yn y gwres llethol yn ardal y Pas-de-Calais. Roedd pawb ar lwgu, ac roedd Wil druan dan bwysau i baratoi bwyd i bum cant o ddynion. Roedd hi'n tywyllu wrth iddo gasglu perlysiau a llysiau o goedlan gyfagos i wneud cawl i'r gatrawd. Doedd dim rhyfedd iddo wneud camgymeriad a chamgymryd y *belladonna* am yr aeronen las. Maen nhw'n edrych mor debyg.' Oedodd y cogydd am eiliad a llyncu ei boer. 'Bu farw dwsin o filwyr y noson honno ac roedd dros gant yn sâl am ddyddiau. Er taw camgymeriad oedd e, ei gosb oedd cael ei orfodi i ymladd yn y rheng flaen ym mrwydr Saint-Omer wythnos yn ddiweddarach. Welais i mohono ar ôl hynny. Doedd dim gobaith ganddo. Does neb yn goroesi'r rheng flaen.' Edrychodd y cogydd ar Wil eto. 'Ond mae'n rhaid imi ddweud, Seisyll, ry'ch chi'r un sbit ag e.'

'Stori ddifyr iawn, on'd ife Seisyll?' meddwn, gan edrych yn chwyrn i gyfeiriad Wil. Codais ar fy nhraed. 'Dere, was, dwi am fynd i weld fy ewythr, Rhys ap Gruffydd, i drafod tactegau milwrol. Beth wyt ti'n ei awgrymu ar gyfer gorchfygu'r Ffrancwyr, Seisyll? Eu lladd gyda *Crêpe Suzette* neu'r *Croque Madame*?'

Wrth inni adael clywais y saethwr eiddigeddus yn dweud wrth y cogydd. ''Sen i'n dwlu cwrdd â'r ddau 'na lawr ale dywyll yn Calais,' cyn gwneud sŵn crogi.

Ceisiodd Wil hel esgusodion wrth inni ymlwybro'n araf i gaban Rhys ap Gruffydd a chael ein taflu o un ochr i'r cwch i'r llall, ond roedd fy ngwaed yn berwi erbyn hyn.

'Dwi ddim yn deall pam nad oeddet ti am ddychwelyd i Ffrainc, Wil. Rwyt ti wedi lladd gymaint o Saeson rwyt ti'n haeddu'r *Croix de Guerre*! Ddylwn i fod wedi sylweddoli mai nonsens oedd y malu cachu am saethu'r bwa croes pan welais i pa mor wael oeddet ti yn y gêm pennau saeth!' taranais.

'Ond fyddet ti ddim wedi fy nghyflogi i oni bai dy fod ti'n meddwl fy mod i'n filwr allai dy amddiffyn.'

'Ti yn llygad dy le, y diawl celwyddog. Ddylwn i fod wedi sylweddoli hynny pan lwyddodd y lleidr 'na i'n gorchfygu ni yn Aberteifi. "Wnes i lithro ar yr eiliad dyngedfennol, syr. Mae fy noniau milwrol wedi rhydu dros y pum mlynedd diwethaf, syr." Pa!' ysgyrnygais.

Daliodd Wil ati i geisio achub ei gam ei hun.

'Ond roedd fy ngwybodaeth am *belladonna* yn allweddol i brofi nad ti a laddodd Rhys Meigen.'

Roedd Wil, fel finnau, yn gwybod na allwn gael gwared arno am fod fy nyfodol fel bardd yn hollol ddibynnol arno. Ond ro'n i'n benderfynol o odro'r sefyllfa.

'Mae arnat ti ddyled anferth imi, Wil, nid yn unig am achub dy groen rhag y dyn eiddigeddus o'r llygaid croes frid, ond hefyd am beidio â gadael y gath o'r cwd wrth i'r cogydd adrodd ei stori.'

'Ond mi *oeddwn* i'n filwr dewr. Bu'n rhaid imi frwydro am fy mywyd yn y rheng flaen yn Saint-Omer.'

'Sut ar y ddaear wnest ti osgoi cael dy ladd?'

'Cwympodd ceffyl yn gelain ar fy mhen ynghanol y gyflafan ac mi lwyddais i guddio o dan y corff nes i'r frwydr ddod i ben. Gwyddwn y byddai'r Saeson yn fy ngorfodi i fynd i'r rheng flaen ym mhob brwydr nes imi gael fy lladd, felly sleifiais o faes y gad fin nos a cherdded yr holl ffordd i Fflandrys cyn cael pàs ar gwch yn ôl i Gymru.'

Bu tawelwch rhyngom am ychydig wrth inni straffaglu i ddringo'r grisiau i'r dec uchaf. Yna dechreuodd Wil adrodd darn o farddoniaeth yn mynegi ei obaith y byddai'r dyn eiddigeddus yn cael ei foddi ar y daith i Ffrainc.

'Gwthier ef, y tin afanc, Dros y bwrdd ar draws yr ymyl. Y don hael, adain yr heli, Byddai arnaf dâl iti,' taranodd Wil. Ceisiais gofio'r geiriau tan y cawn gyfle i ofyn am femrwn a chwilsyn i gofnodi'r gerdd yng nghaban Rhys ap Gruffydd.

O'r diwedd cyrhaeddodd y ddau ohonom y caban a churais innau ar y drws.

'Dewch i mewn,' gwaeddodd Rhys. Pan agorais y drws gwelais ei fod yn eistedd ger y bwrdd yn yfed gwin coch, ac oherwydd bod y môr yn dymhestlog, roedd y rhan fwyaf o hwnnw dros ei farf enfawr. Yn ei wynebu, gyda'u cefnau tuag ataf, eisteddai dau ddyn, oedd yn amlwg yn gloddesta'n hael gyda'r bolgi blewog.

'Oes gennych chi ddarn o femrwn, inc a chwilsyn, berthynas hoff?' gofynnais. 'Dwi newydd gael syniad am gerdd.'

'Pam yn y byd fydden i'n defnyddio cwilsyn, y ffŵl? I oglais y Ffrancwyr hyd farwolaeth?' gwaeddodd Rhys, gan wincio ar y ddau oedd yn ei wynebu. Rhoddodd y cwch hyrddiad a wnaeth imi syrthio'n ôl a bwrw fy mhen yn galed yn erbyn un o drawstiau isel y caban. 'Beth sy'n bod arnat ti'r diawl trwsgl? bloeddiodd Rhys, cyn craffu arnaf fel y gwnaeth pan ollyngais ei helmed ar ei droed yn Abermarlais. 'Gyda llaw, mi fyddi di'n torri bara gyda dau fardd rhyfel y gatrawd heno,' ychwanegodd.

Gwae fi. Ro'n i'n gwybod pwy oedd un ohonynt cyn imi ei weld. Roedd y sŵn fel mochyn yn bwyta afalau pwdr yn un cyfarwydd iawn. Trodd y ddau i'm hwynebu. Yno'n gwenu arna i roedd Madog Benfras ac Iolo Goch.

VII

Ymunais â'r tri wrth y bwrdd a dechrau gwledda gydag arddeliad ar y bara, y maip a'r cig oen. Roedd y gwin yn llifo wrth i Madog ac Iolo esbonio eu bod wedi penderfynu ymuno â'r fyddin fel beirdd rhyfel gyda chatrawd Rhys ap Gruffydd. Clywsant grïwr tref Aberteifi yn sôn am anffawd y bardd Gruffudd Gryg, a hynny awr cyn i Wil a minnau glywed y newyddion.

'Ond pam cyflogi dau fardd? Rhag ofn i un ohonyn nhw gael ei ladd?' gofynnais i'm hewythr.

'Na, ap Gwilym. Rhag ofn i un ohonyn nhw feddwi gormod ar yr holl win Bordeaux tra byddan nhw'n gwylio'r frwydr o fan diogel ar ben bryn, wrth gwrs,' atebodd Rhys.

Rhegais dan fy ngwynt am benderfynu aros dros nos yn Llandysul, a mynd i bysgota yn y twll hwnnw o le ym mherfedd Ceredigion fore trannoeth yn hytrach na rhuthro i blas Rhys ap Gruffydd yn Llansadwrn. Ond ciliodd fy nicter dros yr awr nesaf wrth i Wil weini'r gwin a'r ffrwythau ac wrth i Madog ac Iolo dalu moliant i Rhys ap Gruffydd drwy farddoniaeth – er, bu'n rhaid imi wrando ar yr un moliant ag yr oedd degau o uchelwyr wedi'i dderbyn gan Madog ac Iolo dros y blynyddoedd.

Cododd Madog Benfras ar ei draed a moesymgrymu.

'Na rhyw drwsiad rhag brad braw, Swydd ddirnad, y sydd arnaw,' meddai'r hen ragrithiwr gan adrodd yr un cwpled ag arfer.

Amneidiodd Rhys ap Gruffydd â'i ben i ddangos ei fod wedi'i blesio. 'Da iawn, da iawn wir,' meddai, cyn i Iolo Goch godi ar ei draed a moesymgrymu.

'Pererindawd ffawd ffyddlawn, Perwyl mor annwyl mawr iawn, Myned, mau adduned ddain, Lles yw tua Rhys ap Gruffydd,' meddai Iolo, gan adrodd ei gywydd cyffredinol yntau ar gyfer pob uchelwr. Synnais nad oedd y ddau dwyllfardd yn cywilyddio wrth aildwymo'r un saig seimllyd bob tro.

'Dwyt ti, Dafydd, ddim am roi cynnig ar glodfori dy berthynas?' gofynnodd Madog yn slei.

'Chi'ch dau yw'r beirdd. Dim ond milwr cyffredin ydw i bellach,' atebais. Ceryddais fy hun am beidio â gofyn i Wil lunio cerdd deyrnged i Rhys, imi gael ei thwtio a'i hadrodd.

Doedd dim i'w wneud ond treulio gweddill y noson yn gwrando ar farddoniaeth droëdig Madog ac Iolo, a meddwi'n dwll er mwyn ceisio anghofio fy mod innau mewn tipyn o dwll fy hun.

Dihunais y bore wedyn gyda phen tost anferthol a cheg oedd mor sych â'r peth sychaf erioed. Codais o'r llawr, lle roedd Rhys wedi caniatáu imi gysgu, a gweld bod Wil yn helpu gwas Rhys i baratoi brecwast. Llwyddais i lusgo fy nghorff at y bwrdd cyn i Rhys gerdded i mewn trwy'r drws yn edrych fel petai heb yfed diferyn o'r ddiod gadarn y noson cynt.

'Bore ffres, Dafydd. Bore braf. Mi fyddwn ni'n glanio yn Ffrainc ymhen yr awr. Ond mae ganddon ni ddigon o amser i fwyta brecwast,' taranodd, gan fy nharo'n galed ar fy nghefn ac eistedd gyferbyn â mi wrth y bwrdd.

'Ble mae Madog ac Iolo?' gofynnais.

'Maen nhw ym mhen blaen y cwch yn llunio cerdd a fydd yn tanio dychymyg saethwyr Cymreig byddin Edward wrth inni lanio yn Ffrainc,' atebodd Rhys, wrth i'w was roi llond plât o fwyd o'i flaen.

Erbyn hyn roedd effaith gwin y noson cynt, sigladau'r cwch a'r diwnig dynn oedd amdanaf wedi gwneud i fy stumog droi. Gosododd Wil lond plât o draed moch ac ymennydd dafad o'm blaen.

'Bwyta dy fwyd, Dafydd. Mi fydd angen egni arnat ti pan ddechreuwn ni ar y *chevauchée* drwy Ffrainc.'

'*Chevauchée*? Mae'n air mor hyfryd. Beth mae'n ei olygu?' gofynnais gan geisio rhoi troed mochyn yn fy ngheg, a methu.

'Y *chevauchée*? Yn fyr, llosgi, ysbeilio, treisio, meddwi, mwy o losgi, lladd, dienyddio, tynnu perfeddion allan – does dim ots pwy, dynion, menywod neu anifeiliaid – mwy o dreisio, yn enwedig lleianod; meddwi, treisio, mwy o feddwi, lladd a mwy o dreisio! Mi gawn ni hwyl, Dafydd. Mi wnawn ni ddyn ohonot ti 'to!' gwaeddodd Rhys ap Gruffydd.

Gyda hynny, clywsom leisiau'n gweiddi, 'Ffrainc Ahoi! Ffrainc Ahoi!'

Rhuthrodd y ddau ohonom allan i ddec y llong a gweld bod arfordir Ffrainc yn nesáu.

Edrychais o'm cwmpas – reodd ein llong ni yn un o ryw ddwsin oedd yn nesáu at y traethau tywodlyd rhwng La Hougue a St Vaast yn Normandi. Roedd y llong i'r chwith i ni yn un anferth gyda degau ar ddegau o ddynion ynddi yn barod i neidio ar y traeth.

Wrth inni nesáu at yr arfordir, sylweddolais innau fy mod i'n nesáu at fy marwolaeth. Roedd treulio amser yng nghwmni Rhys ap Gruffydd wedi fy narbwyllo nad oedd unrhyw sifalri'n perthyn i filwyr. Roeddwn hefyd yn ofni am fy enaid. A fyddwn i'n llwyddo i oroesi? A oeddwn i'n barod i ladd, dienyddio a threisio fy nghyd-ddyn, gan gynnwys lleianod? Ai treulio tragwyddoldeb yn uffern fyddai tynged yr olaf o'r ap Gwilym Gamiaid?

Arafodd y llong cyn dod i stop ar y traeth. Diolch byth, doedd dim un Ffrancwr yn aros amdanon ni. Yr eiliad honno penderfynodd fy stumog ei bod am gael gwared â'i chynnwys – ond roeddwn i'n uchelwr. Do'n i ddim am i'r taeogion fy ngweld yn chwydu. Felly, mewn amrantiad, neidiais i lawr o'r cwch. Clywais Rhys ap Gruffydd yn gweiddi. 'Da 'machgen i! Methu ag aros i ladd y Ffrancod! Da iawn ti!'

Dechreuais redeg ar hyd y traeth gyda 'mhen i lawr yn chwilio am ogof i chwydu ynddi, ymhell o olwg pawb. Yn anffodus, ni sylwais fod rhywun arall wedi neidio oddi ar gwch cyfagos a'i fod yntau'n cerdded i fyny'r traeth o flaen mintai o filwyr. Nid oedd hwnnw wedi fy ngweld innau'n dod ato'n gyflym o'i ochr dde chwaith am ei fod yn edrych yn syth o'i flaen. O ganlyniad mi faglais dros ei draed. Cwympodd y dyn yn bendramwnwgl ar y llawr a tharo'i ben ar garreg. Gwagiais innau gynnwys fy stumog dros ei gôt ysblennydd oedd â thri llew arni.

Trodd y dyn i edrych yn ddilornus arna i. Roedd ei drwyn yn gwaedu dros fy esgidiau ysblennydd innau. Rhedodd nifer o bobl tuag ato a'i helpu i godi. Pam yr holl ffws a ffwdan? Pwy oedd y dyn tal, tenau yma, oedd yr un mor gyfrifol â mi am y ddamwain, meddyliais. Yna suddodd fy nghalon wrth imi sylweddoli pwy roeddwn wedi'i faglu, pan ofynnodd un ohonynt yn Saesneg. 'Ydych chi'n iawn, *Sire*?'

Erbyn hyn roedd Rhys ap Gruffydd wedi ymuno â'r Brenin Edward y Trydydd ar y traeth. Cefais innau fy nghodi o'r llawr gan ddau filwr, a afaelodd yn dynn yn fy mreichiau.

'Maddeuwch iddo, eich Mawrhydi. Mae'n berthynas imi oedd yn awyddus i ymladd yn erbyn y gelyn,' meddai f'ewythr Rhys, gan foesymgrymu o flaen brenin Lloegr.

'Mae'n amlwg fod y tir yn barod i'm derbyn,' meddai brenin Lloegr gan ddal ei drwyn gwaedlyd. 'Os cipiwn ni Ffrainc efallai y cewch chi, Rhys ap Gruffydd, gyfle i godi oddi ar eich pengliniau o fy mlaen i,' ychwanegodd yn ei iaith gyntaf, sef Ffrangeg, goeliwch chi fyth. *Quelle ironie*, fel y byddai Wil yn ei ddweud. 'Gadewch i'r bachgen fynd,' gorffennodd, cyn parhau ar ei daith i fyny'r traeth.

Bachgen? Ro'n i wedi gweld pum haf ar hugain erbyn hynny. Roeddwn yn fy mlodau.

'Rwyt ti'n ffodus fod y brenin mewn hwyliau da, y diawl trwsgl,' sgyrnygodd Rhys. Edrychodd yn graff arna i eto, fel y gwnâi bob tro y cyfeiriai at fy natur letchwith.

Gyda hynny, ymddangosodd Iolo Goch a Madog Benfras. Adroddodd Iolo gerdd am ein dyfodiad i Ffrainc.

'Pan rodded, trawsged rhwysgainc, y ffrwyn ym mhen brenin Ffrainc ... Gwaed tros y traed, trist i rai,' gorffennodd, gan edrych i fy nghyfeiriad i wrth adrodd y llinell olaf.

'Dyna linell dda, Dafydd, "Gwaed tros y traed, trist i rai",' meddai Madog Benfras ac ychwanegu'n dawel, 'Pob lwc iti pan fyddi di'n ymladd yn y rheng flaen yn erbyn y Ffrancod.'

O ganlyniad, penderfynais nad oedd dewis gennyf ond gwneud rhywbeth gorffwyll i achub y sefyllfa.

'Gadewch imi fynd i chwilio am y Ffrancwyr agosaf,' meddwn wrth f'ewythr Rhys.

'Hmmm. Mi allai hynny fod yn beryglus iawn.'

'Dwi am adfer fy enw da a phlesio'r brenin, syr.'

'Da 'machgen i. Faint o bobl sydd eu hangen arnat ti i gyflawni dy *chevauchée* bersonol?'

'Dim ond fi a'm gwas. Mi fyddwn ni'n llai tebygol o gael ein gweld.'

'Syniad da. Ewch â cheffyl yr un, ond dychwelwch cyn iddi nosi. Da 'machgen i,' meddai f'ewythr Rhys am yr eildro gan fy nharo ar fy nghefn.

Hanner awr yn ddiweddarach roeddwn i a Wil yn marchogaeth ein ceffylau'n araf i fyny'r llechwedd a arweiniai o'r traeth.

'Mae'n rhaid imi gyfaddef, do'n i ddim yn dychmygu y byddet ti mor ddewr. Ble awn ni'n gyntaf? I'r de? I gyfeiriad Caen? Dyna lle fydd y *chevauchée*,' meddai Wil.

'Na, Wil.'

'O! Rwyt ti'n anelu am Namnun, lle mae'r Comte de Villeneuve yn cadw brawd Morfudd. Clyfar iawn.'

'Na, Wil.'

'Beth yw'r cynllun, 'te?'

'Dy gynllun di, wrth gwrs.'

'Pa gynllun? Does gen i ddim cynllun.'

'Y cynllun a weithiodd i ti pan wnest ti ddianc o Ffrainc ar ôl brwydr Saint-Omer. Mi fyddwn ni'n teithio i'r gogledd, yn syth i'r Pas-de-Calais, yn cuddio ar gwch ac yn hwylio i Loegr, cyn diflannu i'r Hen Ogledd. Wedyn mi fydda i'n treulio gweddill fy mywyd mewn crofft yn yr Ucheldir, yn priodi rhyw *troglodyte* hyll o'r enw Morag neu Moira, ac yn creu enw newydd i mi fy hun. Rhywbeth fel David McWilliam, falle. Yn y bôn, diflannu. Iach yw croen pob cachgi, Wil, a dwi'n bwriadu cadw'n iach iawn,' meddwn. 'Dere mla'n. Mi fyddwn ni'n bwyta hagis ac yn yfed chwisgi erbyn y penwythnos.'

VIII

Erbyn iddi ddechrau nosi roeddwn i a Wil wedi teithio ar hyd Penrhyn Normandi, gan osgoi'r pentrefi a'r trefi, nes inni gyrraedd cyrion Le Havre. Penderfynon ni grymanu o gwmpas y porthladd gyda'r nod o deithio tua'r gogledd drwy goedwig anferth Boucles de la Seine Normande y rhedai afon Seine drwyddi.

Roedd gan y ddau ohonom gynllun petaen ni'n cwrdd â rhywun ar ein taith.

'Alla i ddim siarad gair o Saesneg, felly bydd yn rhaid i ti siarad ag unrhyw Sais ddown ni ar ei draws,' meddai Wil. 'Ond mae fy Ffrangeg i'n eitha da. Felly gad i mi sgwrsio gydag unrhyw Ffrancwr. Mi weithiodd hynny'n dda pan ddihangais o Saint-Omer, efallai am fod gan bron bob pentref yn Ffrainc ei dafodiaith ei hun.'

Cytunais i gadw at y cynllun hwnnw, ond ni welsom yr un enaid byw drwy'r dydd wrth inni farchogaeth i ganol coedwig Boucles de la Seine Normande. Wrth iddi dywyllu, penderfynodd y ddau ohonom dreulio'r noson yno, gyda'r bwriad o gyrraedd Calais drannoeth.

Ond wedi inni neidio oddi ar ein ceffylau, sylweddolon ni

ar unwaith nad nyni yn unig oedd wedi penderfynu llochesu yn y goedwig. Trwy anffawd, roeddem ar gyrion gwersyll rhyw hanner cant o filwyr. Cyn inni gael cyfle i neidio yn ôl ar gefn ein ceffylau, cawsom ein hamgylchynu gan griw o'r milwyr, a oedd yn parablu ac yn gweiddi yn Ffrangeg.

'Gad hyn i mi,' meddai Wil gan gyfarch y milwyr, oedd eisoes wedi tynnu eu cleddyfau o'u gweiniau.

Bu Wil yn amneidio, yn gwneud ystumiau ac yn sgwrsio yn Ffrangeg gyda'r milwyr am amser hir. Mae'n amlwg iddo lwyddo i'w twyllo ein bod ninnau hefyd yn Ffrancwyr oherwydd fesul un, rhoddodd y milwyr eu cleddyfau yn ôl yn eu gweiniau. Trodd Wil ataf ac amneidio â'i ben i ddynodi y dylem fynd yn ôl ar gefn ein ceffylau.

'*Bonne chance!*' gwaeddodd Wil wrth iddo droi ei geffyl yn barod i adael.

'*Bonne chance!*' gwaeddodd un o'r milwyr cyn gwenu arna i a gweiddi, '*Good luck, old boy!*'

'*Thanks awfully. Toodle-oo!*' atebais heb feddwl.

Ymhen chwinciad roedd y milwyr wedi ein tynnu oddi ar ein ceffylau ac yn sefyll drosom gyda'u cleddyfau'n barod i'n trywanu. Arhosais am yr ergyd farwol.

'Maddau imi, Morfudd, am fethu â chyflawni fy ngorchwyl,' meddwn gan gau fy llygaid.

'Cymraeg! Mae hwn yn Gymro!' gwaeddodd un o'r milwyr, gan gamu ymlaen a sefyll rhyngom ni a'r gweddill.

'Fi 'fyd. Fi 'fyd,' llefodd Wil.

'Ewch i nôl capten y gatrawd,' gwaeddodd y milwr, gan barhau i sefyll drosom.

Ymhen hir a hwyr gwelais hanner dwsin o filwyr yn nesáu trwy'r gwyll. Yn eu canol, roedd milwr a oedd tipyn yn fyrrach na'r gweddill.

'Dach chi'n deud mai Cymry ydyn nhw?' meddai'r milwr byr mewn llais braidd yn uchel gan gamu tuag atom. 'Pwy ydach chi? Ysbiwyr i'r Saeson?' gofynnodd y milwr bach, gan fy nhynnu ar fy nhraed. Gwyddwn y byddai'n rhaid imi droedio'n ofalus. Penderfynais beidio â sôn ein bod wedi cyrraedd gyda llu Edward na chyfaddef fod gen i unrhyw gysylltiad â Rhys ap Gruffydd, heb sôn am y ffaith fy mod wedi dianc fel cachgi.

'Fi yw'r bardd enwog Dafydd ap Gwilym, a dyma fy macwy, Wil ap Dafydd,' meddwn.

'Tydi'r enw'n golygu dim i mi.'

Esboniais fy mod i a Wil wedi teithio i Ffrainc i geisio dod o hyd i'r Comte de Villeneuve yn Namnun er mwyn achub brawd Morfudd, sef Martin.

Chwarddodd y milwr bach pan glywodd hyn. 'Well imi gyflwyno fy hun,' meddai, gan dynnu ei helmed. 'Fi ydi Yvain de Galles, arweinydd catrawd annibynnol y Cymry sy'n brwydro dros frenin Ffrainc. Ond efallai y bysach chi'n f'adnabod fel Owain ... Owain Lawgoch, gwir dywysog Cymru.'

Dim ond bryd hynny y sylwais ar y faner oedd yn cyhwfan y tu ôl i'r milwr bach. Baner Gwynedd. Cofiais glywed sôn fod rhai Cymry yn ymladd dros frenin Ffrainc yn erbyn y Saeson. Syrthiais ar fy mhengliniau a chusanu ei law.

'Dyw'r enw'n golygu dim imi. A dim ond tua deuddeg oed yw e, sy'n esbonio pam eu bod nhw'n ei alw'n Lawgoch,' meddai Wil yn fy nghlust, gan syllu ar wyneb ifanc y milwr.

'Glywis i hynna. Dwi'n un ar bymtheg. Yr un oedran ag Edward y Trydydd pan arweiniodd hwnnw ei fyddin i faes y gad am y tro cyntaf. Dwi hefyd yr un oedran ag Edward Woodstock, y Tywysog Du, sydd mor hy â galw'i hun yn Dywysog Cymru,' meddai Owain Lawgoch yn amddiffynnol.

'A'i lais! Dyw ei geilliau ddim wedi cwympo eto!' sibrydodd Wil, ond yn ddigon uchel i'r olaf o linach Llys Aberffraw ei glywed.

'Dy geilliau di fydd yn disgyn os na dali di wrogaeth i dy Dywysog!' meddai Owain Lawgoch.

Penderfynais droi'r sgwrs i faes llai peryglus. 'Ydych chi'n gwybod ble mae'r Comte de Villeneuve? Allwch chi fynd â ni ato yn Namnun?' gofynnais yn gyflym. 'Mae gen i ychydig o arian i helpu i dalu'r pridwerth.'

'Ar eich traed, y bardd Dafydd ap Gwilym,' meddai Owain yn ei lais merchetaidd. 'Mi af â chi at y Comte os ydach chi'n barod i fod yn rhan o'r Gatrawd Rydd Cymreig.'

'Wrth gwrs,' atebais. 'A dwi'n gwybod sut y gallaf eich gwasanaethu orau.'

A dyna sut y llwyddais i gael fy nghyflogi fel bardd preswyl Catrawd Rydd Gymreig Owain Lawgoch. Ac am gyfnod, o leia, dyna'r swydd orau imi ei chael erioed.

IX

Drannoeth, ar ôl taith o gan milltir, fe gyrhaeddon ni'r dref nid nepell o'r arfordir lle roedd pencadlys y Gatrawd Rydd Cymreig.

Cefais i a Wil ein tywys i dafarn yn y dref, sef Le Vieux Lion Noir, ac yn wir roedd y dafarn yn syndod o debyg i'r Hen Lew Du yn Aberteifi a'r Black Lion yn Portsmouth. Dyn canol oed oedd y perchennog, ac roedd dwy ferch brydferth yn gweini yn y dafarn. Sylwais fod un yn debyg i Morfudd o ran pryd a gwedd, a'r llall yn debyg i Dyddgu.

Yn sefyll ger y bar roedd dyn ifanc cyhyrog, gyda thancard o gwrw yn un llaw a'r llaw arall yn ei wregys.

'Gadewch imi'ch cyflwyno i Le Comte de Villeneuve,' meddai Owain Lawgoch, gan wincio ar berchennog y dafarn.

'Ond tafarnwr yw hwn,' atebais yn ddryslyd.

'A dyma'r gwystl,' ychwanegodd Owain Lawgoch, gan fy nghyflwyno i'r dyn gyda'i law chwith yn ei wregys.

'Martin, brawd Morfudd Llwyd?' gofynnais.

Amneidiodd y dyn yn gadarnhaol â'i ben cyn cymryd dracht hir o'i dancard. Roedd ganddo wallt hir melyn ac aeliau du fel ei chwaer.

'Dwi ddim yn deall. Mi dderbyniodd Morfudd lythyr yn dweud eich bod wedi cael eich dal yn dilyn brwydr St Pol de Léon a bod angen ugain punt i'ch rhyddhau,' meddwn.

'A phwy ydych chi?' gofynnodd Martin, gan daflu ei wallt melyn dros ei ysgwydd fel roedd ei chwaer yn dueddol o'i wneud.

'Y bardd enwog, Dafydd ap Gwilym.'

'Dyw'r enw'n golygu dim imi,' meddai. 'Ond gair o gyngor. Peidiwch â mynd yn agos at y criw o feirdd mae fy chwaer a'i chwcwallt o ŵr yn gorfodi pobl i wrando arnynt. Yn ôl pob sôn maen nhw'n uffernol.'

'Fel mae'n digwydd, dwi'n un ohonyn nhw,' atebais gan sythu fy nghefn.

'O, wel. Mae gan bawb ei ofid, on'd oes?' meddai Martin, gyda'r un wên gam ag a ddefnyddiai Morfudd pan fyddai'n fy herio.

Tynnais fy nghwd arian o'm gwregys a'i roi ar y bar o flaen perchennog y dafarn.

'Dywedwch wrth y Comte de Villeneuve fan hyn fy mod i'n cynnig pum punt i'ch rhyddhau o fod yn wystl,' meddwn. Dechreuodd Martin chwerthin yn afreolus.

'Nid y Comte de Villeneuve yw hwnna. Dim ond Monsieur Justin de Villeneuve. Taeog o'r tafarn frid. Ac nid Namnun yw enw'r dref – Nunman am yn ôl yw Namnun, a dyw'r Comte ddim yn bodoli. A ches i mo fy nal yn dilyn brwydr St Pol de Léon chwaith. Mi ddihangais yn ystod y frwydr i ymuno â chatrawd Owain Lawgoch, fel y dylai unrhyw Gymro sydd am weld Cymru rydd ei wneud. Mi anfonais i'r llythyr at Morfudd fel na fyddai neb yn dial arni am fy mod i'n fradwr i goron Lloegr. Dwi ddim angen eich arian, Dafydd. Nawr, prynwch ddiod imi ac mi allwch chi ddweud wrtha i pwy mae fy chwaer annwyl yn ei gnychu tu ôl i gefn y Bwa Bach ar hyn o bryd.'

'Ond mi addewais i Morfudd y byddwn i'n dychwelyd i Gymru gyda chi,' erfyniais.

'Yn anffodus i chi, dwi ddim am ddychwelyd i Gymru. Er fy mod i wedi cael ambell anaf yn brwydro dros gatrawd Owain Lawgoch, mae Martin y Rhyfelwr, neu Martin Guerre fel maen nhw'n fy ngalw yma, yn mwynhau ei fywyd yn Ffrainc. Y gwin, y caws, y merched. Cymerwch ychydig o win. Fyddwch chithau ddim am adael chwaith ar ôl ichi ei flasu.'

Am fy mod innau hefyd yn ffoadur o fyddin Lloegr, doedd gen i fawr o ddewis ond aros gyda'r gatrawd. Wedi'r cyfan, roedd merch benfelen y landlord eisoes wedi dechrau fy llygadu o'r tu ôl i'r bar. Ac roedd Ffrainc yn wlad gynhesach o lawer na'r Alban.

Wedi dweud hynny, doeddwn i ddim yn awyddus i beryglu fy mywyd ar faes y gad chwaith. Clywais rywun yn pesychu y tu ôl imi.

Wil.

'Mae gen i syniad a allai gwrdd ag anghenion pawb,' meddai, cyn sibrwd ei syniad yn fy nghlust.

'Perffaith, Wil!' meddwn, cyn troi at berchennog y dafarn.

'Landlord! Monsieur de Villeneuve! Memrwn, inc a'r cwilsyn pluen gŵydd gorau sydd ganddoch chi, os gwelwch yn dda,' meddwn yn uchel, tra bod Wil wrthi'n cyfieithu ar y pryd.

'*D'accord, Milord*,' atebodd Justin de Villeneuve, y taeog o'r tafarn frid.

Dyna sut y cytunodd Martin i ysgrifennu llythyr yn dweud ei fod ar fin marw, ond ei fod yn defnyddio'r holl nerth oedd ganddo i ysgrifennu un llythyr olaf at ei annwyl chwaer. Cynnwys y llythyr yn fras oedd bod y milwr dewr Dafydd ap Gwilym wedi llwyddo i oresgyn y Comte de Villeneuve ac achub Martin, ond ei fod yn rhy hwyr am fod Martin wedi dioddef anafiadau angheuol ar ôl cael ei arteithio gan y Comte.

Fy syniad i oedd cynnwys y geiriau canlynol yn y llythyr i wneud i Morfudd deimlo'n euog am fy nghyhuddo o fod yn llwfr: 'Mae gan Dafydd ap Gwilym enw am fod yn fardd llwfr. Ond mae hynny mor wir â dweud bod eira'n goch. Na. Dafydd ap Gwilym yw un o'r dynion dewraf imi gwrdd â nhw erioed.'

Roedd y llythyr yn cloi trwy ddweud bod Martin wedi penderfynu cael ei gladdu yn Ffrainc ac yn erfyn ar Morfudd i wneud unrhyw beth ... ie, unrhyw beth, i ddiolch i'r bardd dewr, Dafydd ap Gwilym.

Rhoddais y llythyr mewn man diogel yn fy nillad cyn i Wil a minnau ddechrau ar ail ran y cynllun, sef ysgrifennu llythyr arall. Y tro hwn at fy mherthynas annwyl, Rhys ap Gruffydd.

Roedd y llythyr hwnnw hefyd yn llawn angerdd. Roedd yn dweud ein bod wedi'n dal gan gatrawd Ffrengig. Am fy mod i'n uchelwr a oedd yn perthyn yn agos i'r arwr rhyfel Rhys ap Gruffydd, roedden nhw'n gofyn am bridwerth o £20.

Yn wahanol i lythyr Martin at Morfudd, roedd yn rhaid imi nodi cyfeiriad y dafarn ar y llythyr, wrth gwrs, neu fydden ni ddim yn derbyn yr arian. Drwy ddefnyddio cysylltiadau Owain Lawgoch ym myddin Ffrainc, roedd y llythyr yn siŵr o gyrraedd Rhys ap Gruffydd yn Normandi. Beth allai fynd o'i le?

X

Yn anffodus, nid anfonodd Rhys ap Gruffydd, yr hen gybydd, yr un ddime goch. Serch hynny, cafodd Wil a minnau gyfle i fwynhau pleserau diamheuol Le Vieux Lion Noir dros y mis canlynol. Fe dreulion ni'n hamser yn y dref fach ddi-nod yn cyfansoddi cerddi ar y cyd i glodfori Yvain de Galles, Martin Guerre ac aelodau eraill o'r gatrawd. Mi fydd yr atgofion am y nosweithiau hynny a dreuliais gyda'm cyd-Gymry alltud yn aros gyda mi am byth. Bu Wil a minnau wrthi'n ddiwyd yn ceisio cipio calonnau merched y landlord, sef Audrey (yr un benddu) a Brigitte (yr un benfelen), ond roedd y ddwy ohonyn nhw'n dalcen caled. Roedd fy ymdrechion i'n gwbl ofer, a'r unig beth a gafodd Wil gan Audrey am ei drafferth oedd anrheg, sef llygoden Ffrengig, choeliwch chi fyth.

Llwyddodd y ddau ohonom i ennill ambell geiniog drwy gyflwyno'r gêm pennau saeth i'r taeogion lleol, ac ennill sawl gêm. Roedd y taeogion lleol hefyd yn barod iawn i ennill ambell geiniog drwy wirfoddoli i fod yn dargedau.

Yna, ar ddiwedd y haf hir hwnnw, clywsom y crïwr tref yn cyhoeddi y byddai criw o *jongleurs* yn cyrraedd y dref ar ddydd

Iau, y 25ain o Awst. Roeddwn wedi clywed nifer o selogion Le Vieux Lion Noir yn canu clodydd y *jongleurs*, sef grŵp o feirdd, clerwyr, acrobatiaid a chantorion y *Chanson de Geste* a grwydrai'r wlad yn diddanu pobl.

Felly, y noson honno aeth Wil a minnau, ynghyd â degau o bobl eraill, i ganol y dref i fwynhau pefformiad yr acrobatiaid a'r clerwyr. Yna daeth uchafbwynt y noson. '*Écoutez! Écoutez! Mesdames et Monsieurs ... Les Pétomanes!*' meddai'r crïwr tref.

Gyda hynny cerddodd dau ddyn i'r llwyfan. Roeddent yn gwisgo pantalŵns, cotiau a hetiau coch llachar a oedd yn cuddio'r rhan fwyaf o'u hwynebau. Roedd un ohonynt yn dal liwt tra safai'r llall yn fud wrth ei ochr. Dechreuodd y mwyaf o'r ddau ganu *chanson*. Roedd yn canu'n wael iawn a dechreuodd y gynulleidfa ei watwar, ac aeth pethau o ddrwg i waeth pan dorrodd un o dannau'r liwt.

Achubwyd y sefyllfa pan gamodd y dyn main ymlaen, gafael yn y liwt a'i thaflu dros ei ysgwydd. Rhoddodd y dorf fonllef o gymeradwyaeth. Yna trodd a phwyntio'i ben-ôl at y gynulleidfa. Dechreuodd y dyn arall ganu eto, ond y tro hwn i gyfeiliant rhechfeydd y llall. Ar ôl ychydig, rhoddodd y gorau i ganu, pwyntio'i ben-ôl at y gynulleidfa, a dechreuodd y ddau berfformio mewn harmoni.

Roedd y gynulleidfa wrth eu boddau gyda'r perfformiad unigryw a chreadigol hwn. Yna, sythodd y ddau, troi i wynebu blaen y llwyfan, tynnu eu hetiau a moesymgrymu i gydnabod cymeradwyaeth wyllt y dorf. Dyna pryd y gwelais mai Iolo Goch a Madog Benfras oedd y ddau ddiddanwr.

XI

'I ti mae'r diolch am ein llwyddiant, wrth gwrs,' meddai Madog Benfras gan godi ei dancard o gwrw. Roeddem yn eistedd mewn cornel dawel o'r Le Vieux Lion Noir awr yn ddiweddarach.

'Ry'n ni'n gwneud yn llawer gwell na'r tâl pitw roedden ni'n

ei gael gan Morfudd a'r Bwa Bach,' cytunodd Iolo, a oedd wrthi'n cyfri'r arian a gasglodd y ddau yn eu capiau anferth ar ddiwedd y perfformiad.

'Ond sut mae'r meistr yn gyfrifol am eich llwyddiant?' gofynnodd Wil.

'A sut daroch chi, os mai dyna'r *mot juste*, ar y syniad ar gyfer eich perfformiad?' ychwanegais.

'Roedden ni gyda Rhys ap Gruffydd pan dderbyniodd y llythyr yn dweud dy fod ti'n wystl,' meddai Madog, gan godi ei ael i awgrymu y dylwn esbonio fy rhyddid.

'Mi lwyddais i dalu'r pridwerth fy hun ... stori hir ... mi gadwith tan rywdro arall,' meddwn yn frysiog.

'Hmmm ... ta beth, pan ddarllenodd Rhys y llythyr yn dweud dy fod ti'n wystl mi ddechreuodd grio a tharo'i frest a beio'i hun am adael iti roi dy hun mewn perygl yn hytrach na dy gyflogi fel bardd,' ychwanegodd Madog.

'Roedd y ffrwcsyn yn benwan,' cytunodd Iolo.

'Yna, mi ddechreuodd weiddi arnon ni a phenderfynu y dylen ni ymladd yn y rheng flaen yn dy le,' meddai Madog.

'Roedd y diawl yn ddigon hy i awgrymu y byddai'r profiad yn gwneud ein cerddi'n fwy credadwy!' taranodd Iolo.

'Mi geision ni esbonio nad oedd hynny'n rhan o'n cytundeb ond roedd hi'n amlwg na fyddai unrhyw beth yn newid ei feddwl. Felly mi benderfynon ni fod pob hawl gennym i adael y gatrawd am ei fod wedi torri'r cytundeb,' esboniodd Madog.

'Sleifion ni i ffwrdd yn ystod y nos. Dim siw na miw. Ar flaenau'n traed,' cytunodd Iolo.

'Felly, mi redoch chi i ffwrdd o'r fyddin?' gofynnais yn hunangyfiawn.

'Na. Mi adawon ni am fod Rhys wedi torri'r cytundeb ...' dechreuodd Madog cyn i Iolo ymyrryd.

'Man a man inni gyfaddef, Madog. Do. Ro'n ni'n gachgwn rhonc. A dy'n ni ddim am weld Rhys ap Gruffydd na neb o'r fyddin 'na 'to neu mi fydd hi ar ben arnon ni.'

'Dwi'n dal i ddweud fod ganddon ni achos cyfreithiol da ...' dechreuodd Madog cyn i Iolo ymyrryd am yr eildro.

'Gad hi, Madog. Does dim achos cyfreithiol 'da ni. Ry'n ni'n ffoaduriaid ac mi fyddwn ni'n cael ein dienyddio os byddwn ni'n cwrdd â Rhys ap Gruffydd eto.'

Rholiodd Madog ei lygaid cyn ailgydio yn ei stori. 'Mi benderfynon ni deithio tua'r gogledd gan obeithio cuddio mewn cwch a dianc i fyw yn yr Hen Ogledd ar ôl glanio yn Lloegr,' meddai. 'Mi fuon ni'n byw ar winwns am yr wythnos gyntaf. Dyna'r unig gnwd oedd yn tyfu yn y caeau. Winwns ymhobman, a dim arall. Wrth gwrs, mi ddechreuais i golli pwysau. Un effaith arall oedd bod y winwns yn codi gwynt arna i.'

'A fi 'fyd. U-ffrwcsyn-ffernol,' cytunodd Iolo. 'Roedd Madog yn canu rhyw gân neu'i gilydd wrth inni gerdded un diwrnod ac mi sylweddolais i fy mod i'n gallu taro rhechfeydd yn gyfeiliant iddo.'

'Ac mi sylweddolais i fy mod i'n gallu gwneud yr un peth,' meddai Madog. 'Drwy lwc mi ddaethon ni ar draws y grŵp yma o *jongleurs* ar y ffordd un diwrnod. Mae fy Ffrangeg i, fel fy Lladin a Groeg, yn wych, a llwyddais i dwyllo'r *jongleurs* i feddwl fy mod i'n Ffrancwr. Yn anffodus, dyw Iolo ddim wedi cael yr un cyfleoedd addysgol â mi ac nid yw'n medru'r iaith.'

'Dim ffrwcsyn gair,' cytunodd Iolo.

'Yn hollol. Mi ddwedais i wrth y *jongleurs* fod Iolo'n fud. Pan welon nhw ein perfformiad cawsom ein croesawu i'r grŵp ar unwaith, a dyna ni,' gorffennodd Madog.

'A beth mae'r enw *Les Pétomanes* yn ei olygu?' gofynnodd Wil.

'Y cyfieithiad llythrennol fyddai "gwallgofrechwyr". Mae'n alwedigaeth ddigon aflednais, dwi'n ofni, ond dyna ni. Mae'n rhyw fath o fywoliaeth, hyd yn oed i gyn-bencerdd,' atebodd Madog. Ychwanegodd y byddai'r grŵp yn teithio tua'r gorllewin drannoeth. Ffarweliodd y ddau cyn mynd i glwydo gyda gweddill y *jongleurs* mewn tafarn arall yn y dref.

XII

Fore trannoeth, mynnodd y landlord, Justin de Villeneuve, ein bod yn talu'r bil, oedd bron yn bum punt erbyn hyn. Roedd wedi bachu ar y cyfle am fod Owain Lawgoch a gweddill y gatrawd wedi cael eu hanfon i ardal Blanchetaque wythnos ynghynt am fod si fod byddin Edward wedi taro tua'r de. Nid oeddwn wedi teithio gyda'r gatrawd am imi ddihuno'n gloff mewn un goes y bore hwnnw. Yn ffodus, gwellodd y goes yn rhyfeddol o sydyn ddiwrnod ar ôl iddynt adael pentref bach Crécy.

'Mae'n rhaid ichi dalu, *Milord*,' meddai Monsieur de Villeneuve a oedd yn gawr o ddyn gyda barf drwchus. 'Os na allwch chi dalu, bydd yn rhaid ichi weithio am eich bwyd a'ch llety.'

Ni all neb ddweud bod yr olaf o'r ap Gwilym Gamiaid yn ddiog. 'Mwy na hapus i wneud hynny. Beth y'ch chi am inni wneud?' gofynnais.

Meddyliais y byddai cario casgen neu ddwy yn help i gael gwared â'r bol roeddwn wedi'i fagu dros yr wythnosau diwethaf. Roeddwn yn llai na hapus felly pan gefais i a Wil ein clymu at un o drawstiau'r dafarn er mwyn bod yn dargedau ar gyfer gêm pennau saeth.

'Gobeithio bod y rhain mor wael â thi am daflu saethau,' meddwn wrth Wil. Chwalwyd fy ngobeithion pan gefais fy nharo ar fy ngên, fy nghlust, a'm talcen.

'Aw! Wff! *Mon Dieu, D'Artagnan superbe monsieur*,' meddwn, gan geisio bod mor gwrtais a phroffesiynol ag yr oedd Brith yn yr Hen Lew Du. Clywais regfeydd Wil yn fy ymyl a thybiais y byddai'r ddau ohonom yn gorfod dioddef artaith ddychrynllyd dros y dyddiau nesaf.

Ond wrth i'r ail anelwr gamu at y rhicyn rhedodd dyn ifanc i mewn i'r dafarn a gweiddi, '*Les Anglais sont ici! Les Anglais sont ici! Les Hellequins!*' Gwagiodd y dafarn ar unwaith, wrth i drigolion y dref heidio allan i'r wlad agored i geisio osgoi'r Saeson.

Wrth gwrs, roeddwn i a Wil wedi ein clymu i'r trawst, a

dechreuais weddïo y byddai'r Saeson yn dod i mewn i'n hachub cyn rhoi'r dafarn ar dân. Clywais sŵn taranau yn y pellter.

'Taranau! Os byddan nhw'n rhoi'r dafarn ar dân o leia mi fydd glaw y storm yn ei ddiffodd,' meddwn.

'Nid taranau yw'r rheina, ond y Cae Non yn cael ei danio,' meddai Wil. Ar hynny, clywsom sgrechfeydd a lleisiau'n gweiddi allan ar y stryd. Roedd y Saeson wedi cyrraedd pentref Crécy.

Yn sydyn rhuthrodd Madog ac Iolo i mewn i'r dafarn.

'Mae'r Saeson wedi cyrraedd. Beth wnawn ni?' gwaeddodd Madog.

'Mae hi ar ffwrcsyn ben arnom,' meddai Iolo.

'Allwn ni wneud dim nes ichi'n datglymu ni,' meddai Wil.

Ond cyn i Madog ac Iolo gael cyfle i wneud dim, rhuthrodd o leiaf dwsin o filwyr Albion i mewn i'r dafarn.

'Cofia ddefnyddio dy Saesneg gorau, Wil,' meddwn. 'What Ho, old boy,' gwaeddais

'Gord bless ya, Guv'nor!' gwaeddodd Wil.

'Blimey!' daeth yr ymateb. Roedd y llais yn un cyfarwydd. Y dyn eiddigeddus ar y cwch a gyhuddodd Wil o fustachu gyda'i wraig. Camodd tuag atom gan syllu'n daer ar Madog ac Iolo.

'Wel, wel, wel ... beirdd y gatrawd a redodd bant,' meddai. 'Daliwch nhw, bois!' gwaeddodd, ac ymhen dim roedd dau filwr yn gafael yn Madog ac Iolo ac yn dal cyllyll wrth eu gyddfau. 'Peidiwch â'u lladd nhw eto. Mi fydd 'na ddyrchafiad i bob un ohonon ni am ddal y bradwyr 'ma,' ychwanegodd cyn troi ata i a Wil.

Syllodd yn hir i wyneb Wil.

'Fy mhroblem i yw nad ydw i'n hollol siŵr ai chi yw'r un sy'n euog o gysgu gyda fy ngwraig ai peidio,' meddai. 'Ond mi fydda i'n cysgu'n dawelach yn fy ngwely os lladda i chi beth bynnag.'

Erbyn hyn roedd hanner dwsin o'r milwyr wedi anelu at y seler ac roeddent wrthi'n cario casgenni o gwrw a photeli o win allan.

'Eich penderfyniad chi yw hynny, wrth gwrs. Ond mi fydd

e'n achos o lofruddiaeth, ac mi wna i'n siŵr eich bod chi'n cael eich haeddiant am ladd Wi– Seisyll,' meddwn.

'Fyddwch chi ddim o gwmpas i gynnig tystiolaeth oherwydd dwi am eich lladd chi hefyd. Dim tystion. Beio'r Ffrancwyr. Llawer gwell.'

Tynnodd y dyn eiddigeddus ei gleddyf allan o'i wain. Paratoais fy hun am y gwaethaf.

Ond gyda hynny daeth mwy o ddynion i mewn i'r dafarn, ac yn eu plith roedd Rhys ap Gruffydd.

'F'ewythr Rhys! Achubwch ni,' gwaeddais.

'Dafydd, fy machgen glân! Beth maen nhw wedi'i wneud i ti?' gwaeddodd Rhys ap Gruffydd, gan syllu ar olion y saethau ar fy wyneb. Ers pryd maen nhw wedi bod yn dy arteithio di? Y diawled anghristionogol!'

'... ac roedd y milwr yma ar fin ein lladd ni pan ddaethoch chi i mewn.'

'Felly wir?' taranodd f'ewythr Rhys gan droi at y milwr.

'Na, syr. Dim ond cellwair rhwng cyd-filwyr,' erfyniodd hwnnw.

'Ife wir? Beth am gellwair o'r math hwn 'te?' gwaeddodd Rhys. Tarodd y milwr ar ei ên a'i fwrw'n anymwybodol. Trodd at Madog ac Iolo, a oedd yn dal i fod yng nghrafangau'r milwyr. 'Myn uffern i ... y cachgwn a ddihangodd i osgoi brwydro yn y rheng flaen,' meddai gan dynnu ei gleddyf o'i wain.

Pesychodd Wil. 'Esgusodwch fi am ymyrryd am eiliad,' meddai. 'Ond y gwir yw eu bod nhw mor ddig fod fy meistr yn wystl yma yn Crécy mi benderfynon nhw ddod yma i geisio'i achub.'

'Do fe?' gofynnodd Madog heb feddwl.

'Do, Madog,' cytunodd Iolo.

'Mi ddaethon nhw yma gan esgus eu bod yn *jongleurs* Ffrengig. Roedden nhw ar fin ein hachub pan ddaeth milwyr byddin Lloegr i mewn i'r dafarn a'u camgymryd am Ffrancwyr,' meddai Wil.

'Do fe? Myn uffern i! A yw Cymru'n llawn o wrol ryfelfeirdd

fel chi? Os felly, rhyddhewch y beirdd anrhydeddus hyn,' gwaeddodd Rhys ar y milwyr. 'Maen nhw'n haeddu eu rhyddid.'

Cafodd Madog ac Iolo eu rhyddhau, felly. Ymhen dim roeddwn i a Wil yn rhydd hefyd ac yn mwynhau tancard o gwrw rhad ac am ddim yng nghwmni Rhys wrth y bar.

'Mae'n flin gen i am beidio â thalu'r pridwerth ond ro'n i'n awyddus i achub rhywun mor ddewr â thi fy hunan,' meddai.

Ac yn fwy awyddus i gadw dy ddwylo ar dy arian, yr hen gybydd, meddyliais.

'Fy machgen glân ... Fy mab!' ychwanegodd Rhys.

'Mab?'

'Ro'n i'n amau mai fi oedd dy dad pan ddychwelais o'r Alban a darganfod bod dy fam wedi priodi dy dad, a dy fod tithau wedi dy eni naw mis ar ôl imi adael am yr Hen Ogledd. Mi newidiais fy meddwl pan dyfaist ti i fod yn fardd bach llwfr a di-nod. Ond erbyn hyn dwi wedi dod i dy nabod yn well, a dwi'n ffyddiog dy fod ti'n fab imi. Rwyt ti'n ddewr, rwyt ti'n olygus – wel, yn weddol olygus – ac rwyt ti'n drwsgl ... fel roeddwn innau yn fy ieuenctid.'

Gwyddwn fod yr hen ffŵl yn siarad drwy ei helmed fetel. Yn un peth, dwi yr un ffunud â'm tad, Gwilym Gam, o ran pryd a gwedd. Roedd pobl yn dweud hynny wrthyf byth a beunydd. Ond roedd gan Rhys ap Gruffydd lond plasty o arian, felly pwy oeddwn i i'w gywiro?

'Dadi!' llefais, gan geisio taflu fy mreichiau o amgylch ei gorff enfawr.

'Na. *Syr* Dadi, os gweli di'n dda! Mi wnaeth y Brenin Edward fi'n gadfridog ar ôl inni ennill y frwydr,' meddai Syr Rhys ap Gruffydd.

'Cofia, bydd yn rhaid inni gadw'r gyfrinach fach yma rhyngom ni'n dau. Dyw Joan, neu'r Foneddiges Joan erbyn hyn, ddim y fenyw fwyaf goddefgar. Ond os byddi di angen unrhyw beth, dere at dy dad,' ychwanegodd, gan fy nharo ar fy nghefn.

Mater bach oedd darbwyllo'r hen filwr mai'r peth gorau fyddai i'w fab deithio'n ôl i Walia fach cyn gynted â phosib, gyda

Wil, Madog ac Iolo yn ei hebrwng. Cytunodd Syr Rhys, cyn ein gadael i ymuno â byddin Edward y Trydydd i fod yn rhan o warchae Calais.

XIII

Cerddodd Wil, Madog, Iolo a minnau i mewn trwy ddrws yr Hen Lew Du wythnos yn ddiweddarach. Tybiais imi weld llygaid Dyddgu'n llenwi â dagrau pan welodd hi ni, ond roedd hi yr un mor ddilornus o Wil ag arfer pan aeth hwnnw gyda Madog ac Iolo i'w chyfarch wrth y bar.

Cerddais innau draw at Morfudd a'r Bwa Bach a eisteddai wrth fwrdd yng nghefn y dafarn. Sylwais ar unwaith fod croen y ddau wedi tywyllu cryn dipyn ers imi eu gweld ddiwethaf.

'Mae'n amlwg iddi fod yn haf poeth iawn yma yng Ngwalia,' meddwn.

'Na, Dafydd,' atebodd y Bwa Bach. 'Am fod pawb wedi gadael ein bagad barddol am amryw resymau penderfynais i a Morfudd fynd ar daith dramor eleni.'

'Taith o amgylch Môr y Canoldir,' meddai Morfudd.

'Ie, taith i ymweld â chanolfannau Cristnogol pwysig yn ardal Môr y Canoldir, gan gynnwys tiriogaeth y Pab yn Avignon, sef rhandir nad yw'n rhan o'r frwydr rhwng Lloegr a Ffrainc,' meddai'r Bwa Bach.

'Ond ble mae Martin?' gofynnodd Morfudd, gan edrych yn eiddgar dros fy ysgwydd.

Gafaelais yn ei llaw, a dweud wrthi mor dyner ag y gallwn fod Martin wedi marw. Bu'n wylo am amser hir, yna cododd ei phen ac edrych arna i.

'Felly mi fethaist ti ag achub fy mrawd annwyl.'

'Do a naddo. Llwyddais i'w achub, ond roedd wedi dioddef gormod o anafiadau yn ystod ei gystudd fel gwystl. Y peth olaf a wnaeth dy frawd oedd ysgrifennu'r llythyr hwn a gofyn imi ei roi i ti, Morfudd, ac i ti yn unig,' meddwn gan deimlo braidd yn euog am yr holl gelwyddau.

Gofynnais i Wil ddod draw o'r bar gyda'r llythyr. Roeddwn wedi'i gadw'n ddiogel yn fy mhantalŵns yn Ffrainc ond rhoddais ef i Wil i'w gadw'n ddiogel ar y daith yn ôl i Gymru.

Rhoddodd hwnnw y llythyr imi a rhoddais y darn o femrwn yn nwylo Morfudd. Agorodd honno'r sêl a dechrau darllen cyn codi'i phen.

'Mae'r llythyr yn anghyflawn,' meddai wrth gyrraedd diwedd y llythyr lle mae Martin yn erfyn ar Morfudd i wneud 'unrhyw beth' i ddiolch i'r bardd dewr, Dafydd ap Gwilym. '... dim ond rhan o'r llythyr sy'n ddarllenadwy. Mae wedi bod mewn dŵr,' ychwanegodd. Cododd y llythyr a gwelais fod yr inc wedi rhedeg a bod y rhan fwyaf o'r ysgrifen yn aneglur.

Griddfanais, gan ddifaru cuddio'r llythyr yn fy nhrôns. Cofiais fy mod wedi gwlychu fy hun pan oedd y dyn eiddigeddus ar fin fy lladd yn Crécy. Roedd yr hylif corfforol hwnnw wedi treiddio trwy'r memrwn gan ddinistrio unrhyw obaith oedd gen i o swyno Morfudd.

'Ond rwy'n gallu deall un darn ar y dechrau ... dyma ni. "Mae gan Dafydd ap Gwilym enw fel bardd llwfr ... Dafydd ap Gwilym yw un o'r dynion ... llwfraf imi gwrdd â hwy erioed",' darllenodd Morfudd yn uchel cyn imi gipio'r llythyr o'i llaw.

'Na ... dynion *dewraf* mae'n ddweud ... dewraf nid llwfraf ... mae'r inc wedi rhedeg,' meddwn gan roi'r llythyr i Madog. Wedi'r cyfan, mi ddylwn i wybod am mai fi oedd wedi cyfansoddi'r llythyr.

'Na, llwfraf yw e, dwi'n credu,' meddai Madog,

'Ie, llwfraf. Cytuno'n llwyr,' meddai Iolo ar ôl cymryd cipolwg ar y llythyr, cyn ei roi i'r Bwa Bach.

'Llwfraf. Yn bendant,' meddai'r Bwa Bach.

Camais tuag at ddrws y dafarn yn teimlo'n siomedig a dig, gyda Wil yn fy nghanlyn. Y tu ôl imi clywais Dyddgu'n dweud,

'Na, dwi'n cytuno gyda Dafydd ... dewraf.'

Wedi inni gamu allan trwy'r drws, rhoddodd Wil ei law yn ei boced a thynnu rhywbeth allan.

'Wel, mae 'na dri yn cytuno efo ti o leia, sef fi, Dyddgu a'r llygoden Ffrengig,' meddai, gan gosi'r creadur o dan ei ên. 'Mi fydd hon yn ein hatgoffa o'n hanturiaethau yn Ffrainc,' ychwanegodd, wrth i minnau hefyd gosi'r creadur o dan ei ên.

'Drycha arno. Mor ddiniwed. Mor wahanol i bobl,' meddwn.

Diniwed efallai, ond mi fyddai'r llygoden Ffrengig yn chwarae rhan ganolog yn ein ffawd ein dau, a'n cenedl, dros y flwyddyn oedd i ddod.

I

Roedd hi'n ganol y bore pan gyrhaeddodd Wil a minnau yr Hen Lew Du yn Aberteifi. Roeddem wedi ymlâdd ar ôl taith ddeng milltir boenus ac anghyfforddus ar hyd y ffordd garegog a garw o Gastellnewydd Emlyn i Aberteifi, yn dilyn ymweliad â'm hewythr Llywelyn yng nghanol mis Hydref 1346.

Roedd y llatai wedi rhoi cyfarwyddiadau clir inni. Roeddem i gyrraedd y dafarn erbyn *Nones* i ddechrau ymarferion ar gyfer taith Cymdeithas y Cywyddwyr, Rhigymwyr, Awdlwyr a Phrydyddion o amgylch de Cymru, a fyddai'n dechrau ymhen yr wythnos.

Serch fy mlinder, roeddwn ar ben fy nigon am fod f'ewythr Llew wedi rhoi tair punt imi ar gyfer fy mhen blwydd yr wythnos cynt. Roeddwn hefyd wedi derbyn dwy bunt gan Mami a Dadi i ddathlu fy chwe haf ar hugain ar y ddaear hyfryd hon. O ganlyniad, roedd gen i bum punt yn fy mhwrs lledr, sef digon i dalu aelodaeth flynyddol y gymdeithas (dwy bunt), yr arian oedd arna i i Dyddgu am lety a diod yn yr Hen Lew Du (punt), ac i ad-dalu benthyciadau Madog Benfras ac Iolo Goch (dwy bunt).

Felly, roedd y meistr ifanc mewn hwyliau da pan gyrhaeddodd ei was ffyddlon ac yntau yr Hen Lew Du. Yr olygfa oedd yn ein hwynebu pan gerddon ni drwy'r drws oedd Iolo Goch yn gwisgo adenydd ffug ac yn eistedd ar ysgwyddau Madog Benfras. Roedd hwnnw'n ceisio adrodd cerdd tra bod y Bwa Bach, oedd wedi'i wisgo mewn dillad oren o'i gorun i'w sawdl, yn cerdded yn araf o'u hamgylch mewn cylch. Yna'n sydyn, neidiodd Iolo oddi ar ysgwyddau Madog a glanio mewn casgen lawn dŵr yng nghanol yr ystafell.

'Gwych! Dyna ni. Perffaith!' gwaeddodd Morfudd gan glapio'i dwylo, cyn troi i wynebu Wil a minnau, a oedd yn rhythu'n gegagored ger y drws. 'Portread o chwedl Daedalws ac Icarws gyda Daedalws yn syrthio i'r môr,' esboniodd, yn wên o glust i glust.

'Ond pam?' gofynnais.

'Cefais i a'r Bwa Bach y syniad ar ein pererindod i Avignon,' atebodd Morfudd. 'Tra bod y Bwa Bach wrthi'n trafod cynllun sydd ganddo ar y gweill gyda'r Eglwys Gatholig, mi dreuliais i nifer o oriau pleserus iawn yng nghwmni'r *jongleurs* a'r *troubadours*.'

'Do, mae'n siŵr,' sibrydodd Iolo Goch yng nghlust Madog.

'Mae artistiaid Ewrop mor bell ar y blaen o ran techneg, gwreiddioldeb a syniadau barddonol newydd. Ry'n ni'n bell ar ei hôl hi,' ychwanegodd Morfudd.

'Ac mae'r uchelwyr wedi dechrau diflasu ar yr un math o berfformiad bob tro,' meddai'r Bwa Bach. 'Mae'r cynulleidfaoedd am weld rhywbeth newydd yn hytrach na chanu'r delyn neu daro pastwn ar y llawr ac mae'n rhaid inni foddhau eu chwant. Dawns, gyfeillion, yw'r dyfodol.'

Pesychodd Madog. 'Wrth gwrs, rydw i ac Iolo wedi gweithio gyda chryn lwyddiant fel *jongleurs* yn Ffrainc, ac ry'n ni'n awyddus i drosglwyddo'n gwybodaeth a'n profiad o greu perfformiadau effeithiol,' broliodd hwnnw.

'Sut? Drwy daro cyfres o rechfeydd?' gofynnais.

Trodd Madog a gwenu'n nawddoglyd arna i. 'O na! Fyddwn ni ddim yn perfformio'r act honno 'to. Roedd hi'n ddigon da ar gyfer taeogion Ffrainc, ond ar gyfer llysoedd yr uchelwyr? Go brin, Dafydd. Hefyd, roedd ein perfformiad yn dibynnu ar fwyta dim byd ond winwns, a dwi ddim am weld winwnsyn arall tra bydda i byw,' meddai gan grynu trwyddo.

'Anghytuno'n llwyr,' meddai Iolo Goch. 'Rwy'n dwlu ar winwns ac yn dal i'w mwynhau nhw. Ac mi alla i rechen mewn tiwn o hyd,' ychwanegodd, cyn mynd ati i arddangos ei ddawn anhygoel gan greu cyfres o synau a ymdebygai i fadrigal.

'Wel, efallai y gallwn ninnau gyfrannu at y perfformiad mewn modd unigryw hefyd,' meddwn, gan droi at Wil. 'Dangosa iddyn nhw, fy macwy ffyddlon.'

Tynnodd Wil y llygoden Ffrengig allan o'i chuddfan y tu mewn i'w gôt a gafael ynddi'n dyner. 'Gadewch imi eich cyflwyno i Picil,' meddai.

'Pam Picil?' gofynnodd Iolo Goch.

'A beth sydd mor arbennig am y creadur 'ma?' gofynnodd Madog Benfras yn ffroenuchel.

'Dwi wedi'i galw hi'n Picil am ei bod hi'n dwlu ar y picil a baratôdd modryb y meistr i fynd gyda'r bara a'r caws a gawsom ar gyfer ein taith bore 'ma,' atebodd Wil, 'ac mae'r creadur yma'n un arbennig am ei fod yn gallu barddoni,' ychwanegodd. Pesychodd a dal Picil allan o'i flaen yng nghledr ei law. 'Diwrnod dybryd fu echdoe, Da fu Duw â Dafydd ddoe. Annhebyg, yn null anrheg, Oedd y dydd echdoe i ddoe deg,' adroddodd mewn llais uchel, gwichlyd.

Edrychodd pawb yn syn ar Wil wrth iddo sefyll yno'n gwenu heb symud ei wefusau wrth i'r gerdd gael ei hadrodd.

'Pa fath o ddewiniaeth yw hyn?' gofynnodd Madog Benfras yn anghrediniol.

'An-ffrwcsyn-hygoel. Llygoden ffyrnig yn adrodd barddoniaeth,' meddai Iolo Goch.

Hanner llewygodd Morfudd a syrthio i freichiau'r Bwa Bach.

'Anhygoel o aflednais,' meddai Dyddgu'n chwyrn, gan blygu'i breichiau o'i blaen.

'Nid aflednais, Dyddgu, ond taflu llais,' meddai Wil. 'Dysgais y grefft tra 'mod i'n filwr yn Saint-Omer yn y rhyfel creulon yn erbyn Ffrainc,' esboniodd, gan osgoi dal fy llygad ac ailadrodd dechrau'r gerdd gan ddal ati i wenu.

'Wyt ti'n siŵr mai ti yw e?' gofynnodd Iolo Goch, wrth iddo yntau a Madog gymryd cam yn nes at Wil i astudio'i wefusau. 'Anws Aneirin. Rwy'n gweld nawr, ond mae'n rhaid iti fod yn agos iawn i sylwi fod y gwefusau'n symud,' ychwanegodd.

'Eitha trawiadol, rhaid cyfaddef,' cytunodd Madog.

'Hmmm. Mi allai weithio. Dim ond bod y gwylwyr ddim yn rhy agos,' cytunodd Morfudd.

Siglo'i ben yn drist wnaeth y Bwa Bach. 'Rwy'n cytuno, fy nghariad. Ond yn anffodus, mae Wil wedi'i ddiarddel o'r gymdeithas am oes,' meddai, cyn troi at Wil. 'Mae'n flin gen i, Wil,' ond mae'n rhaid i'r gymdeithas lynu at ei phenderfyniad.'

'Deall yn iawn, do'n i ddim yn disgwyl perfformio. Dwi wedi bod yn rhoi gwersi i'r meistr,' meddai Wil, gan roi Picil yn fy llaw. Pesychais innau, gan ddal Picil o fy mlaen ar gledr fy llaw.

'Giwrnod gybryd gu echdoe, Ga gu Guw â Gafydd goe. Gannhegyg, yn gull ganrheg, Oedd y gydd gechdoe i goe geg,' meddwn, cyn aros am yr ymateb.

'Mae'n ddechreuad, Dafydd. Ymdrech lew,' meddai Dyddgu.

'Ie ... ymdrech lew iawn,' meddai Morfudd.

'Dim ond unwaith welais i dy wefusau'n symud,' meddai Iolo'n garedig.

'Ond wnaethon nhw ddim stopio symud ar ôl hynny,' ychwanegodd Madog yn greulon, gan barhau i edrych yn graff arna i a Wil. 'Sgwn i ai'r llygoden ffyrnig 'na yw'r unig un sydd yn llaw'r gwas,' sibrydodd yn amheus wrth Iolo.

'Mae'n ddyddiau cynnar, dwi'n derbyn hynny. Ond gyda help Wil a dyfalbarhad dwi'n siŵr y gallaf lwyddo yn y pen draw,' meddwn.

'Ond dim ond wythnos sydd ganddon ni,' meddai Morfudd yn dawel wrth y Bwa Bach.

Penderfynwyd cael seibiant cyn ailgydio yn yr ymarferion.

Roeddwn yn yfed tancard o gwrw ger y bar ac yn cwyno wrth Wil am safon wael ffyrdd Cymru pan ddaeth Madog Benfras ac Iolo Goch i ymuno â ni.

'Mae'n flin gennym dorri ar dy draws, Dafydd, ond ry'n ni am gael gair bach 'da ti am ein cytundeb,' meddai Madog Benfras yn dawel.

'Pa gytundeb?' gofynnais gan grychu fy nhalcen.

'Ein benthyciad ariannol,' meddai Iolo Goch gan dynnu darn o felwm o'i ysgrepan.

'O! Y benthyciad. Wrth gwrs,' atebais, cyn tynnu fy mhwrs o'm gwregys. 'Faint o'dd e? Dwy bunt, os dwi'n cofio'n iawn.'

'Cywir. Ond mi gytunaist ti i dalu llog ar y benthyciad. Wedi'r cyfan, dim ond barddoni sy'n fy nghynnal i ac Iolo, yn wahanol i uchelwr cyfoethog fel ti, Dafydd,' meddai Madog.

'Mae gen i frith gof. Ond roedd hynny bron i flwyddyn a

hanner yn ôl. Beth yn union oedd y telerau?' gofynnais, gan dynnu'r pum darn punt allan o fy mhwrs arian.

'Roedd y cytundeb yn cynnwys dau fenthyciad ar ddiwrnod olaf Mai a diwrnod cyntaf Mehefin 1345, pan gollest ti dy arian ddwywaith i'r lleidr pen-ffordd Owain ab Owen,' esboniodd Madog.

Pwysodd Iolo ymlaen. '... ugain y cant bob dydd am y pum diwrnod cyntaf, yna ad-daliad o ddau ddeg pump y cant am yr wythnos ganlynol, gan godi pump y cant yn ddyddiol o hynny ymlaen. Ad-daliadau i'w talu'n llawn. Roedd cyfyngiadau ynghlwm,' meddai gan boeri'r geiriau allan yn gyflym.

'... sy'n golygu bod y ddyled bellach yn faint, Iolo?' gofynnodd Madog, gan roi'r cytundeb yn fy llaw.

'Deg ffrwcsyn punt.'

'Deg punt! Ond mae hynny bron yn bridwerth marchog!' gwaeddais. 'Dim ond pum punt sydd gen i.'

'Mi wnaiff hwnnw'r tro am nawr,' meddai Madog, gan gymryd yr arian yn gyflym o'm llaw a'i roi yn ei fag lledr oedd â monogram *MB* arno.

'*Touché*, Madog,' meddai Iolo.

'I'r dim, Iolo. I'r dim,' cytunodd Madog.

'Ond mae hyn yn hollol annheg. Pam na wnaethoch chi f'atgoffa i tan nawr?' sgyrnygais.

'Darllena'r cytundeb, Dafydd. Mae'n dweud yn glir nad yw'r sawl sy'n rhoi benthyg yr arian yn gyfrifol am atgoffa'r sawl sy'n benthyca nes bod y ddyled yn ddeg punt,' meddai Madog.

'Ti'n llygad dy le, Madog. Mae e mewn du a ffrwcsyn gwyn,' ategodd Iolo.

'Ond fydda i ddim yn gallu talu aelodaeth y gymdeithas a'r bunt dwi wedi'i haddo i Dyddgu nawr,' meddwn.

'Mae'n flin gen i, Dafydd. Ond busnes yw busnes,' meddai Madog, '... oni bai, wrth gwrs, dy fod ti am fenthyg mwy o arian nawr i dalu gweddill dy ddyledion.'

'Telerau teg ... ugain y cant bob dydd am y pum diwrnod cyntaf, yna ad-daliad o ddau ddeg pump y cant am yr wythnos ganlynol, yn codi pump y cant yn ddyddiol o hynny ymlaen. Ad-daliadau i'w talu'n llawn. Mae cyfyngiadau ynghlwm,' meddai Iolo'n gyflym.

'Dim diolch!' meddwn.

Gwyddwn y byddai'n rhaid imi ofyn i'r Bwa Bach, Morfudd a Dyddgu fod yn amyneddgar nes imi gael benthyciad arall gan Mami y tro nesaf imi groesi rhiniog Brogynin.

Gyda hynny cerddodd y crïwr tref i mewn i'r dafarn gan weiddi, 'Clywch, clywch! Clywch, clywch!'

Synnais o weld y crïwr yn y dafarn. Datgan y newyddion diweddaraf yn sgwâr y dref gyda phawb yn ymgynnull yno i wrando arno y byddai hwnnw fel arfer. Esboniodd Dyddgu iddi gael y syniad o dalu ceiniog yr wythnos i'r crïwr i ddod i gyhoeddi'r newyddion yn yr Hen Lew Du unwaith y dydd.

'Wedyn does dim rhaid i neb adael y dafarn i glywed y newyddion. Mae'r newyddion yn dod atyn nhw bob dydd heb iddyn nhw orfod symud modfedd o'u seddi,' ychwanegodd.

Roedd y newyddion, fel bob amser, yn sych ac anniddorol. Pobl yn cwyno am dyllau yn y ffordd a checru rhwng cymdogion, bod tomen gachu un ohonynt yn rhy agos i gegin y llall ac yn y blaen. Yna, ar ddiwedd y datganiad hirwyntog, daeth y daranfollt.

'Clywch, clywch! Clywch, clywch!' gwaeddodd y crïwr eto gan agor darn o femrwn gyda sêl y brenin arno. 'Mae Ei Fawrhydi y Brenin Edward y Trydydd wedi datgan ei fod am adeiladu llety hela yng nghyffiniau Aberteifi ar gyfer ei fab Edward Woodstock, Tywysog Cymru. Enw'r ffordd newydd rhwng Caerfyrddin ac Aberteifi fydd Ffordd Tywysog Cymru!' meddai'n uchel. Aeth yn ei flaen i gyhoeddi mwy o newyddion ond erbyn hynny doedd neb yn gwrando arno.

'Gwych! Mi fydd hynny'n golygu y bydd mwy o bobl yn teithio o Gaerfyrddin i Aberteifi, felly mwy o gwsmeriaid i'r dafarn, heb sôn am y bobl o safon fydd yn teithio heibio'r dafarn i'r llety hela newydd 'ma,' meddai Dyddgu gan roi ei breichiau amdanaf a'm gorfodi i ddawnsio o gwmpas yr ystafell gyda hi.

'Gwych! Meddyliwch am yr holl farchogion a barwniaid ac

aelodau'r gosgorddlu fydd yn treulio amser yn y lle. y hela 'ma, bois,' gwaeddodd y Bwa Bach gan glapio'i ddwylo mewn gorfoledd.

'Bydd angen beirdd a chlerwyr i'w diddanu,' meddai Morfudd, gan afael yn ei gŵr a dechrau dawnsio o gwmpas yr ystafell.

'... yn enwedig beirdd o safon, fel fi,' meddai Madog.

'... a fi,' cytunodd Iolo, gan afael yn Madog a dechrau dawnsio o gwmpas yr ystafell.

Yno, yn ein canol, yn siglo'u pennau mewn anghrediniaeth, yr oedd Wil a Picil.

'Ydych chi'n siŵr am hyn?' gofynnodd Wil.

'Be ti'n feddwl?' gofynnodd Dyddgu, gan roi'r gorau i ddawnsio a pheri i mi hyrddio heibio iddi a tharo fy mhen yn erbyn wal y dafarn.

'A fydd 'na fwy o gwsmeriaid? Mae'r ffordd newydd 'ma'n bennaf ar gyfer mab y brenin a'i osgordd. Mewnfudwyr. Saeson. Uchelwyr o Saeson ar hynny. Fyddan nhw ddim yn dod i'r Hen Lew Du. Mi fyddan nhw'n dod â'u gwin a'u diod eu hunain ac yn gloddesta yn y lleto hela,' meddai Wil, cyn troi at y Bwa Bach a Morfudd.

'A fyddan nhw ddim am ddefnyddio beirdd a chlerwyr o Gymru. Mae ganddyn nhw eu diddanwyr Seisnig a Normanaidd eu hunain,' ychwanegodd, cyn troi at Madog ac Iolo. 'Heblaw, wrth gwrs, eich bod chi am gefnu ar y Gymraeg a dechrau barddoni yn Saesneg i roi hwb i'ch gyrfa.'

'Does dim perygl o hynny, nag oes, Madog?' meddai Iolo gan edrych ar ei gyfaill.

'Hmmm. Sbo,' atebodd hwnnw.

'Ac yn waeth na hynny, maen nhw'n mynd i adeiladu lleto hela, sy'n golygu y byddan nhw'n lladd holl anifeiliaid gwyllt yr ardal,' gorffennodd Wil.

Tawelodd bawb unwaith eto pan ddaeth gwaedd arall o enau'r crïwr tref.

'Clywch, clywch! Clywch, clywch!' meddai'n uchel cyn agor darn arall o femrwn gyda sêl y brenin arno. 'Bydd y ffordd newydd – sef Ffordd Tywysog Cymru – yn mynd drwy dafarn yr Hen Lew Du, a fydd yn cael ei dymchwel. Yn ogystal, bydd holl drigolion Ceredigion a Sir Gâr yn gorfod talu mwy o dreth i adeiladu ffordd y brenin. Bydd arolygwyr y brenin yn cyrraedd maes o law.'

Roedd y dafarn yn hollol dawel ar wahân i sŵn siffrwd y memrwn wrth i'r crïwr tref ei rolio ar gau, cyn iddo anelu am y bar i dorri'i syched.

'Dyna beth sy'n dod o ddechrau rhyfel creulon yn erbyn Ffrainc,' meddai Wil.

'Be ti'n feddwl?' gofynnodd Dyddgu, gan geisio sychu'r dagrau o'i llygaid gyda llawes ei mantell.

'Mae'r brenin angen codi trethi uchel ar y werin i dalu am y rhyfel,' esboniodd Wil.

'Rwyt ti'n iawn, Wil. Mi ddylen ni fod yn ffrindiau gyda'r Ffrancod yn hytrach na gwneud gelyn ohonyn nhw. Meddyliwch am yr holl fusnes sy'n cael ei golli oherwydd yr anghydfod. Mae peidio â derbyn gwin Bordeaux yn andwyol iawn i fusnes,' meddai Dyddgu.

'Ond does dim yn ein hatal rhag ffurfio cytundebau gwell gyda gwledydd eraill fel Sbaen,' meddai Morfudd yn siarp.

'A beth am yr holl wlân sy'n cael ei fewnforio o Fflandrys, heb sôn am yr holl fewnfudwyr o Wlad Belg sy'n cael eu cyflogi fel bugeiliaid ar draul ein bugeiliaid ni! Mae'n golygu bod prisiau gwlân ein ffermwyr ni'n gostwng, ac mae'n creu diweithdra ymhlith ein bugeiliaid brodorol!' taranodd Madog Benfras.

'Cytuno'n llwyr, Madog. Po leia ry'n ni'n ei wneud gydag estroniaid y cyfandir, gorau fydd hi,' meddai Iolo.

'Ond Iolo! Madog! Mi gawsoch chi gyfle i brofi diwylliant ac iaith Ffrainc yn ddiweddar. Byddai dod â'r rhyfel i ben yn golygu bod pob bardd yn gallu teithio'n rhydd rhwng y ddwy wlad a rhannu syniadau mewn ysbryd o frawdoliaeth,' meddai'r Bwa Bach.

Edrychodd ei wraig yn ddirmygus arno, a sylweddolais fod y ddadl yn dechrau ffyrnigo.

'Falle ddylen ni ganolbwyntio ar geisio achub yr Hen Lew Du,' meddwn. Gwenodd Dyddgu'n wresog arna i.

'Beth am gychwyn deiseb neu anfon llythyr cryf at yr awdurdodau?' awgrymodd Iolo.

'Be 'di'r pwynt? Dy'n ni ddim yn perthyn i unrhyw un pwysig,' meddai Dyddgu'n ddigalon.

'Mae Dafydd yn perthyn yn agos i ffrind y brenin, Syr Rhys ap Gruffydd,' meddai Madog.

'Ti'n iawn, Madog,' cytunodd Iolo.

'Digon gwir. Ond mae e yn dal i fod yn Calais o be dwi'n ei ddeall, a dyw e ddim y math o ddyn fyddai am herio'r brenin ar unrhyw gyfrif,' meddwn. 'Mae e hyd yn oed wedi newid ei enw o Gruffydd i Gruffudd erbyn hyn.'

'Ddywedodd y crïwr tref y byddai arolygwyr y brenin yn cyrraedd cyn bo hir. Beth am geisio'u llwgrwobrwyo nhw?' awgrymodd y Bwa Bach.

'Na. Maen nhw'n chwedlonol am fod yn gwbl anllygredig. Maen nhw'n cael eu talu mor dda fydden nhw byth yn mentro, rhag ofn iddyn nhw golli'u swyddi,' meddai Madog.

'... heb sôn am y gosb sydd am geisio'u llwgrwobrwyo,' meddai Morfudd. 'Cadwa mas o hyn, Bwa Bach. Wedi'r cyfan, dim ond tafarn geiniog a dime yw hi. Gallwn ddod o hyd i rywle arall i ymarfer,' ychwanegodd, gan wenu'n sur ar Dyddgu.

'Mae gen i syniad,' meddai Wil, gan wenu'n siriol ar Dyddgu.

'Beth yw e, Wil?' gofynnodd hithau.

'Clywais stori gan saethwr toc cyn brwydr ffyrnig Saint-Omer yn y rhyfel creulon yn erbyn Ffrainc ...' dechreuodd Wil cyn imi ymyrryd.

'Oeddet ti wrthi'n coginio bwyd ar y pryd?' gofynnais yn awgrymog, gan edrych i fyw ei lygaid.

'Fel mae'n digwydd, ry'ch chi'n llygad eich lle, syr,' atebodd Wil yn ddigywilydd, cyn troi at Dyddgu unwaith eto. 'Roedd y saethwr yn dod o bentref o'r enw Gotham yn Swydd Nottingham. Dywedodd fod y Brenin Ioan wedi penderfynu adeiladu ffordd drwy'r pentref yn 1210 gan orfodi'r pentrefwyr i ysgwyddo'r baich ariannol. Ond llwyddon nhw i orfodi'r brenin i roi'r gorau i'r cynllun.' Oedodd Wil am ennyd.

'Sut?' gofynnodd Dyddgu.

'Penderfynodd trigolion Gotham esgus eu bod yn wallgof. Mae pawb yn gwybod bod gwallgofrwydd yn gallu bod yn heintus, felly mi ddyfeision nhw ffyrdd o berswadio'r arolygwyr eu bod yn wallgof. Penderfynodd arolygwyr y brenin ei bod hi'n rhy beryglus adeiladu'r ffordd drwy'r pentref rhag ofn iddyn nhw wneud y brenin, y barwniaid a'u gosgordd yn wallgof. Dynion Doeth Gotham roedd fy ffrind yn eu galw, ac mi allem ni fod yn Ddynion ...'

'... a Merched,' torrodd Dyddgu ar ei draws.

'Ie. Dynion a Merched Doeth Aberteifi,' cytunais.

'Neu Ferched a Dynion Doeth Aberteifi,' ychwanegodd Dyddgu.

'Neu i fod yn hollol gytbwys ... Athrylithoedd Aberteifi,' ychwanegodd Wil.

Gyda hynny, rhuthrodd plentyn oddeutu deng mlwydd oed i mewn i'r dafarn, edrych yn wyllt o'i gwmpas, a gweld y crïwr tref yn sefyll wrth y bar gyda'i gloch yn ei ymyl. Sibrydodd yn frwd yng nghlust y crïwr. Cododd hwnnw, gan gamu i ganol yr ystafell a chanu'r gloch.

'Clywch, clywch! Clywch, clywch! Mae Arolygwyr Ffordd Tywysog Cymru wedi cyrraedd yn gynnar ac maent ar gyrion y dref,' gwaeddodd.

'Beth wnawn ni?' gofynnodd Dyddgu wrth i'r crïwr tref adael y dafarn i ledaenu'r newyddion i weddill trigolion Aberteifi.

Safodd y Bwa Bach, Morfudd, Madog ac Iolo yno'n syllu arni.

'Mae hi ar ben arna i.'

A dweud y gwir, roeddwn yn tueddu i gytuno â hi, oherwydd o weld wynebau fy nghyfoedion barddol roedd hi'n amlwg nad oedd ganddyn nhw syniad beth i'w wneud. Ond yn ffodus, roedd gen i ateb.

'Rwy'n siŵr y gall Wil ein helpu allan o'r twll 'ma,' awgrymais.

Gwenodd Dyddgu'n obeithiol arna i.

'Wyt ti, Dafydd? Diolch,' sibrydodd Wil. Caeodd ei lygaid am ychydig cyn ochneidio ac ychwanegu, 'Bydd angen whilber, gwialen bysgota, llysywen a dau forthwyl arnon ni.'

'Beth ar y ddaear wnawn ni gyda'r rheiny?' gofynnodd Dyddgu.

'Well iti esbonio dy gynllun cyfrwys, Wil,' meddwn.

II

Cyrhaeddodd yr arolygwyr toc cyn *Vespers*. Roedd Dyddgu wedi cael gwared ar weddill y cwsmeriaid o'r dafarn er mwyn inni allu rhoi ein cynllun ar waith. Erbyn hyn roedd hi wedi nosi ac roeddwn i a Wil yn gwylio'r olygfa drwy ffenest yr Hen Lew Du yng ngolau'r lleuad.

Bu Dyddgu'n gwrtais iawn wrth gyfarch y ddau ddyn tal oedd ill dau'n gwisgo cotiau du hir. Roedd un ohonynt gryn dipyn yn hŷn na'r llall. Hwnnw, mae'n amlwg, oedd y Prif Arolygydd.

'Rydym yn cael ar ddeall bod y crïwr tref wedi'ch hysbysu, fel perchennog y dafarn, y bydd yn rhaid iddi gael ei dymchwel ar gyfer Ffordd Tywysog Cymru,' meddai'r Prif Arolygydd.

'Bendith ar Dywysog Cymru a'r brenin,' ategodd yr Is-arolygydd.

'Ond y dafarn yma yw fy mywoliaeth. Beth wnaf i hebddi? Dwi'n wraig weddw. Ydi'r brenin yn bwriadu talu iawndal?'

'Iawndal? Mae angen pob ceiniog ar y wlad i gefnogi'r rhyfel gogoneddus sy'n cael ei arwain mor ddewr gan y brenin a Thywysog Cymru yn erbyn Ffrainc,' taranodd y Prif Arolygydd.

'Bendith ar Dywysog Cymru a'r brenin,' meddai'r Is-arolygydd eto.

'Yn wir, chwychwi ddylai fod yn talu i ni am y fraint o glirio'r twll 'ma i baratoi'r ffordd fydd yn tywys y brenin a Thywysog Cymru i'r llety hela,' ychwanegodd y Prif Arolygydd.

'Bendith ar Dywysog Cymru a'r brenin,' meddai'r Is-arolygydd.

Roedd y Prif Arolygydd ar fin siarad eto pan glywson nhw sŵn gweiddi o gornel y bar.

'Beth yw'r holl sŵn 'ma?' gofynnodd y Prif Arolygydd gan frasgamu i'r gornel lle roedd y Bwa Bach a Morfudd wrthi'n clymu rhaffau o amgylch whilber.

'Peidiwch â dod gam yn nes,' meddai Morfudd wrth i'r Bwa Bach orffen rhoi'r rhaffau am y whilber.

'Pam lai, fenyw?'

'Am fod y whilber hon newydd gael ei chnoi gan gi sy'n dioddef o'r gynddaredd. Ry'n ni wedi dod â'r whilber yma rhag ofn iddi fynd yn wallgof ac ymosod ar bawb.'

'Mae fy mrawd Morfudd yn iawn,' meddai'r Bwa Bach gan rolio'i lygaid a cheisio edrych mor wallgof â phosib. 'Beth petai'r whilber yn cnoi rhywun ... y brenin neu Dywysog Cymru, falle?'

'Bendith ar Dywysog ...'

'Cau dy geg,' ysgyrnygodd y Prif Arolygydd ar ei ddirprwy.

Fy nhro i oedd hi i dynnu sylw'r arolygwyr.

'Rwy'n credu 'mod i wedi'i ddal. Helpwch fi. Helpwch fi!' gwaeddais. Rhuthrodd yr arolygwyr tuag ataf.

'Beth sy'n bod, ddyn?' gofynnodd y Prif Arolygydd gan syllu arna i.

Roeddwn yn eistedd wrth ymyl y ffenest gyda gwialen bysgota yn fy llaw ger casgen yn llawn dŵr.

'Damio. Dwi wedi ei golli eto,' meddwn, gan ochneidio'n hir.

'Beth y'ch chi'n ceisio'i ddal? Pysgodyn?' gofynnodd y Prif Arolygydd gan edrych i mewn i'r gasgen.

Chwarddais yn uchel. 'Pysgodyn? Pam fyddwn i'n defnyddio gwialen bysgota i ddal pysgodyn? Rwy'n ceisio dal y lleuad, wrth gwrs,' meddwn.

Pwysais ymlaen a syllu ar yr adlewyrchiad o'r lleuad yn y dŵr. Codais ar fy nhraed. Dyna oedd yr arwydd i Wil redeg i mewn o gegin y dafarn. Yn ei ddwylo roedd llysywen fyw, oedd yn straffaglu i ddod yn rhydd o afael fy ngwas.

'Allan o'r ffordd! Allan o'r ffordd!' gwaeddodd Wil gan redeg rhwng y ddau arolygydd a gwthio'r llysywen o dan y dŵr.

'Beth yn y byd y'ch chi'n ceisio'i wneud?'

'Ceisio boddi'r llysywen 'ma,' atebodd Wil, gan esgus ei fod yn dal i frwydro gyda'r creadur.

'Ond allwch chi ddim boddi ...' dechreuodd yr Is-arolygydd, cyn i'w gydymaith roi ei law dros ei geg i'w atal rhag dweud mwy.

'Hmmm,' meddai'r Prif Arolygydd, gan anwesu ei ên.

Gyda hynny daeth sŵn morthwylio o ochr arall y dafarn. Yno roedd Madog ac Iolo ar eu pengliniau, yn defnyddio morthwyl i dorri gris cyntaf y grisiau a arweiniai at yr ystafelloedd gwely ar lawr cyntaf y dafarn.

'Beth yn y byd y'ch chi'n ei wneud fan hyn?' gofynnodd y Prif Arolygydd.

Cododd Madog ac Iolo ar eu traed.

'Maen nhw'n addo glaw trwm dros y dyddiau nesaf. Felly ry'n ni'n tynnu'r grisiau rhag ofn inni gael llifogydd,' meddai Madog.

'Ond pam fod angen tynnu'r grisiau?'

Chwarddodd Iolo'n uchel. 'Ydych chi'n wallgof? I atal y dŵr rhag cyrraedd yr ystafelloedd gwely ar y llawr cyntaf. Mi allai pawb foddi yn eu ffrwcsyn gwelyau,' meddai.

Bu cryn sibrwd am gyfnod rhwng yr arolygwyr cyn i'r Prif Arolygydd ofyn i bawb ymgynnull o'i flaen.

'Mae popeth i'w weld yn ei le fan hyn,' meddai, gan wenu arnom.

'Ond doeddech chi ddim yn meddwl bod pawb yn ymddwyn braidd yn ... wel ... od?' gofynnodd Dyddgu.

'Ydi, mae whilber yn dioddef o'r gynddaredd, pysgota am y lleuad, ceisio boddi llysywen a cheisio atal llifogydd rhag esgyn grisiau yn hynod o od ... oni bai, wrth gwrs, eich bod wedi clywed am Ddoethion Gotham,' meddai'r Prif Arolygydd yn faleisus.

'Ddwedais i wrth Wil na fyddai'n gweithio. Pam wnaethon ni gytuno â syniad mor hurt?' sibrydais wrth Dyddgu.

'Ddim dy fai di yw e, Dafydd. Syniad gwallgof arall gan hwn,' sibrydodd honno'n ôl gan edrych yn ddirmygus ar Wil, a safai yno a'i ben yn ei blu.

'Bydd y gwaith o ddymchwel y dafarn yn dechrau yn syth ar ôl y Nadolig,' meddai'r Prif Arolygydd.

'Ymhen deg wythnos!' ebychodd Dyddgu.

'Beth fyddai'r telerau ar gyfer atal y gwaith a dargyfeirio ffordd Tywysog Cymru,' gofynnodd Wil gan gamu o flaen yr arolygwyr.

'Bendith Duw arno,' meddai'r Is-arolygydd.

Camodd y Prif Arolygydd yn nes at Wil. 'Ydych chi'n ceisio llwgrwobrwyo arolygwyr y goron?' sibrydodd.

'Ydw,' atebodd Wil heb oedi.

'Beth mae e'n ei awgrymu yw ... cynllun amgen i ddatrys yr anghydfod,' meddwn yn nerfus.

'Rwy'n siŵr y gallem ystyried dargyfeirio'r ffordd heibio'r dafarn i Landudoch,' sibrydodd y Prif Arolygydd, 'petaech chi'n cynnig ... ahem ... anrheg ... hael i'r ddau ohonom.'

'Faint?'

'Deg punt.'

'Ond mae hynny bron yn bridwerth marchog!' ebychodd y Bwa Bach.

Camodd Madog Benfras ymlaen gan droi at Iolo Goch.

'Memrwn, inc a chwilsyn os gweli di'n dda, Iolo,' meddai'n awdurdodol.

Tynnodd hwnnw'r deunyddiau hynny o'i ysgrepan fel chwip a'u rhoi i Madog.

'Bydd angen ichi arwyddo cytundeb ffurfiol, wrth gwrs. Yn fy mhrofiad i mae angen cytundeb manwl i osgoi unrhyw amryfusedd,' meddai hwnnw, gan edrych yn swrth ar y Bwa Bach a Morfudd.

Gwenodd y ddau arolygydd. 'Dwi ddim yn credu y byddai'n ddoeth i Arolygwyr ei Mawrhydi arwyddo cytundeb o'r fath. Yn anffodus bydd yn rhaid ichi dderbyn ein gair,' meddai'r Prif Arolygydd.

'Ta beth, does gen i ddim deg punt. Mae pethau wedi bod yn anodd iawn yn ddiweddar. Dim ond dwy bunt sydd gen i wrth law,' meddai Dyddgu.

Tynnodd y darnau arian o'i gwregys a'u cynnig i'r Prif Arolygydd. Cymerodd hwnnw'r arian yn ei law chwith, tynnu cwdyn lledr o boced dde ei gôt a rhoi'r ddwy bunt ynddo cyn ei roi yn ôl ym mhoced ei gôt.

'Beth petaen ni i gyd yn cyfrannu at yr achos?' gofynnais gan edrych ar fy nghyd-feirdd.

'Syniad da ...' dechreuodd y Bwa Bach, cyn cael cic yn ei ffêr gan Morfudd.

'Syniad da ... ond yn anffodus mae ein coffrau'n isel iawn ar hyn o bryd yn dilyn ein taith hir a chostus ar draws Môr y Canoldir i Avignon,' meddai Morfudd.

'Peidiwch ag edrych arnom ni. Dim ond beirdd tlawd ar gyflog isel ydyn ni,' meddai Madog, gan syllu'n gyhuddgar ar Morfudd a'r Bwa Bach.

Syllais innau'n gyhuddgar ar Madog. 'Does gen i ddim ceiniog chwaith, am fy mod wedi talu pum punt i Madog ac Iolo y bore 'ma,' meddwn. Gwgodd Madog arna i. 'Mae'r arian yn y cwdyn sy'n crogi o'i wregys. Yr un gyda'r llythrennau *MB* arno,' ychwanegais.

'O Madog! Iolo! A fyddech chi'n fodlon fy helpu?' gofynnodd Dyddgu.

'Wel ... mae pethau'n anodd iawn arnom ar hyn o bryd ...' dechreuodd Madog wrth i Iolo dynnu darn o femrwn o'i ysgrepan.

'... ond mi allwn ni fenthyca'r bum punt iti, Dyddgu,' meddai Iolo '... ugain y cant o log bob dydd am y pum diwrnod cyntaf, yna ad-daliad o ddau ddeg pump y cant am yr wythnos ganlynol, gan godi i bump y cant yn ddyddiol o hynny ymlaen. Ad-daliadau i'w talu'n llawn. Mae cyfyngiadau ynghlwm,' ychwanegodd yn gyflym.

'O'r gorau,' meddai Dyddgu gan arwyddo'r ffurflen yn gyflym. Rhoddodd Madog ei gwdyn arian i'r Prif Arolygydd a'i hagorodd, cyfri'r pum punt, rhoi'r arian yn ôl yn y cwdyn a rhoi'r cwdyn ym mhoced chwith ei gôt.

'Dyna saith bunt felly. Ond mae angen tair punt arall,' meddai'r Prif Arolygydd gan edrych ar bob un yn eu tro.

'Gallaf i gyfrannu,' meddai Wil gan blygu, tynnu cyllell o'i esgid a'i phwyntio at yr Arolygwyr.

'Wil. Paid â bod yn hurt, dyw e ddim werth e,' meddwn. Ond nid ymosod ar yr Arolygwyr oedd bwriad Wil. Taflodd y gyllell i'r awyr a'i dal wyneb i waered. Roedd bôn y gyllell yn disgleirio'n llachar yng ngoleuni canhwyllau'r bar.

'Enillais hon wrth ymladd ar flaen y gad ym mrwydr greulon Saint-Omer pan fu farw wyth mil o ddynion,' meddai Wil, gan osgoi edrych i fy llygaid. A bod yn deg iddo, roedd hynny, o leiaf, yn wir.

'Cefais fy anafu a'm taro'n anymwybodol yn ystod y frwydr, ond yn ffodus i mi roeddwn wedi glanio o'r golwg dan gorff ceffyl celain. Pan ddihunais roedd y frwydr ar ben ac yn fy ymyl roedd corff y Dug d'Armagnac. Ger ei gorff gorweddai'r dagr yma sydd wedi'i addurno â gemau gwerthfawr: amethyst, jiwt ac un diemwnt yn y canol,' meddai Wil gan edrych ar Dyddgu. 'Cadwais y dagr gan addo i mi fy hun na fyddwn i'n ei werthu ond mewn argyfwng. Ac mae'r diwrnod hwnnw wedi cyrraedd. Mae'n werth o leia dwbwl beth rydych chi wedi gofyn amdano. Ewch ag ef ... a gadewch inni fod,' ychwanegodd.

'Ond, Wil ...' ebychodd Dyddgu.

'Na. Dwi wedi penderfynu. Mae'r amser yn iawn,' gorffennodd Wil gan roi'r gyllell yn nwylo'r Prif Arolygydd. Astudiodd hwnnw hi'n fanwl a'i throi drosodd a throsodd.

Tra oedd y Prif Arolygydd yn astudio'r dagr edrychais drwy ffenest y dafarn a gweld dau ddyn yn cerdded drwy borth wal Aberteifi o'r dwyrain i gyfeiriad sgwâr y dref, lle roedd y crïwr yn paratoi ei ddatganiad olaf am y dydd ar gyfer *Compline*.

Dechreuodd y tri siarad yn frwd gan droi i edrych ar y dafarn bob hyn a hyn.

Roedd yr Is-arolygydd wedi sylwi ar y dynion hefyd, a chamodd yn gyflym tuag at y Prif Arolygydd.

'Dyw'r dagr yma'n werth dim ...' dechreuodd hwnnw ddweud, ond ni chafodd gyfle i orffen y frawddeg am fod yr Is-arolygydd yn sibrwd yn ei glust.

Camais innau draw at Wil yn gyflym hefyd a sibrwd yn ei glust yntau.

'Fel ro'n i'n dweud, dyw'r dagr yma'n werth dim ... llai na deg punt ... felly, ry'n ni'n derbyn eich rhodd gan ddatgan eich bod wedi talu'n llawn. Nawr ein bod wedi archwilio'r dirwedd a'r lleoliad, ein penderfyniad yw y dylid dargyfeirio Ffordd Tywysog Cymru drwy Landudoch. Ffarwél!' meddai'r Prif Arolygydd.

Camodd y ddau arolygydd yn gyflym at ddrws cefn y dafarn. Rhedais i a Wil ar eu holau.

'Gadewch imi agor y drws ichi, foneddigion,' meddwn, gan gamu heibio'r arolygwyr i agor y drws. Bu'n rhaid i'r ddau sefyll yno am ennyd wrth imi straffaglu i agor y drws trwm. Cerddodd y ddau allan drwy'r drws heb yngan gair arall.

Gwyliais i a Wil y ddau'n cerdded yn eu blaenau heibio'r efail a siop yr apothecari i gyfeiriad y castell ac afon Teifi. Yno ymunodd plentyn â nhw. Er ei bod hi'n dywyll gallem weld yng ngolau'r lleuad fod y bachgen yn edrych yn debyg iawn i'r plentyn a hysbysodd y crïwr tref fod yr arolygwyr ar eu ffordd. Rhwbiodd y Prif Arolygydd wallt y bachgen a cherddodd y tri ymaith i'r tywyllwch.

III

Erbyn hynny roedd Dyddgu wedi dod â sawl piser o win allan o'r tu ôl i'r bar i ddathlu ein llwyddiant.

'I'r Hen Lew Du. Hir oes!' meddai Madog gan gymryd llwnc hir o'i win.

'Cytuno'n llwyr,' meddai Iolo Goch gan orffen ei win mewn un llwnc.

'A hir oes i Wil ap Dafydd!' meddai Dyddgu, cyn cusanu Wil ar ei wefusau, wincio arno a sibrwd ei diolch.

Gwrthod y gwin oedd o'i blaen wnaeth Morfudd. 'Nawr bod y ffair 'na drosodd, beth am gael ymarfer ar gyfer y daith?' meddai'n sur. 'Wil! Ble mae'r llygoden Ffrengig 'na?'

Syrthiodd Madog ar ei bengliniau. 'Neidia ar fy nghefn, Iolo,' gwaeddodd wrth i Iolo dderbyn yr adenydd ffug o ddwylo Morfudd a dringo ar ysgwyddau Madog i baratoi ar gyfer perfformiad arall o 'Daedalws ac Icarws'.

'Dafydd! Dere mla'n. Fe gawn ddechrau gyda ti a'r ... llygoden Ffrengig 'na!' gwaeddodd Morfudd arnaf gan glapio ei dwylo.

'O'r gorau,' atebais wrth i Wil redeg i ymofyn Picil o'i gaets yn y gegin. Oedais am ennyd i edrych allan drwy ffenest flaen y dafarn unwaith eto. Gwelais fod y ddau ddyn yn dal i sgwrsio'n frwd gyda'r crïwr tref. Dim ond yn ddiweddarach y noson honno, ar ddiwedd yr holl helynt, y cafodd y crïwr tref gyfle i sôn wrthyf am gynnwys y sgwrs ryfeddol honno.

IV

'Ble allwn ni aros am y noson? Ry'n ni wedi teithio o Gastellnewydd Emlyn heno, ac mae fy nhraed i'n rhacs ar ôl cerdded ar hyd y ffordd uffernol 'na,' meddai'r dyn cyntaf wrth y crïwr tref yn swrth.

'Dewch mla'n, ddyn, does ganddon ni ddim drwy'r nos,' meddai'r dyn arall yn ddiamynedd.

'Peidiwch â siarad 'da fi fel'na. Ydych chi'n sylweddoli pwy rydych chi'n ei gyfarch?' gofynnodd y crïwr tref yn ffroenuchel.

'O weld y gloch a'r het wirion, dwi'n tybio mai chi yw crïwr tref Aberteifi,' meddai'r dyn cyntaf.

'Ond a ydych *chi*'n sylweddoli pwy rydych chi'n eu cyfarch?'

gofynnodd yr ail ddyn, gan dynnu darn o femrwn o'i gôt a'i ddangos i'r crïwr.

Griddfanodd hwnnw pan welod sêl y Brenin Edward y Trydydd ar y llythyr.

'Ry'ch chi'n siarad ag Arolygwyr Ffyrdd ei Fawrhydi y Brenin Edward y Trydydd. Ni sy'n gyfrifol am y ffordd newydd, sef Ffordd Tywysog Cymru, a fydd yn cael ei hadeiladu drwy'r dref hon,' meddai'r dyn cyntaf.

'Bendith Duw ar y brenin a Thywysog Cymru,' meddai'r ail ddyn.

'Dyna od. Dyna'r union eiriau a ddefnyddiodd y ddau arolygydd arall,' meddai'r crïwr tref.

'Pa arolygwyr eraill?'

'Y ddau a ymwelodd â'r dref yn gynharach heno ... mi gyhoeddais i eu bod wedi cyrraedd pan ddaeth y bachgen i ddweud wrtha i.'

'Bachgen? Tua deg oed? Tua'r taldra hyn?' gofynnodd yr arolygydd cyntaf, gan osod ei law ychydig yn uwch na'i ganol. 'Ac a oedd ganddo wallt hir du?'

'Oedd.'

'Yr un a ddywedodd yr un celwydd wrth grïwyr tref Trelech a Boncath ddoe, mae'n siŵr,' meddai'r arolygydd cyntaf wrth y llall.

'A'r un oedd yng Nghynwyl Elfed cyn hynny, mae'n debyg,' meddai'r ail arolygydd.

'A ble mae'r ddau arolygydd arall nawr?' gofynnodd yr arolygydd cyntaf.

'Dwi ddim yn hollol siŵr. Ro'n nhw yn nhafarn yr Hen Lew Du draw fan' co gynnau ... pobl hyfryd ... wrth gwrs, mi fyddech chi'n gwybod hynny ...' Tawelodd y crïwr tref yn sydyn pan wawriodd y gwirionedd arno. 'Does dim dau arolygydd arall, nag oes e?'

Amneidiodd y ddau oedd o'i flaen yn gadarnhaol, cyn esbonio bod yr arolygwyr ffug a'r bachgen ifanc eisoes wedi twyllo tafarnwyr yng Nghynwyl Elfed, Trelech a Boncath.

Roedd y ddau ddihiryn wedi clustfeinio ar yr arolygwyr go iawn yn trafod manylion Ffordd Tywysog Cymru mewn tafarn yng Nghaerfyrddin dridiau ynghynt, ac wedi bachu ar y cyfle i deithio o'u blaenau o un dref i'r llall i gael eu llwgrwobrwyo ar hyd y ffordd arfaethedig.

'Mi ddylech chi fod wedi profi dilysrwydd y bachgen cyn derbyn ei dystiolaeth a lledaenu'r newyddion ffug. Rhag eich cywilydd chi,' taranodd yr arolygydd cyntaf.

'Ac mi ddylech chi fod wedi bod yn fwy gofalus cyn siarad am eich cynlluniau mewn man cyhoeddus,' taranodd y crïwr tref yn ôl.

'Does dim allwn ni ei wneud am hynny nawr. Ond mae'n dal yn wir bod y ffordd yn gorfod mynd trwy dafarn yr Hen Lew Du,' meddai'r arolygydd cyntaf. 'Well inni gael gair gyda'r perchnogion, gan obeithio na chawsant eu twyllo fel trigolion y trefi eraill.'

Cerddodd y ddau i'r dafarn ac agor y drws fel roeddwn i'n dechrau ar fy ymarfer gyda Picil.

Yn ôl y crïwr tref, cafodd fy mherfformiad effaith anhygoel ar y ddau arolygydd. Daliais Picil allan o fy mlaen ar gledr fy llaw a llefaru'r geiriau 'Giwrnod gybryd gu echdoe, Ga gu Guw â Gafydd goe. Gannhegyg, yn gull ganrheg, Oedd y gydd gechdoe i goe geg.'

Rhythodd yr arolygydd cyntaf arnaf yn gegagored.

'Mae'r llygoden ffyrnig 'na'n gallu siarad,' meddai'n syn.

'Ond mae ganddi nam gwael ar ei lleferydd, druan,' meddai'r ail arolygydd.

Gyda hynny cerddodd Madog Benfras allan o'r gegin yn sigledig gydag Iolo Goch ar ei ysgwyddau. Dechreuodd adrodd cerdd i gyfeiliant rhechfeydd Iolo.

'Ai rhechfeydd yw'r cyfeiliant?' gofynnodd yr arolygydd cyntaf yn anghrediniol.

'A phwy yw hwn?' gofynnodd yr ail arolygydd wrth i'r Bwa Bach redeg allan o'r gegin tuag at Madog ac Iolo yn ei wisg oren lachar.

'Beth yw'r gwallgofrwydd hyn?' gofynnodd yr arolygydd cyntaf gan gymryd cam ymlaen. Cafodd ei ddal yn ôl gan yr ail arolygydd.

'Ry'ch chi'n iawn. Maen nhw'n wallgof. Peidiwch â chymryd cam arall rhag ofn iddyn nhw'n heintio ni,' meddai hwnnw.

'Mae'n rhaid inni adael y dref yma ar unwaith,' meddai'r arolygydd cyntaf.

Trodd y ddau ar eu sodlau a rhuthro allan o'r Hen Lew Du.

'Ond beth am Ffordd Tywysog Cymru?' gofynnodd y crïwr tref gan redeg ar eu holau.

'Bydd yn rhaid inni ddargyfeirio'r ffordd drwy Landudoch,' meddai'r ail arolygydd dros ei ysgwydd, wrth iddo redeg nerth ei draed ar ôl ei gydymaith.

Collodd y ddau arolygydd ddiweddglo'r perfformiad felly, gydag Iolo'n neidio oddi ar ysgwyddau Madog ac yn glanio mewn casgen lawn dŵr yng nghanol y dafarn.

Yr eiliad honno dychwelodd y crïwr tref i'r dafarn.

'Clywch, clywch! Clywch, clywch! Mae gen i newyddion syfrdanol,' gwaeddodd yn uchel. Cafodd Iolo gymaint o fraw nes iddo lanio yn y gasgen ddŵr heb gael cyfle i ledu ei freichiau a'i adenydd. O ganlyniad aeth yn hollol sownd yn y gasgen. Bu'n rhaid iddo eistedd yno'n gwrando ar y crïwr tref yn adrodd yr hanes am yr arolygwyr ffug ac am benderfyniad yr arolygwyr go iawn i achub yr Hen Lew Du.

Safodd pawb yn stond am ychydig yn pendroni ynglŷn â'r arolygwyr ffug a'r arolygwyr go iawn. Pawb ond Iolo, a oedd yn gweiddi, 'All rhywun fy nhynnu i mas o fan'ma?'

'Felly, mae'r Hen Lew Du yn ddiogel ta beth oherwydd bydd Ffordd Tywysog Cymru'n cael ei dargyfeirio drwy Landudoch,' meddai Madog, gan anwybyddu Iolo.

'Ti yn llygad dy le, fel arfer, Madog,' meddwn, cyn i Iolo weiddi drachefn,

'Dwi'n wlyb diferu ac yn rhewi fan hyn. All rhywun fy rhyddhau i, os gwelwch yn dda?'

'Felly, Wil, roedd dy aberth yn rhoi'r dagr i'r twyllwyr yn un hollol seithug,' meddai Morfudd yn sbeitlyd.

'Ti'n iawn, yn anffodus,' meddai'r Bwa Bach, a oedd yn teimlo trueni dros Wil.

'Oedd,' meddai Wil yn drist.

''Sen i ddim yn dweud hynny,' meddai Dyddgu. 'Y weithred garedig oedd yn bwysig, nid y canlyniad.' Winciodd ar Wil cyn gofyn, 'Wyt ti am ddod i'r gegin i'm helpu i fwydo Picil?'

'O'r gorau,' atebodd hwnnw cyn codi a dilyn Dyddgu i'r gegin.

'Oes gan rywun gyllell i dorri'r ffrwcsyn adenydd 'ma'n rhydd o'm breichiau?' gwaeddodd Iolo am y trydydd tro wrth i Wil gerdded heibio.

'O'r gorau. O'r gorau,' meddai Wil. Plygodd a thynnu cyllell o'i esgid dde. Torrodd yr adenydd cyn rhoi'r gyllell i'r naill ochr i helpu Iolo i godi o'r gasgen. Trodd i weld Dyddgu'n dal y gyllell ac yn ei hastudio'n ofalus.

'Ddwedest ti ddim fod gan y Dug d'Armagnac ddwy gyllell oedd yr un ffunud â'i gilydd,' meddai.

'Naddo? Mi anghofiais i ddweud, mae'n rhaid.'

'Pan ddaw'r gemydd i'r dref y tro nesa falle ofynna i iddo a ydyn nhw'n emau go iawn neu'n rhai ffug, fel yr arolygwyr.'

Ochneidiodd Wil. 'Ti'n iawn, Dyddgu, rhai ffug ydyn nhw. Brynais i nhw mewn marchnad yn Llundain ar y ffordd adre o Ffrainc,' cyfaddefodd.

Ysgydwodd Dyddgu ei phen mewn siom.

'Ond mi weithiodd fy nghast i achub y dafarn,' meddai Wil.

'Naddo ddim. Fel ddwedodd Morfudd, roedd dy aberth yn un hollol ddibwrpas.'

Trodd Dyddgu a brasgamu i'r gegin. Griddfanodd Wil. Roedd wedi methu â chipio calon Dyddgu unwaith eto.

V

Yn hwyrach y noson honno roedd Wil a minnau'n rhannu ystên o win yn ein hystafell wely.

'Dyna beth oedd diwrnod cofiadwy, Wil,' meddwn gan

gymryd llwnc hir o win. 'O leia fe lwyddon ni i achub y dafarn,' ychwanegais.

'Ond methais i ag ennill calon Dyddgu,' meddai Wil gan gymryd llwnc hir o'i dancard yntau.

'Ond mi gest ti afael ar rywbeth arall, gobeithio?'

'Do,' atebodd Wil, gan dynnu'r cwdyn lledr yn llawn arian roedd wedi'i ddwyn o boced côt y Prif Arolygydd ffug allan o'i wregys. Roeddwn innau wedi amau bod yr arolygwyr yn rhai ffug pan welais yr arolygwyr go iawn drwy'r ffenest ac roedd Wil wedi deall ar unwaith beth oedd y bwriad pan wnes i esgus straffaglu i agor drws y dafarn.

Agorodd Wil y cwdyn a thynnu'r arian allan cyn ei roi imi i'w gyfrif.

'Mae pymtheg punt fan hyn,' meddwn.

'Enillion y twyllwyr yng Nghhynwyl Elfed, Trelech a Boncath, mwy na thebyg.'

'Pymtheg punt ... sy'n golygu y gallaf ad-dalu'r pum punt sydd arna i i Madog ac Iolo, yn ogystal ag ad-dalu dyled Dyddgu o bum punt i Madog ac Iolo ... heb sôn am y bunt sydd arna i i Dyddgu am ein llety a'n diod ... a'r ddwy bunt o dâl aelodaeth ar gyfer cymdeithas beirdd C.R.A.P. Cymru. Sy'n golygu bod dwy bunt ar ôl. Ac yn fy marn i rwyt ti'n llwyr haeddu'r arian am ddwyn y cwdyn lledr oddi ar yr arolygydd ffug,' meddwn, gan daflu'r arian draw at Wil.

'Ond mae hynny'n golygu dy fod di'n waglaw.'

'I'r gwrthwyneb, Wil,' meddwn, gan dynnu sach ledr arall o boced chwith fy nghôt. Sach ledr gyda'r monogram *MB* arni.

'Tra oedd dy law di ym mhoced dde'r arolygydd ffug roedd fy llaw i yn ei boced chwith,' meddwn, gan dynnu pum punt allan o'r sach a wincio ar Wil.

'I'r dim, syr. I'r dim,' dywedodd Wil.

'Gwich Gwich,' cytunodd Picil gan wincio arna i o'i heisteddle ar ysgwydd chwith Wil.

I

Fel mae pawb o'r hen frid yn cofio bu gaeaf diwedd '46 a dechrau '47 yn un caled iawn. Cyrhaeddodd yr eira trwm a'r lluwchfeydd yng nghanol mis Tachwedd a'n cau i mewn nes i'r dadmer ddechrau tua chanol Mawrth. O ganlyniad bu'n rhaid i mi a Wil aros gyda Mami a Dadi, y buchod, y defaid a'r mochyn yn fy nghartref ym Mrogynin yng ngogledd Ceredigion dros y misoedd hir hynny. Mae'n siŵr nad ydych chi erioed wedi gorfod treulio wythnosau diddiwedd dan do gyda'ch perthnasau annwyl. Dyw e ddim yn rhywbeth y byddwn i'n ei argymell! O fewn pythefnos ro'n i'n eiddigeddus o'r mochyn oedd o leiaf â thwlc cyfan iddo'i hun.

Fodd bynnag, rhoddodd hynny gyfle inni greu nifer o gerddi newydd yn ystod y cyfnod segur hwn. Erbyn y gwanwyn roeddem wedi llwyddo i roi'r rhan fwyaf o'r cerddi newydd ar gof ar gyfer teithiau'r Cywyddwyr, Rhigymwyr, Awdlwyr a Phrydyddion ar draws Cymru dros yr haf.

Hefyd, bu'n rhaid imi gadw at fy addewid i ddysgu Wil i ddarllen ac ysgrifennu ar ôl iddo achub fy nghroen barddol yn ystod cyflafan yr Odl Odlwyr. Mae'n rhaid fy mod i'n athro penigamp oherwydd erbyn diwedd y gaeaf roedd Wil wedi llwyddo i ysgrifennu (drafft cyntaf) ein cerddi newydd mewn llythrennau bras.

Ar ddiwedd ein taith olaf y Tachwedd cynt roeddwn wedi trefnu i gwrdd â'r Bwa Bach, Morfudd a gweddill y beirdd yn Aberteifi ar y dydd Gwener cyntaf ym mis Ebrill. Roeddwn yn llawn brwdfrydedd wrth deithio o Lanbadarn Fawr i Aberteifi dros y ddeuddydd braf hynny o wanwyn. Wrth gyrraedd cyrion Aberteifi rhuthrais i fyny Banc y Warren i'r gogledd o'r dref.

Roeddwn am ymweld, yn ôl fy arfer, â'r man lle trechodd Gruffydd ap Rhys fyddin y Normaniaid ddau gan mlynedd ynghynt, ond roeddwn hefyd yn awyddus i gael fy nghipolwg cyntaf ers misoedd ar yr Hen Lew Du. Ond neidiodd fy nghalon i'm gwddf pan welais yr olygfa oddi tanaf. Roedd fel petai'r frwydr hynafol wedi'i hailgynnal. Gwae fi. Roedd y dafarn dan warchae. Rhedai dynion i mewn ac allan o'r drysau blaen a chefn. Roedd o leiaf hanner dwsin o ysbeilwyr eraill wedi llwyddo i ddringo i'r to gwellt, ac roeddent wrthi'n ei ddifrodi.

Dechreuais gamu am yn ôl gan obeithio nad oedd unrhyw un wedi fy ngweld, er mwyn imi gael cyfe i sleifio i ffwrdd a chael amser i feddwl. Ond cyn imi gael cyfle i gymryd cam gwelais lygaid Wil yn pefrio, fel rhai Pwyll, mae'n siŵr, pan welodd yntau Rhiannon am y tro cyntaf o'r un safle.

Rhuthrodd Wil i lawr y bryn gan weiddi 'Dyddgu!' nerth ei ben a chwifio'i ddagr o'i flaen. Ond wedi iddo gyrraedd y gwaelod daeth i stop a chwerthin nerth ei ben cyn troi a gweiddi,

'Dewch mla'n, syr, mae popeth yn iawn.'

Cerddais innau'n araf i lawr y bryn gan esgus fy mod wedi brifo fy ffêr. Pan ymunais â Wil sylweddolais nad milwyr yn distrywio'r dafarn oedd yno ond adeiladwyr. Yn eu canol roedd y Bwa Bach a Morfudd yn gweiddi gorchmynion ar y gweithwyr. Roedd hyd yn oed ffenestri drud yn cael eu gosod yn y dafarn.

'Beth yn y byd sy'n digwydd, Bwa Bach?' gofynnais.

'Ry'n ni'n adeiladu estyniad i gefn y dafarn, ac yna mi fyddwn ni'n adeiladu estyniad ar yr estyniad.'

'Bydd angen lle i eistedd ar gyfer y cannoedd fydd yn heidio yma,' ychwanegodd Morfudd yn llawn bwrlwm.

'Cannoedd? Heidio yma? Ond pam?'

'Cawsom y newyddion da ddoe. Neges gan y Pab Clement y Chweched ei hun,' esboniodd Morfudd.

'Pa newyddion?' gofynnais.

'Rwyt ti'n cofio i Morfudd a minnau fynd ar bererindod dros Fôr y Canoldir yn ystod haf y llynedd pan oeddet ti'n ymladd yn Ffrainc? Roedd y daith yn cynnwys ymweliad ag Avignon lle roeddwn wedi trefnu i gwrdd â'r Pab,' esboniodd y Bwa Bach.

'Wnest ti gwrdd â'r Pab?' gofynnais yng anghrediniol.

'Y gwir amdani yw ein bod wedi mynd yno ar ran Esgob Tyddewi, Henry de Gower. Fel rwyt ti'n gwybod, llwyddais i wneud fy ffortiwn fel adeiladwr, a phinacl fy ngyrfa oedd bod yn un o brif adeiladwyr Palas Esgob Tyddewi, yr East Range, y South Range a'r Neuadd Fawr. Mae'r adeiladwaith yn llawn bwtresi a bwâu o feini bychain. Dyna sut cefais i fy enw gan Esgob Tyddewi, am fy mod i'n creu'r bwâu bach hyn. Crefftwaith fydd yn para am ganrifoedd. Ta beth, roedd yr Esgob am adeiladu palas arall, sef palas haf yn Llandyfái. Felly mi es i â'r cynlluniau at y boi sydd â'r arian, sef y Pab yn Avignon. Tra o'n i yno, soniais am syniad a fyddai'n dod â phobl gwledydd Ewrop at ei gilydd er mwyn dod â heddwch i wledydd Cred.

'A beth oedd hwnnw?'

'Talwrn rhyngwladol i ddod â beirdd gorau Ewrop ynghyd mewn ysbryd o frawdoliaeth wareiddiedig. Twrnamaint barddol rhwng gwledydd mawr Ewrop, sef Lloegr, Ffrainc a'r Ymerodraeth Lân Rufeinig. Yn dilyn gwarchae Calais, mae 'na ryw fath o gadoediad rhwng Lloegr a Ffrainc ar hyn o bryd. Felly mae Edward y Trydydd o Loegr, Philip y Chweched o Ffrainc a Louis, Ymerawdr yr Ymerodraeth Lân Rufeinig, wedi cytuno i'r syniad a gyflwynais i'r Pab yn Avignon,' meddai'r Bwa Bach, cyn pwyso'n nes ata i. 'Ac fel ffafr bersonol, cytunodd y Pab i adael i Gymru fach gymryd rhan a llwyfannu'r twrnamaint. Yn bwysicach, fe fydd yn talu am bopeth.'

'Ond pam nad wyt ti'n cynnal y twrnamaint mewn lle mawreddog fel Palas Tyddewi?' gofynnais.

'Yn anffodus mae Henry de Gower yn sâl iawn, ac maen nhw'n disgwyl iddo farw cyn yr haf. Felly fyddai hi ddim yn weddus cynnal cystadleuaeth o'r fath yno ar hyn o bryd. Cafodd Morfudd y syniad o gynnal y twrnamaint yn yr Hen Lew Du. Meddylia. Y dafarn. Cynefin naturiol beirdd y byd. Pa le gwell? Falle 'mod i wedi rhoi'r gorau i adeiladu eglwysi cadeiriol ond dyw'r hen ysfa i gynllunio campwaith pensaernïol byth yn gadael y saer maen.'

'A chyfle i wneud elw o'r fenter,' sibrydodd Wil yn fy nghlust.

'Ac mi fydd yn gyfle i Morfudd a minnau roi rhai syniadau ar gyfer creu tafarn gyfoes ar waith,' ychwanegodd y Bwa Bach.

'A chyfle i Morfudd ei lordio hi dros Dyddgu,' sibrydodd Wil yn fy nghlust eto.

Roedd Wil yn llygad ei le. Pam arall y byddai Morfudd wedi dangos y fath haelioni tuag at Dyddgu?

Gafaelodd y Bwa Bach yn fy mraich.

'Mi ddaw popeth yn glir maes o law. Mae gen i a Dyddgu gyfarfod gyda phrif grïwyr tref Cymru i roi mwy o fanylion iddyn nhw am y twrnamaint nawr. Dere mla'n, Dafydd bach,' meddai.

Aethom i mewn i'r dafarn. Dyna beth oedd trawsnewidiad. Roedd y bar yn lletach o lawer nag yr oedd cynt ac roedd y wal gefn erbyn hyn o leiaf ugain llath yn bellach yn ôl. Edrychai'r lle'n debycach i ystafell mewn llys uchelwr na thafarn. I'r dde o'r bar roedd gweithwyr wrthi'n adeiladu llwyfan pren. Tybiais mai yno y byddai'r beirdd yn sefyll i adrodd eu cerddi.

'Dilyna fi, Dafydd. Mae gen i newyddion da i ti 'fyd,' ychwanegodd y Bwa Bach.

Roedd Dyddgu eisoes yn eistedd gyferbyn â rhyw ddwsin o grïwyr tref ac aeth y Bwa Bach a Morfudd i eistedd wrth ei hochr i ateb eu cwestiynau. Eisteddais innau y tu ôl i'r crïwyr tref.

'Croeso ichi, gyfeillion,' meddai'r Bwa Bach, cyn mynd ati i amlinellu strwythur y twrnamaint rhwng Cymru, Lloegr, Ffrainc a Rhufain. Eisteddai'r criw garw yr olwg yn gwrando'n astud, gyda'u hetiau ar ongl ar eu pennau a'u clychau yn eu colau.

'Cynhelir y twrnamaint rhwng dydd Iau y trydydd o Fai a dydd Sadwrn y pumed o Fai eleni. Ac rwy'n falch o ddweud ein bod wedi dod i gytundeb gyda pherchennog yr Hen Lew Du yn Aberteifi, sef Dyddgu ferch Ieuan, a'r dafarn hon fydd cartref y twrnamaint.'

'Roderic ap Fôn. Crïwr tref Caerdydd,' meddai crïwr tref tenau oedd â mwstásh bach a llygaid oedd mor finiog â'i gwestiynau. 'Pwy fydd yn talu am y gystadleuaeth?'

'Wel, Roderic, rydym wedi sicrhau nawdd sylweddol gan Fudiad Beirdd Ewrop, ond y prif noddwr yw'r Eglwys Gatholig,' atebodd y Bwa Bach, cyn troi ei ben i wynebu crïwr tref arall.

'Iorwerth ap Dylan. Crïwr tref Llanbedr Pont Steffan. A fydd y lleoliad yn barod mewn pryd? Dyw hi ddim yn edrych yn debygol ar y foment,' meddai'r crïwr tref moel ond carismatig, gyda hanner gwên gellweirus.

'Wel, Iorwerth, mi fydd lle i dros ddau gant o bobl i wylio pob gornest dan do yn y dafarn, a bydd digon o le i bobl wersylla yn y caeau o amgylch y dafarn yn ystod y twrnamaint,' atebodd Dyddgu.

'Ac fel prif adeiladwr Eglwys Gadeiriol newydd Tyddewi gallaf addo ichi y bydd yr amffitheatr fodern yma'n barod erbyn y trydydd o Fai,' ychwanegodd y Bwa Bach.

'Ond beth os bydd anghydfod rhwng dilynwyr Lloegr a Ffrainc? Mae'r ddwy wlad wedi treulio'r rhan fwyaf o'r degawd diwethaf yn rhyfela yn erbyn ei gilydd,' meddai Meredith ap Siôn, crïwr tref Pontrhydfendigaid, dyn golygus gyda ffrwd o wallt du yn hongian yn llipa dros ei dalcen.

'Byddwn yn addasu corlannau defaid i wahanu'r dilynwyr cyn, yn ystod ac ar ôl pob talwrn. Mi fydd 'na lefydd i'r dilynwyr yn y dafarn, ac ar y balwstrad ry'n ni'n ei greu ar y llawr cyntaf. Ond ry'n ni'n ffyddiog na fydd unrhyw drafferth am mai pobl waraidd, ddiwylliedig fydd yn mynychu'r twrnamaint,' atebodd Dyddgu.

'A beth am gost uchel y tocynnau i'r Cymry brodorol?' gofynnodd Roderic ap Fôn yn siarp.

'Yn anffodus, allwn ni ddim fforddio gostwng prisiau'r tocynnau. Ry'n ni'n gobeithio denu pobl gyfoethog o Loegr, Ffrainc a gweddill Ewrop. Ond mi fyddwn ni'n creu cyfleusterau fel bod y taeogion lleol y tu allan i'r dafarn yn cael sylwebaeth ar y pryd,' esboniodd Morfudd.

'A beth fydd yn digwydd i'r lleoliad ar ôl i'r twrnamaint ddod i ben? Beth fydd ei waddol? Sut fydd y bobl leol yn elwa o'r gystadleuaeth? Pwy fydd yn elwa mewn gwirionedd o'r gystadleuaeth?' gofynnodd Iorwerth ap Dylan, gan bwyso ymlaen yn ei gadair.

'Mi fyddwn ni'n ateb y cwestiynau hyn maes o law, peidiwch â phoeni, gyfeillion. Ond nawr mae'n amser imi gyhoeddi enwau'r garfan fydd yn cynrychioli Cymru yn y twrnamaint,' meddai'r Bwa Bach yn gyflym.

Esboniodd y byddai pob gwlad yn cael ei chynrychioli gan bedwar bardd yn y gystadleuaeth, ond dim ond tri fyddai'n cystadlu ym mhob talwrn, gyda'r aelod arall yn cael ei gadw wrth gefn rhag ofn i un o'r tri arall ddioddef salwch.

'Rydw i a Morfudd, ar ran Cymdeithas y Cywyddwyr, Rhigymwyr, Awdlwyr a Phrydyddion yng Nghymru, wedi dewis carfan sy'n gymysgedd gwych o brofiad ac ieuenctid a gyfer y twrnamaint,' meddai'r Bwa Bach. Tynnodd ddarn o femrwn o'i boced a darllen yr enwau arno: 'Benfras, M.; Goch, I.; Gryg, G.; ap Gwilym, D.'

Daeth deigryn i'm llygad. Tybed a fyddwn i ymhlith y tri aelod llawn? Ond cyn i'r Bwa Bach ddweud gair arall, torrodd un o'r crïwyr tref ar ei draws.

'Ond beth am Llywelyn Goch? Pam nad yw Llywelyn Goch yn y garfan? Mae'r uchelwyr yn dweud ei fod ar dân ar hyn o bryd,' meddai Roderic ap Fôn.

'... yn enwedig am fod Gruffudd Gryg yn dioddef gyda'i wddf trwy'r amser,' ychwanegodd Iorwerth ap Dylan.

'Bois, bois, bois. Dewch mla'n. Dyw Llywelyn Goch ddim o'r un safon â Gruffudd Gryg, sydd wedi profi ei fod e'n fardd o'r safon uchaf dro ar ôl tro,' meddai'r Bwa Bach.

'... pan nad yw e wedi colli'i lais neu dan annwyd,' sibrydodd Meredith ap Siôn wrth Iorwerth ap Dylan, a gytunodd drwy amneidio â'i ben.

'Gallaf addo ichi fod Gruffudd mewn cyflwr gwych. Mae wedi bod yn iro'i wddf yn ddyddiol dros y gaeaf,' ychwanegodd y Bwa Bach.

'A beth am Sefnyn, Rhisierdyn neu Lywarch Bentwrch?' gwaeddodd crïwr tref Llangefni, Tecwyn ap Siôn.

'A beth am Gruffudd Fychan ap Gruffudd ab Ednyfed?' gwaeddodd crïwr tref Marchwiail.

Griddfanodd y Bwa Bach. 'Dim ond lle i bedwar bardd sydd 'na, ac yn fy marn i dyma'r beirdd gorau. Y rhain sydd â'r gymysgedd iawn o dalent ifanc a phrofiad i hcrio timau Lloegr, Ffrainc a'r Eidal.' Edrychodd yn hyderus ar y criw o'i flaen. 'Mi fydd Cymru'n ennill y gystadleuaeth, coeliwch chi fi. Beirniadwch fi ar ddiwedd y twrnamaint.'

'Peidiwch â phoeni. Mi wnawn ni,' meddai Iorwerth ap Dylan wrth i bawb fwmial eu cytundeb.

Anwybyddodd y Bwa Bach ei sylw a phalu ymlaen. 'Wedi'r cyfan, mae Madog, Iolo a Dafydd wedi treulio cyfnod yn barddoni yn Ffrainc yn ddiweddar, ac rwy'n ffyddiog y bydd y profiad o fod yng nghwmni beirdd y cyfandir a dod yn gyfarwydd â'u technegau a'u hystrywiau o fudd mawr inni,' meddai i gloi.

Yr eiliad y daeth y gynhadledd i ben rhuthrodd crïwr tref Aberteifi allan o'r dafarn. Canodd ei gloch a gweiddi, 'Twrnamaint beirdd Ewrop mewn trafferth ariannol. Prisiau tocynnau'n uchel.'

'Ond nid dyna ddwedais i!' protestiodd Morfudd.

Aeth y crïwr tref yn ei flaen. 'Rheolwr beirdd Cymru'n dweud bod beirdd Cymru'n rhy blwyfol a bod beirdd tramor yn dwyllwyr!'

'Nid dyna ddwedais innau chwaith,' meddai'r Bwa Bach gan riddfan.

II

Er gwaethaf amheuon y crïwyr tref aeth y paratoadau yn eu blaenau'n ddiffwdan dros y mis nesaf, a llwyddwyd i orffen y gwaith o drawsnewid yr Hen Lew Du y bore cyn i'r twrnamaint ddechrau.

Yn ystod y cyfnod hwnnw bu'r Bwa Bach a Morfudd yn fy

hyfforddi i, Madog, Iolo a Gruffudd yn drylwyr ym mhob agwedd ar farddoni. Gwyddem mai hwn oedd cyfle gorau beirdd Cymru i ddangos eu doniau i weddill y byd. Ni wyddwn eto a fyddwn i ymhlith y tri fyddai'n cynrychioli Cymru yn y talwrn cyntaf. Roedd hynny'n bennaf am mai newydd flaguro roedd fy noniau barddonol i a bod Gruffudd Gryg, a Madog Benfras yn enwedig, ym mlodau eu dyddiau ers amser. Serch hynny, roedd amheuon o hyd ynghylch Gruffudd Gryg. Ni allai fynychu'r ddwyawr o ymarferion lleisiol a gynhaliai Morfudd bob bore am fod y Bwa Bach yn ofni y byddai'n niweidio ei lais cyn y gystadleuaeth.

Bu Wil yn brysur yn ystod y cyfnod hwn yn adeiladu cartref ar gyfer Picil, y llygoden Ffrengig. Roedd yn hoff iawn o'r creadur ac felly penderfynodd adeiladu caets mawr gyda digon o le iddi symud, bwyta ac yfed.

Bu Dyddgu'n brysur iawn yn cynnal trafodaethau gyda ffrind Wil, yr arlunydd ungoes o Nanhyfer, Ieuan Aeron. Roedd wedi'i wahodd i'r dafarn ddeuddydd cyn dechrau'r twrnamaint.

'Mae'n bwysig 'mod i'n gwneud y mwyaf o'r cyfle i farchnata'r gystadleuaeth,' meddai Dyddgu wrtha i yn ystod saib yn ymarferion y beirdd. Esboniodd ei bod wedi comisiynu Ieuan Aeron i greu darluniau o wynebau'r beirdd a fyddai'n cymryd rhan, i'w gwerthu i ddilynwyr y gwahanol wledydd ar ddarnau bach o femrwn, fel bod ganddynt luniau o'u hoff feirdd i'w cadw.

'Dwi wedi bod yn astudio carfan Cymru wrth ichi ymarfer dros y dyddiau diwethaf,' meddai Ieuan Aeron, gan osod pedwar darn o femrwn o'm blaen. Roedd Ieuan wedi llwyddo i gyfleu pryd a gwedd Madog Benfras i'r dim, yn enwedig ei dagell a'i fochau mawr coch. Roedd ei ymdrechion gydag Iolo Goch a Gruffudd Gryg hefyd yn llwyddiannus iawn. Ond cefais fy siomi'n arw pan welais ei ymdrechion pitw i greu portread ohona i.

'Dyna drueni nad oedd gen ti ddigon o baent i orffen fy llun i,' meddwn yn garedig. Edrychodd Ieuan yn syn arna i. 'Does dim lliw yn fy wyneb,' esboniais. 'Rwy'n edrych mor welw ... â'r peth mwyaf gwelw a welwyd erioed.'

Pesychodd Dyddgu'n dawel wrth imi ymhelaethu.

'... ac rwyt ti wedi gwneud fy nhrwyn yn rhy fawr, yn rhy fawr o lawer ... ac yn rhy hir ... ac mae fy ngên yn edrych fel ... fel ...'

'... fel hanner lleuad?' awgrymodd Ieuan Aeron.

'Yn hollol. Na, wnaiff hwn mo'r tro o gwbl. Mi fydd yn rhaid iti roi cynnig arall arni, mae gen i ofn.'

'Yn anffodus mae Ieuan eisoes wedi creu dros gant o gopïau o'r llun i'w gwerthu i'r dorf,' meddai Dyddgu'n heriol. Roedd hi'n amlwg nad oedd gobaith newid y llun felly.

'Hmmm,' meddwn. 'Beth am luniau beirdd Lloegr, Ffrainc a'r Eidal? Ble mae'r rheiny?'

'Mi fydd yn rhaid imi aros tan y seremoni agoriadol brynhawn fory cyn gwneud y rheiny. Dyna pryd y gwela i nhw am y tro cyntaf. Bydd angen imi weithio fel y diawl i greu copïau i'w gwerthu cyn y talwrn cyntaf nos yfory,' meddai Ieuan Aeron.

'Wedyn mi fyddwn ni'n cymysgu'r lluniau a'u rhoi nhw fesul tri mewn cwdyn bach, i'w gwerthu am geiniog yr un, fel bod pobl yn gallu casglu'r cwbl. Mi all pobl ffeirio'u lluniau â chasglwyr eraill petai ganddyn nhw fwy nag un llun o'r un bardd,' meddai Dyddgu.

Mae'n rhaid imi gyfaddef nad oeddwn i'n ffyddiog y byddai'r syniad hwn yn apelio o gwbl.

Gyda hynny, clywyd sŵn carnau ceffylau'n nesáu at y dafarn. Rhedais at y ffenest a gweld marchog yn neidio oddi ar ei geffyl ac yn brasgamu at y drws, gyda chwdyn yn ei law.

'Oes rhywun o'r enw'r Bwa Bach yma?' bloeddiodd yn Saesneg, cyn tynnu ei gwcwll oddi ar ei ben. Gwelais fod ganddo graith hir ar draws ei foch.

'Myfi yw hwnnw,' atebodd y Bwa Bach, gan gamu'n betrus tuag at y dyn tal, ffyrnig ei olwg, oedd â'i law ar ei gleddyf.

'Dyma chi. Yn ôl addewid y Brenin Edward ac Archesgob Efrog, William de la Zouche, dyma'r hyn wnaethoch chi ofyn amdano. Gwnewch yn siŵr eich bod chi'n ei gadw'n ddiogel. Dwi byth yn anghofio wyneb,' meddai'r milwr. Camodd yn nes at y Bwa Bach a syllu arno'n heriol cyn rhoi'r cwdyn yn ei ddwylo. Yna trodd ar ei sodlau'n ddisymwth a gadael y dafarn.

'Beth sydd yn y cwdyn?' gofynnais.

Cerddodd y Bwa Bach at y bar a gosod y cwdyn arno.

'Dyma fydd gwobr y wlad fydd yn ennill y twrnamaint,' meddai.

Agorodd y cwdyn yn ofalus ac yno roedd cerflun o bâr o ddwylo yn estyn i'r awyr ac yn dal cwpan wedi'i naddu o bren.

'Dyma fe: Beda Ddoeth. Yr enwog Venerable Bede, a fu farw dros chwe chanrif yn ôl. Hanesydd, ysgolhaig ac wrth gwrs ... bardd,' sibrydodd y Bwa Bach, gan anwesu'r cerflun â'i ddwylo.

'Oedd e'n gerflunydd hefyd felly?' gofynnais, gan graffu ar y darn o gelf. 'Pa bren mae e wedi'i ddefnyddio? Onnen? Derw? Mae'n ddarn o gelf anhygoel. Mae'r dwylo bron yn edrych fel rhai go iawn.'

Ochneidiodd Morfudd gan rolio'i llygaid. 'Mae hynny am eu *bod* nhw'n ddwylo go iawn. Dwylo Beda Ddoeth ydyn nhw.'

'Mae'n Grair Cred sydd wedi'i roi gan y Brenin Edward y Trydydd fel cyfraniad Lloegr at gost y gystadleuaeth,' meddai'r Bwa Bach. Clywais Wil yn twt-twtian y tu ôl imi.

'Yr hen gybydd. Am nad oes ceiniog ar ôl yn y coffrau oherwydd y rhyfel creulon yn erbyn Ffrainc,' sibrydodd Wil yn fy nghlust. Roedd wrthi'n bwydo Picil ar y pryd, a eisteddai ar ei ysgwydd chwith.

'Mae'r crair hwn yn amhrisiadwy. Mae'n rhaid inni ei gadw mewn man diogel,' meddai'r Bwa Bach.

'Beth am ei roi yn y seler? Mae'r unig allwedd gen i,' awgrymodd Dyddgu.

'Beth am ei roi yng nghaets Picil? Mae digon o le ynddo ac mi all Picil gadw golwg arno,' awgrymodd Wil.

'Syniad da,' meddai'r Bwa Bach.

Cymerodd Wil y crair a'i osod yn ofalus yn y caets cyn tynnu Picil oddi ar ei ysgwydd yn ofalus a gosod y llygoden wrth ochr y crair. Aeth y Bwa Bach, Wil a Dyddgu yn un osgordd i'r seler i roi'r llygoden Ffrengig a Beda Ddoeth yno i glwydo gyda'i gilydd dros nos.

Wedi iddyn nhw ddychwelyd gofynnodd y Bwa Bach imi ymuno ag ef y tu allan i'r dafarn am sgwrs. Gwyddwn ei fod am drafod pwy fyddai'n cynrychioli Cymru yn y gystadleuaeth.

'Dwi ddim yn un o'r tri, nag ydw i?' gofynnais iddo, gan wybod beth fyddai'r ateb.

'Nag wyt, Dafydd. Mae'n flin gen i. Rwyt ti wedi gwella'n aruthrol fel bardd ers dechrau'r haf diwethaf ond rwyt ti'n fardd ifanc o hyd, ac mae cystadleuaeth fel hon yn gofyn am ddyfalbarhad a phrofiad.'

'Rwy'n parchu dy benderfyniad, ac mi wnaf i bopeth i gefnogi'r tri arall,' meddwn yn wrol, cyn mynd yn ôl i'r dafarn i ymuno â gweddill y bagad barddol.

'A! Dafydd. Anlwcus,' meddai Madog Benfras. Roedd Iolo Goch, Gruffudd Gryg ac yntau'n eistedd yng nghornel y dafarn.

'Mi wna i bopeth i gefnogi'r tri ohonoch,' meddwn.

'Da iawn. Dyna'r agwedd, Dafydd,' meddai Madog, gan benderfynu godro'r sefyllfa. 'I ddechrau, alli di nôl ystên arall o win i'r tri ohonom o'r bar, cyn mynd â'n hesgidiau i sychu. Hefyd, dwi angen rhagor o femrwn ac inc. Ac ar ôl hynny, dere'n ôl fan hyn oherwydd mi fyddwn ni angen rhywbeth i'w fwyta. Dere mla'n. Bant â'r cart, Dafydd bach.'

Mae'n rhaid imi gyfaddef fy mod wedi blino'n lân erbyn imi orffen ailadrodd gorchmynion Madog ar gyfer Wil. 'Dere mla'n. Bant â'r cart, Wil bach,' meddwn, cyn penderfynu clwydo'n gynnar i ystyried pam nad oeddwn wedi fy newis yn un o brif feirdd Cymru.

III

Ni allwn gysgu'r noson honno, felly codais ac eistedd wrth ffenest fy ystafell wely yn yr Hen Lew Du. Wrth imi syllu ar y cymylau'n cuddio'r lleuad cofiais ddrafft cyntaf cerdd am y lleuad a gyfansoddais i (a Wil) y gaeaf cynt.

'Ar ôl gofid tost, Nid yw fy lles yn ddim nes – mae'r nos yn ei rwystro. Ni fydd fy mudd yn fawr, mi wn, Na'm gwobr tra pery'r nos olau.'

Eisteddais yno'n arogli awel y nos. Roedd sawl arogl arall llai dymunol yn gymysg â'r awel honno, fel mae'n digwydd. Yn anffodus i mi, roedd fy ystafell wely uwchben tomen sylweddol y dafarn lle roedd y cwsmeriaid yn gwneud eu busnes.

Yn sydyn, clywais sŵn gwichian cyfarwydd. Yng ngolau'r lleuad gwelais gysgod yn symud ger drws cefn y dafarn ac yna rywun yn cropian i ffwrdd yn araf. Ar ei gefn roedd ysgrepan fawr agored. Yn ymwthio allan o geg yr ysgrepan roedd crair Beda Ddoeth, gyda Picil yn eistedd yn y cwpan. Roedd lleidr wedi torri i mewn i'r dafarn a dwyn y caets o'r seler! Trodd y lleidr hwnnw ei ben a gwelais pwy ydoedd. Y lleidr unllygeidiog, unfraich, Owain ab Owen. Edrychodd hwnnw i fyny, a gwenu'n haerllug arna i pan welodd pwy oedd yn ei wylio.

'Dim gair oni bai dy fod am ddioddef yr un dynged â'r Siryf, Richard Meigen,' hisiodd, gan chwifio'i gyllell o flaen ei geilliau.

'Lleidr! Lleidr!' gwaeddais nerth fy mhen. Wedi'r cyfan, roedd hi'n annhebygol y byddai Owain ab Owen yn fy nghyrraedd cyn i bawb arall ddihuno. Edrychodd Owain ab Owen i fyny am ennyd, wincio arna i gyda'i un llygad, a dechrau rhedeg nerth ei draed. Ond llithrodd ar ymyl y domen gan gwympo'n bendramwnwgl i ganol y budreddi. Ciliodd y lleuad tu ôl i gwmwl am gyfnod ac erbyn iddi ailymddangos, roedd y lleidr hy wedi diflannu.

Yna cofiais ddarn arall o'r gerdd am y lleuad, 'Archollion dagrau blin, Gwae'r lleidr a gaiff ei wylio.' Clywais sŵn gweiddi a sŵn traed ar y grisiau wrth i bawb godi o'u gwelyau, ond yn gwbl ofer. Roedd y lleidr wedi hen fynd.

IV

'Sut yn y byd y llwyddodd y lleidr, Owain ab Owen, i ddwyn crair mor werthfawr?' gofynnodd y crïwr tref craff o Gaerdydd, Roderic ap Fôn, y bore wedyn, toc cyn *Prime*.

'Yn hollol,' cytunodd crïwr tref carismatig Llanbedr Pont Steffan, Iorwerth ap Dylan.

Roedd y Bwa Bach a minnau'n gwneud ein gorau glas i ateb cwestiynau'r crïwyr tref. Roeddwn eisoes wedi datgan fy mod wedi gweld Owain ab Owen yn dwyn y crair ac yna'n diflannu i'r nos, a bod Siryf Aberteifi a Siryf Penfro wedi'u hysbysu. Serch hynny, roedd gen i deimlad ym mêr fy esgyrn y byddai Owain ab Owen yn llwyddo rywfodd i ddianc o grafangau'r awdurdodau unwaith eto.

'Mae'n debyg bod hanner dwsin o boteli o win wedi'u dwyn hefyd. Rwy'n tybio fod y lleidr wedi gweld ei gyfle ac wedi dwyn y crair fel celc ychwanegol,' meddai'r Bwa Bach, cyn ychwanegu, 'Mae'r arlunydd Ieuan Aeron wedi tynnu llun ar sail disgrifiad Dafydd o'r lleidr a bydd hwnnw'n cael ei ddosbarthu yn nhrefi Ceredigion, Penfro, Sir Gâr, Morgannwg, Gwynedd a Phowys dros y dyddiau nesaf.'

'Ond pwy oedd yn gwarchod y crair? Sawl dyn? Sawl ci ffyrnig?' gofynnodd y crïwr tref golygus o Bontrhydfendigaid, Meredith ap Siôn.

'Un llygoden Ffrengig,' sibrydodd y Bwa Bach.

'Mae'n flin gen i. Beth ddwedoch chi? Roedd yn swnio fel petaech chi'n awgrymu bod gweddillion Beda Ddoeth yn cael eu gwarchod gan lygoden ffyrnig!' meddai Roderic ap Fôn fel chwip.

Amneidiodd y Bwa Bach yn gadarnhaol.

'A bod yn fanwl gywir, llygoden Ffrengig sy'n ateb i'r enw Picil,' ychwanegais yn gwrtais. Griddfanodd y Bwa Bach.

'Llygoden Ffrengig? Ydych chi'n meddwl fod gan y Ffrancwyr rywbeth i'w wneud â hyn?' gofynnodd Roderic ap Fôn.

'Efallai fod y llygoden Ffrengig 'ma wedi helpu'r lleidr Owain ab Owen, a bod y ddau'n gweithio i'r Ffrancod,' awgrymodd Tecwyn ap Siôn.

'Yn fy marn i, dylai'r arlunydd Ieuan Aeron dynnu llun o'r llygoden Ffrengig dan sylw,' meddai Iorwerth ap Dylan yn chwyrn.

'Mae ganddi enw. Picil,' meddwn innau, yr un mor chwyrn.

'... ie y Picil 'ma, er mwyn inni ei dal, ei holi, a'i chrogi i wneud esiampl ohoni,' meddai crïwr tref arall o Aberystwyth.

Edrychais ar draws yr ystafell a gweld bod Wil wedi troi'n welw iawn.

V

Tra oedd Wil yn poeni am y llygoden Ffrengig oedd dan amheuaeth, a'r Bwa Bach yn gobeithio na fyddai rhwydwaith y crïwyr tref yn lledu dros Glawdd Offa fel bod y marchog chwyrn a ddaeth â chrair Beda Ddoeth i'r Hen Lew Du yn clywed am y lladrad, roedd pawb arall yn disgwyl yn eiddgar am y seremoni agoriadol. Roedd dros gant o uchelwyr Cymru, barwniaid o Loegr, sawl dug o Ffrainc ac ambell i *gonte* o'r Eidal wedi ymgynnull erbyn hyn yn yr Hen Lew Du. Hefyd, roedd cannoedd o daeogion wedi ymgasglu y tu allan i'r dafarn, lle roedd balconi arbennig wedi'i adeiladu. Yno y byddai un o brif grïwyr tref Cymru'n adrodd ar ddigwyddiadau'r talwrn ar gyfer yr werin dlawd.

Roeddwn braidd yn genfigennus, rhaid cyfaddef, pan gerddodd Madog Benfras, Iolo Goch a Gruffudd Gryg allan y tu ôl i'r Bwa Bach wrth i dimau'r talyrnau gael eu cyflwyno. Y tu ôl i dîm Cymru roedd y Ffrancwyr. Roedd y rheiny wedi cyrraedd wythnos ynghynt yn ôl y sôn, ar ôl hwylio o La Rochelle i Abergwaun. Roedd y tîm, a oedd yn cynnwys y beirdd enwog Gaston y Trydydd, Iarll Foix; Guillaume de Machaut a Peire Lunel de Montech, wedi penderfynu gwersylla yn y dref honno tan y seremoni agoriadol. Byddai hynny'n sicrhau na fyddent yn gorfod ymwneud yn ormodol â charfan Perfidious Albion, sef Lloegr.

Tîm Lloegr oedd y nesaf yn y fintai. Roedd y Saeson wedi penderfynu gwersylla yng Nghastell Aberteifi am nad oeddent am ymwneud yn ormodol â'r Cymry. Serch hynny, roeddwn i'n ysu i gwrdd â rhai o feirdd mwyaf llwyddiannus a chyfoethog Lloegr, a oedd yn cael eu talu'n hael iawn am eu gwaith yn llysoedd barwniaid Lloegr. A nawr dyma nhw'n sefyll o'm blaen: William 'Billy' Massington, yn hollol foel ond am un stribedyn o wallt dros ei gorun; Laurence Minot, a'r capten, William 'Billy' Langland.

Y bore hwnnw y cyrhaeddodd carfan yr Eidal ac wrth i'r tri aelod ddilyn eu rheolwr, Enzo Schitti, i'r dafarn roeddent yn dadlau â'i gilydd gan chwifio'u dwylo'n wyllt. Y rhain oedd y Brodyr Boccaccio.

Gwelais fod yr arlunydd Ieuan Aeron wrthi'n brysur yn creu brasluniau o'r beirdd dan gyfarwyddyd Dyddgu.

Ar ddiwedd y fintai, roedd dau ddyn mewn gwisgoedd du: Brodyr o'r alwad Ddominicaidd. Y rhain fyddai'n beirniadu'r talyrnau. Roedd cryn dasg o'u blaenau – byddai gofyn iddyn nhw feddu ar ddealltwriaeth gadarn o'r Ffrangeg, y Lladin, y Saesneg a'r Gymraeg er mwyn gallu dyfarnu'r gystadleuaeth yn gyfartal ac yn deg, heb sôn am fod yn hollol ddiduedd. Roedd y Pab wedi penodi Señor Juan Riz o Sbaen, ac un o athronwyr a beirniaid llenyddol mwyaf Ewrop, Herr Heinrich Suse o'r Almaen, a oedd yn enwog am fynnu cysgu ar groes o ddeg ar hugain o nodwyddau bob nos, ar gyfer y dasg. Gwenais. Ni fyddai Suse yn un y gellid ei lwgrwobrwyo.

Ar ôl i bawb ymgynnull, camodd cynrychiolydd y Pab Clement y Chweched ymlaen i ddweud gair am y twrnamaint. Daeth y Cardinal Étienne Aubert â'i bregeth i ben bum awr yn ddiweddarach. Roedd wedi penderfynu bod yn gynnil y tro hwn, mae'n amlwg.

Ond yn ystod y pum awr hynny o ddiwinydda a thrafod y

Drindod sanctaidd roedd 'na drindod ansanctaidd iawn ar waith.

Sylwais fod capten tîm yr Eidal, Giovanni Boccaccio, a safai gyda gweddill y beirdd yn wynebu'r dorf, wedi gwenu sawl tro ar Morfudd, a oedd yn eistedd yn fy ymyl. Clywais honno'n ochneidio bob tro y gwnâi hyn. Hefyd, sylwais fod ei frawd, Luigi, wedi wincio sawl gwaith ar rywun a safai ger y gegin. Gwelais Dyddgu'n wincio'n ôl arno unwaith neu ddwy. Yna, sylwais ar y brawd ieuengaf, sef Roberto Boccaccio, yn troi unwaith neu ddwy i wincio ar Iolo Goch, a wridodd yr un lliw â'i wallt. Ond yn waeth na hynny, sylwodd Madog Benfras ar hynny hefyd.

Ar ôl i'r Cardinal orffen rhoi'r fendith ddwyawr yn ddiweddarach, daethpwyd at uchafbwynt y seremoni, sef penderfynu pwy oedd i herio'i gilydd yn y talyrnau cynderfynol. Camodd Dug Caerloyw, y Visconte Antonio Castrati o'r Eidal a'r Bwa Bach i'r llwyfan. Roedd y Bwa Bach yn arwain y Dug am ei fod yn ddall.

'Mae pedair eitem gron yn y cwdyn hwn ac mae pob un yn cynrychioli gwlad,' meddai'r Bwa Bach mewn llais uchel, gan edrych ar y Cardinal Étienne Aubert, a oedd wedi cytuno i gyhoeddi'r enwau. Ysgydwodd y Bwa Bach y cwdyn cyn ychwanegu, 'Hoffwn ddiolch i'r Dug am adael inni ddefnyddio'i ddwy lygad ac i'r Visconte Castrati am adael inni ddefnyddio ei ddwy gaill.' Tynnodd y Visconte Castrati'r eitem gron gyntaf allan o'r cwdyn a'i dangos i'r dorf.

'Llygad chwith,' gwaeddodd y Bwa Bach.

'Mae'r llygad chwith yn cynrychioli Cymru,' meddai'r Cardinal Étienne Aubert.

Yna rhoddodd Dug Caerloyw ei law yn y cwdyn a thynnu eitem arall allan.

'Llygad dde,' gwaeddodd y Bwa Bach.

'... sy'n cynrychioli Lloegr,' meddai Cardinal Étienne Aubert.

Roedd y Visconte Castrati ar fin rhoi ei law yn y cwdyn pan ddywedodd y Bwa Bach,

'Does dim rhai ichi drafod eich ceilliau, Visconte Castrati, ry'n ni'n gwybod mai Ffrainc yn erbyn yr Eidal yw'r ail gêm gynderfynol.'

Gyda hynny drosodd manteisiais ar y cyfle i fynd allan o'r dafarn am ychydig o awyr iach. Yno roedd y taeogion yn gwrando'n astud wrth i grïwr tref Helygain, Niclas ap Harri, a'i gydymaith, crïwr tref Deiniolen, Alun ap Malcolm, gynnal sgwrs mewn lleisiau uchel o'r balconi.

'A beth am yr Eidalwyr, Alun? Mae 'na gwympo mas am fod y Boccaccio ieuengaf wedi'i ddewis o flaen yr anfarwol Petrarch, un o fawrion barddoniaeth Ewrop.' meddai ap Harri.

'Ti yn llygad dy le, Niclas,' cytunodd Alun ap Malcolm. 'Does dim llawer o feirdd wedi cael dull soned wedi'i enwi ar eu holau. Mae pawb yn gyfarwydd â'r soned Betrarchaidd. Y boi yna yw Tad Dyneiddiaeth, Niclas. Y Dadi ei hun. Ond mae Roberto Boccaccio yn fwy o chwaraewr tîm na Petrarch, a dyna beth mae'r rheolwr, Enzo Schitti, wedi ei benderfynu, ac yn fy marn i, mae'r Eidalwyr yn anorchfygol yn y twrnamaint hwn. Anorchfygol. Am farddoniaeth.'

Gyda hynny dychwelais i'r dafarn i ddod o hyd i le i wylio'r gystadleuaeth rhwng Cymru a Lloegr, a fyddai'n cael ei chynnal y noson honno.

VI

Roedd yr awyrgylch yn danbaid wrth i'r talwrn rhwng yr hen elynion ddechrau. Roedd y gystadleuaeth yn cynnwys deuddeg rownd: tair rownd lle byddai'r tîm cyfan yn cyfrannu at destun a osodwyd gan y meuryn, Heinrich Suse, a naw rownd unigol lle byddai pob aelod o'r tîm yn mynd benben gydag aelod o'r tîm arall. Byddai pob cerdd yn cael ei marcio allan o ddeg gan roi cyfanswm posib o 120 i bob tîm.

Roedd dilynwyr Cymru a Llocgr wedi'u rhannu gan wal bren yng nghanol y dafarn, ond roedd y ddwy ochr yn uchel eu cloch, yn cefnogi'r beirdd drwy weiddi a chanu. Eisteddais ar ochr y llwyfan gyda Wil a'r Bwa Bach, a oedd yn hynod nerfus.

Roedd Madog Benfras yn amlwg yn nerfus hefyd yn ystod y rownd gyntaf. Collodd o wyth marc i saith yn yr ornest cerdd serch yn erbyn capten Lloegr, William 'Billy' Langland.

'Ddylet ti fod wedi defnyddio'r gynghanedd sain gytbwys acennog, y ffŵl,' gwaeddodd y Bwa Bach arno. Ond ni chlywodd Madog mohono dros sŵn aflafar y dorf. Dechreuodd un o ddilynwyr Cymru weiddi,

'Cynghanedd Anghytbwys Ddisgynedig! Rhowch imi "c" ... rhowch imi "y" ... rhowch imi "n" ... rhowch imi "g" ...' ac ymunodd gweddill dilynwyr Cymru i adrodd y llythrennau fesul un.

Gyda hynny dechreuodd y Saeson ganu, '*Seven beats to an iambic pentameter, there's only seven beats to an iambic pentameter ...*' ar dop eu lleisiau wrth i Laurence Minot gamu ymlaen i adrodd ei gerdd ddychan.

'*Give him the iambic hexameter where it hurts, Laurie. Hex him good,*' gwaeddodd un o'r dorf wrth i Minot adrodd cerdd ddigon derbyniol, cyn i Heinrich Suse godi darn o felwm gyda'r rhif wyth arno.

Roedd Wil yn dawedog iawn am ei fod yn poeni am golli Picil, ond o bryd i'w gilydd fe'i clywais yn twt-twtian ar ôl llinell wael. Gwyddai'r ddau ohonom y gallem ni fod wedi gwneud yn llawer gwell.

Rhwng twt-twtian Wil ar y naill ochr a rhegfeydd a bloeddiadau'r Bwa Bach ar y llall, cefais lond bol ar yr ornest. Codais ac anelu am y bar, lle roedd hanner dwsin o bobl wrthi'n gweini diodydd yn ddi-baid. Roeddwn yn gwthio trwy'r dorf ar un ochr i'r bar pan welais, o gornel fy llygad dde, rywbeth yn symud ger drws y gegin.

Picil!

Doedd neb arall wedi'i gweld am fod y bar mor brysur. Gwyliais y llygoden Ffrengig yn sgathru i mewn i'r gegin a rhuthrais innau ar ei hôl. Ond cefais fy synnu wrth imi weld drwy adlewyrchiad y ffenest hanner agored fod Dyddgu yn y pantri a doedd hi ddim ar ei phen ei hun. Roedd Luigi Boccaccio yn gafael yn dynn ynddi ac yn adrodd llinell o farddoniaeth iddi mewn Lladin.

'*Tum podex carmen extulit horridulum*,' meddai.

'Dwi ddim yn deall gair rwyt ti'n ei ddweud ond mae'n swnio'n hyfryd. Dweda fe 'to,' meddai Dyddgu. Ailadroddodd Luigi y geiriau ac roedd ar fin cusanu Dyddgu pan besychais i'n uchel. Gwibiodd Dyddgu allan o'r pantri.

'Rwy'n credu bod angen dy help y tu ôl i'r bar,' meddwn. Druan o Wil, meddyliais, mi fyddai'n torri ei galon petai'n gwybod.

'Diolch, Dafydd,' meddai Dyddgu gan ailosod ei gwempl a rhuthro heibio imi gan adael Luigi Boccaccio yn stelcian yn y pantri. Dechreuais ddilyn Dyddgu ond yna gwelais Picil wrth waelod y grisiau a arweiniai at yr ystafelloedd gwely. Rhedais tuag ati. Roedd y llygoden Ffrengig eisoes wedi dechrau rhedeg i fyny'r grisiau ond roeddwn yn benderfynol o'i dal cyn i neb arall ei gweld.

Cyrhaeddais ben y grisiau a chropian yn araf ar hyd y landin. Clywais chwerthin gogleisiol yn dod o un o'r ystafelloedd. Roedd y drws yn gilagored ond byddwn i wedi adnabod llais Morfudd yn unrhyw le.

'Dwi ddim yn deall gair ry'ch chi'n ei ddweud, Signor Boccaccio, ond mae e'n hyfryd. Dwedwch e 'to!' meddai Morfudd.

'*Chiamami Giovanni ... Giovanni Boccaccio*,' atebodd hwnnw cyn ailadrodd y geiriau, '*Quam pulchra es sicut venti qui ex tuo naturale exeunt*.'

'O, Giovanni!' meddai Morfudd. Yna'n sydyn rhoddodd anferth o sgrech. Dyma fy nghyfle i roi fy sifalri ar waith i achub Morfudd, meddyliais. Rhuthrais drwy'r drws gan weiddi,

'Beth mae'r diawl wedi'i wneud iti, Morfudd?' Yna sylwais ei bod hi'n pwyntio at Picil, oedd yn sgathru heibio fy nhraed ac allan o'r ystafell wely. Rhyddhaodd Giovanni Boccaccio Morfudd o'i freichiau.

'Rwy'n credu y dylet ti ymuno â dy ŵr, Morfudd. Mae'r ornest bron â dod i ben,' meddwn, gan fwriadu rhedeg ar ôl y llygoden Ffrengig, oedd erbyn hyn wedi diflannu o'r golwg unwaith eto.

'Dafydd. Na. Aros am ennyd,' meddai Morfudd. Moesymgrymodd Giovanni Boccaccio o'i blaen a gadael yr ystafell yn ffroenuchel heb edrych arna i.

Erfyniodd Morfudd arna i i beidio â dweud gair wrth y Bwa Bach am yr hyn roeddwn newydd ei weld.

'Rwyt ti'n gwybod na fyddwn i'n dweud gair wrth y Bwa Bach. Mae fy sifalri'n golygu bod yn rhaid imi ddilyn dy ewyllys,' meddwn, gan foesymgrymu.

'Diolch, Dafydd. Mae gen i wendid am ddynion golygus, fel rwyt ti'n gwybod.'

Gwenodd Morfudd yn siriol arna i.

Na, doeddwn i ddim yn gwybod. Nag oeddwn wir. Fel rydych chi, ddarllenwyr ffyddlon, eisoes yn gwybod, roeddwn wedi cwrso Morfudd ers imi ei gweld yn yr eglwys yn Llanbadarn flynyddoedd ynghynt. Roeddwn hyd yn oed wedi creu lloches o goed a dail er mwyn inni allu cwrdd. Roedd fy nwylo hyfryd yn ddolurus a llawn creithiau am wythnosau. Mis o waith yn adeiladu deildy. Yn gwbl ofer. Mae'n rhaid imi gyfaddef bod fy ymdrechion i ennill ei chalon yn fethiant llwyr er fy mod wedi awgrymu i'r gwrthwyneb yn rhai o fy ngherddi.

'Hmmm,' meddwn.

'Wrth gwrs, mae ein perthynas ni, Dafydd, yn wahanol i unrhyw berthynas arall yn fy mywyd am ei bod yn un ysbrydol. Dyna pam nad ydw i wedi sarnu'n perthynas drwy ymgodymu'n gnawdol â thi. Ac rwy'n mawr obeithio y gallwn barhau i fod yn ddau enaid cytûn,' meddai.

Gwyddwn mai celwydd oedd y cyfan. Ond doedd gen i ddim dewis ond cytuno â hi. Wedi'r cyfan, hi oedd fy nghyflogwr.

'Wrth gwrs. I gadarnhau, felly, ni fydd unrhyw ymgodymu cnawdol yn digwydd rhyngom?' gofynnais.

'Na.'

'Dim o gwbl?'

'Na.'

'Byth?'

'Na.'

'Dim hyd y oed ychydig o ...?'

'Na, Dafydd. Dim o gwbl.'

'I'r dim. Fel'na ro'n i wedi'i deall hi 'fyd,' meddwn yn gelwyddog, gan wneud pob ymdrech i guddio fy siom.

Troais i adael Morfudd ond roedd un peth yn dal i fy mhoeni.

'A gaf i ofyn un cwestiwn arall?'

'Wrth gwrs.'

'Pam wnest ti awgrymu cynnal y twrnamaint yma yn yr Hen Lew Du, a thithau a Dyddgu'n amlwg yn casáu eich gilydd?'

'Am fod y Bwa Bach wedi dweud wrtha i bod y dafarn mewn trafferth ariannol er gwaethaf ymdrechion Dyddgu i ddenu cwsmeriaid. Dyw hi ddim yn rhwydd i fenyw redeg tafarn heb ŵr ac rwy'n teimlo'n rhannol gyfrifol am hynny.'

'Pam?'

'Am fy mod i a Gwgon, gŵr Dyddgu, wedi cael perthynas nad oedd yn ysbrydol o gwbl, nes i Dyddgu ein dal yn y seler.'

'Ai dyna pam yr aeth Gwgon i'r rhyfel creulon yn erbyn Ffrainc?'

Amneidiodd Morfudd â'i phen.

'Ond soniodd Dyddgu ddim byd wrth neb am eich perthynas?'

'Na. Ac mae hynny wedi fy nghorddi ers hynny. Yr euogrwydd, a gorfod dioddef ei hagwedd hunangyfiawn tuag ata i. Dyna pam yr awgrymais y dylid cynnal y twrnamaint yn yr Hen Lew Du. Er mwyn imi wneud rhyw fath o benyd, mae'n debyg,' gorffennodd Morfudd yn dawel.

Roedd ymddygiad Morfudd yn gywilyddus, wrth gwrs, ond roedd ei chyfaddefiad, am ryw reswm, yn golygu fy mod yn ddyfnach mewn cariad â hi nag erioed, gwaetha'r modd.

Yn sydyn, clywsom floedd anferth o lawr isaf y dafarn.

Roedd yr ornest ar ben. Ond pwy oedd wedi ennill? Rhuthrais i lawr y grisiau a gweld Gruffudd Gryg yn cael ei gario ar ysgwyddau Madog Benfras ac Iolo Goch. Roedd Cymru wedi curo'r hen elyn ac wedi cyrraedd y rownd derfynol. Gwthiais fy hun drwy'r dorf i ymuno â Wil a'r Bwa Bach, oedd yn llefain dagrau o orfoledd.

'Beth ddigwyddodd?' gofynnais.

'Anhygoel, Dafydd. Defnyddiodd Gruffudd Gryg gynghanedd sain anghytbwys ddyrchafedig i guro chweban Billy Langland o naw pwynt i saith, gan gipio'r ornest inni ar y funud olaf,' atebodd y Bwa Bach.

'Mae Cymru yn y ffeinal!' gwaeddodd Wil gan fy nghofleidio.

'Ac mae gen i newyddion da i ti 'fyd, Wil. Dwi wedi gweld Picil. Mae hi'n dal i fod yn y dafarn, ond dwi ddim yn gwybod ble yn gymwys.'

'Mae'n rhaid imi chwilio amdani nawr,' meddai Wil a rhuthro tuag at y gegin i ddechrau ar ei orchwyl.

Gwelais fod Morfudd wedi disgyn y grisiau erbyn hyn ac wedi ymuno â'r Bwa Bach. Roedd hwnnw'n tywys Gruffudd Gryg, Madog Benfras ac Iolo Goch i gael eu cyfweld gan y crïwr tref, Niclas ap Harri. Wrth iddyn nhw gerdded drwy'r dafarn aethant heibio i Giovanni Boccaccio a'i ddau frawd, Luigi a Roberto. Gwelais Roberto'n dal llygad Iolo Goch ac yn wincio arno. Trodd bochau'r bardd yr un lliw â'i wallt unwaith eto.

'Llongyfarchiadau mawr, Gruffudd. Sut deimlad yw ennill yr ornest i'ch gwlad? A phwy y'ch chi am eu herio yn y rownd derfynol? Ffrainc neu'r Eidal?' gofynnodd Niclas ap Harri.

Agorodd Gruffudd Gryg ei geg i ateb ond ni ddaeth dim byd allan. Yn anffodus i'r bardd, roedd wedi colli ei lais unwaith eto. O ddeall hynny, cododd y crïwr tref o Bontrhydfendigaid, Meredith ap Siôn, ei gloch a rhuthro allan o'r dafarn gan weiddi.

'Clywch, clywch! Clywch, clywch! Gruffudd Gryg wedi colli ei lais. A yw arwr Cymru allan o'r ffeinal?'

Mae'n siŵr mai ateb Gruffudd Gryg petai ganddo lais fyddai 'ydwyf'.

VII

Am yr ail fore yn olynol felly, cefais i a'r Bwa Bach ein hunain yn syllu ar wynebau swrth y crïwyr tref.

'Gallaf gadarnhau fod tri apothecari wedi edrych i lawr corn gwddw Gruffudd Gryg y bore 'ma ac mae'r tri yn gytûn na fydd yn gallu siarad am o leia pythefnos,' meddai'r Bwa Bach, cyn ychwanegu, 'Mae rheolau'r gystadleuaeth yn glir. Rhaid i bob bardd adrodd ei farddoniaeth ei hun. Felly gyda chryn dristwch, mae'n rhaid imi eich hysbysu na fydd Gruffudd Gryg yn cymryd rhan yn y rownd derfynol. A dyna'r cyfan sydd gen i i'w ddweud ar hyn o bryd.'

Sylweddolais mai hwn oedd fy nghyfle mawr. Roeddwn ar fin cynrychioli fy ngwlad fel bardd. Ond cyn imi ddweud gair, roedd un o'r crïwyr tref wedi gofyn cwestiwn.

'Dyma'ch cyfle mawr, Dafydd. Ydych chi'n ffyddiog na fyddwch chi'n siomi eich hunan, eich teulu, eich cyd-feirdd a'ch cenedl?' gofynnodd crïwr tref Caerdydd, Roderic ap Fôn.

'Ydych chi'n meddwl eich bod yn haeddu eich lle yn y garfan ar draul Llywelyn Goch? Mae'r uchelwyr yn dweud ei fod ar dân ar hyn o bryd,' ategodd crïwr tref Llanbedr Pont Steffan, Iorwerth ap Dylan.

'Mae Dafydd mewn cyflwr gwych yn dilyn gaeaf o orffwys ac mae'r hyfforddiant gyda gweddill y garfan wedi mynd yn dda iawn. Yn fy marn i, bydd Dafydd ap Gwilym yn profi ei fod yn un o feirdd gorau ein cenedl yfory,' meddai'r Bwa Bach. 'Beirniadwch fi ar ddiwedd y twrnamaint.'

'Mi wnawn ni,' meddai Iorwerth ap Dylan wrth i bawb fwmial yn gytûn.

VIII

Ddwyawr yn ddiweddarach roeddwn i a Wil yn cerdded drwy goedlan dawel nid nepell o'r dafarn ac yn trafod ein cynllun ar gyfer y rownd derfynol. Roedd hwyliau Wil wedi gwella ychydig ar ôl imi ddweud wrtho fy mod wedi gweld Picil yn y dafarn. Serch hynny, roedd e'n dal i boeni am ddiogelwch y llygoden Ffrengig.

Poeni am rywbeth arall oeddwn i. Roeddwn eisoes wedi sylweddoli y byddai'r talwrn yn achosi nifer o broblemau imi am na fyddai Wil wrth f'ysgwydd i'm helpu, ac wrth inni gerdded, lleisiais y pryderon hynny.

'Paid â phoeni. Rwyt ti wedi dysgu nifer o gerddi newydd ar gof dros y gaeaf. Beth bynnag fydd y meuryn yn ei gynnig yn destun, mi ddylai fod digon o ddeunydd gen ti i gwrdd â'r gofynion,' meddai Wil.

Roedd Wil yn llygad ei le. Roedd wedi ysgrifennu llu o gerddi ar amrywiaeth eang o bynciau fel cariad, natur, rhyw a natur y ddynol ryw, yn ogystal ag un anwaraidd iawn yn fy marn i, sef teyrnged i'r bidlen. Serch hynny, ro'n i'n dal i boeni y byddai'r meuryn yn cynnig testun na allwn gynnig cerdd arno yn y fan a'r lle.

'Efallai dy fod ti'n iawn, Dafydd. Ond alla i ddim meddwl am unrhyw ffordd o dy helpu os wyt ti ar y llwyfan a minnau yn y gynulleidfa,' meddai Wil wrth inni gyrraedd llecyn tawel wrth yr afon.

Gyda hynny, daeth sŵn chwerthin o ganol y coed, a llais cyfarwydd Iolo Goch. Camodd y ddau ohonom yn dawel drwy'r goedlan am ryw ddeugain llath ac yno gwelsom Iolo Goch a Roberto Boccaccio ym mreichiau'i gilydd. Roedd Roberto'n adrodd llinell o gerdd mewn Lladin: '*quod sicut risus quasi caseus tuoque pene infest.*'

'Dwi ddim yn deall gair rwyt ti'n ei ddweud ond mae e'n swnio'n hyfryd,' meddai Iolo, cyn i Roberto ailadrodd y llinell.

Gafaelais ym mraich Wil a'i dynnu'n ôl. Cerddodd y ddau ohonom ar flaenau'n traed yn ddigon pell i ffwrdd o'r ddau. Meddyliais am oblygiadau'r digwyddiad am ychydig cyn datgan fy meddyliau'n uchel.

'Mi ddwedodd Luigi a Giovanni rywbeth tebyg wrthyn nhw hefyd.'

'Pwy ydyn *nhw*?'

Griddfanais.

'Dere mla'n. Man a man iti ddweud wrtha i er fy mod i'n amau'r gwaethaf,' mynnodd Wil.

Esboniais fy mod wedi gweld a chlywed Giovanni Boccaccio yn adrodd barddoniaeth Ladin i Morfudd yn ei hystafell wely, a bod ei frawd, Luigi, wedi adrodd cerdd debyg i Dyddgu yn y pantri pan o'n i ger drws y gegin yn chwilio am Picil.

'Ond sut allet ti eu gweld nhw yn y pantri o ddrws y gegin?'

'Roedd y ffenest ar agor a gallwn eu gweld yn yr adlewyrchiad.'

Daeth cwmwl dros wyneb Wil. 'Falle y bydde Dyddgu wedi syrthio i 'mreichiau i petai hi'n gwybod fy mod i'n fardd,' meddai.

'Ond os ddwedi di wrthi am dy ddoniau ac am ein trefniant ni mi fydd ein partneriaeth ar ben.'

'Rwy'n gwybod. Dyna'r penderfyniad y bydd yn rhaid imi ei wneud,' atebodd Wil yn dawel.

Gwyddwn fod Wil mewn cyfyng-gyngor a bod yn rhaid i'r meistr ifanc felly sicrhau ei fod yn dod at ei goed.

'Efallai nad barddoniaeth Luigi Boccaccio sydd wedi ei swyno. Mae'n rhaid iti gyfaddef ei fod yn ddyn deniadol iawn,' meddwn. 'Wyt ti'n fodlon rhoi'r gorau i'n trefniant hael a chymryd siawns? Wyt ti'n ffyddiog y bydd dy farddoniaeth yn ennill ei chalon?'

Roedd fy nghymhellion yn rhai hunanol, wrth reswm, oherwydd gwyddwn y byddai fy ngyrfa ar ben petai Wil yn penderfynu datgelu'r cyfan. Rhoddais fy llaw ar ei ysgwydd a gofyn iddo beidio â dweud dim wrth y Bwa Bach a Madog Benfras am anffyddlondeb Morfudd ac Iolo Goch. Yna, yn sydyn, cefais bwl o euogrwydd.

'Ry'n ni wedi cael amser gwych dros y flwyddyn ddiwethaf, Wil, ac mae hynny'n rhannol oherwydd dy dalent di. Mi ddylet ti wneud y peth iawn, hyd yn oed os yw hynny'n adlewyrchu'n wael arna i.'

Bu tawelwch am ychydig yn y goedlan. Yna gwenodd Wil.

'Adlewyrchiad! Dyna'r ateb,' meddai, cyn dechrau cerdded i ffwrdd yn gyflym.

'Ble ti'n mynd?' gofynnais.

'At y *perfumier* yn Aberteifi,' atebodd Wil dros ei ysgwydd. 'Dwi wedi cael syniad.'

IX

Chwalwyd y Ffrancwyr yn deilchion gan y Brodyr Boccaccio yn yr ornest gynderfynol arall y noson honno. Yn ystod y cystadlu cefais fy siomi o weld na allai Morfudd dynnu ei llygaid oddi ar Giovanni Boccaccio a bod Dyddgu'n cau ei llygaid bob tro y camai Luigi Boccaccio ymlaen i adrodd un o'i gerddi. Suddodd fy nghalon ymhellach pan welais Roberto Boccaccio'n wincio'n hy ar Iolo ar ddiwedd yr ornest.

Ond roedd gan Wil a minnau bethau pwysicach i feddwl amdanynt. Cododd y ddau ohonom yn gynnar iawn fore trannoeth, gan gripian yn dawel i lawr grisiau'r dafarn a mynd draw at y llwyfan i aros i'r wawr dorri toc cyn *Prime*. Rhoddodd Wil ddarn o femrwn gyda llinell o farddoniaeth arno ar sedd yn agos i ben un o'r rhesi blaen, lle byddai'r dorf yn gwylio'r ornest. Tynnodd y drych bach roeddem wedi'i brynu yn siop y *perfumier* y prynhawn cynt allan o'i boced a'i roi yn ei geg cyn dechrau dringo un o'r polion oedd yn cynnal y llawr uchaf. Erbyn hyn roeddwn i'n eistedd yn y sedd y byddwn i'n ei defnyddio yn y rownd derfynol yn erbyn yr Eidal y prynhawn hwnnw. Gosododd Wil y drych ar y trawst, a'i symud yn ôl ac ymlaen nes cael yr ongl iawn imi allu gweld y memrwn ar y gadair. Dychwelodd Wil o ben y polyn ac ysgrifennu'r geiriau hyn ar y memrwn: 'Ni feddyliais (drygioni nerthol ei drais) Nad oedd fy wyneb yn deg a da,' mewn llythrennau bras.

Syllais ar y drych ac adrodd y geiriau roedd wedi'u hysgrifennu. Yn y cyfamser roedd Wil wedi ychwanegu, eto mewn llythrennau bras, 'Cyn imi graffu yn glir Yn y drych; dyna beth drwg! Yna dywedodd y drych o'r diwedd Nad wyf wych o wedd.'

Syllais ar y drych eto, gan esgus fy mod i'n edrych i'r nef am ysbrydoliaeth, cyn adrodd y geiriau a welwn yno yn araf.

Clapiodd Wil ei ddwylo.

'Gwych! Mae e'n gweithio. Nawr, symuda draw un sedd at un Iolo i weld beth fydd e'n ei weld,' meddai. Ufuddheais gan syllu ar y drych eto. Y cyfan a welwn oedd adlewyrchiad o sedd arall. Ni fyddai unrhyw un arall yn gallu gweld beth roedd Wil yn ei ysgrifennu ar fy nghyfer.

'Gwych, Wil. Beth all fynd o'i le?' meddwn, cyn neidio o'r llwyfan ac ysgwyd ei law yn wresog. 'Dwi am fynd yn ôl i'r gwely am awr neu ddwy,' ychwanegais.

'Syniad da,' meddai Wil, gan ddechrau fy nilyn.

'Ble ti'n mynd?' gofynnais.

'Dwi angen cwsg hefyd.'

'Ond beth os bydd rhywun arall yn mynd â dy sedd? Na. Bydd yn rhaid iti aros yn y fan a'r lle tan y gystadleuaeth pnawn 'ma, mae gen i ofn. Mi ddof â bwyd a diod iti yn y man,' meddwn, cyn troi am fy ngwely.

X

Roedd fy ngheg yn sych ac ro'n i'n crynu o'm corun i'm sawdl wrth imi gymryd fy lle ar y llwyfan wrth ochr Madog Benfras ac Iolo Goch o flaen y cant neu ragor o bwysigion oedd yn fy wynebu yn y dorf. Gallwn glywed sŵn y mil neu ragor o daeogion y tu allan i'r dafarn hefyd, a oedd yn canu a gweiddi wrth iddyn nhw aros yn eiddgar ar gyfer y rownd derfynol yn erbyn yr Eidal.

Ar yr ochr arall i'r llwyfan eisteddai'r brodyr Boccaccio: Giovanni, Luigi a Roberto. Yn eistedd rhwng y ddau dîm, mewn cadair bren gefnuchel, roedd y meuryn, yr Almaenwr Heinrich Suse.

Edrychais ar Wil, a oedd yn eistedd yn ufudd yn y gadair y gadewais ef ynddi y bore hwnnw. Roeddwn wedi gwneud yn siŵr ei fod wedi cael digon o fwyd a gwin, a bod ganddo badell i biso ynddi pe byddai angen yn ystod y talwrn. Gwelais ei fod wedi ysgrifennu rhywbeth ar y memrwn yn barod ac wedi'i roi ar ongl ar ei gôl.

Cymerais gip slei ar y drych a gweld y geiriau 'Pob lwc'. Gwenais arno.

Gallwn glywed y crïwr tref Harri ap Niclas yn trafod y gystadleuaeth uwch fy mhen ar y balconi ar gyfer y taeogion y tu allan i'r dafarn gydag Alun ap Malcolm.

'Beth yw gobeithion Cymru heddiw, Alun?' bloeddiodd Harri ap Niclas.

'Mae rhai o feirdd gorau Ewrop wedi dod o Gymru dros y canrifoedd. Aneirin, Taliesin, Llywarch Hen. Ry'n ni wastad wedi cael beirdd unigol da fel y Cawr Mwyn, Aneirin, ond dyma'r tro cyntaf inni gael tri sydd yn eu blodau yn y tîm ar yr un pryd fel hyn. Mae'n drist am anaf Gruffudd Gryg ond mae'r *wunderkind* Dafydd ap Gwilym wedi cael y cyfle mae'n ei haeddu. A chyda phartneriaeth brofiadol, agos, Madog Benfras ac Iolo Goch, dyma dîm fydd yn glynu gyda'i gilydd tan y diwedd. Am dîm, Harri!' sgrechiodd Alun ap Malcolm yn llawn hyder.

Ond ni fyddai wedi lleisio'i farn mor hyderus petai'n gallu clywed y ffrae *sotto voce* rhwng Iolo a Madog yn fy ymyl ar y llwyfan.

'Am y tro olaf, ble oeddet ti drwy'r pnawn ddoe?' clywais Madog yn sibrwd yn chwyrn drwy ochr ei geg.

'Es i am dro i'r goedlan ger yr afon,' sibrydodd Iolo yr un mor chwyrn.

'Ar ben dy hun?'

'Dyw e'n ddim o dy fusnes di.'

Sgyrnygodd Madog cyn pwyso ar draws Iolo a gofyn i mi, 'Oes ots 'da ti newid lle gydag Iolo? Mae e'n drewi o olewydd a ffigys a *grappa*,' meddai'n chwerw.

'Beth wyt ti'n ei awgrymu?' ysgyrnygodd Iolo.

'Ti'n gwybod yn iawn, Iolo Goch, neu a ddylwn i dy alw'n Giuseppe Vivaldi!'

'Dwi'n hapus iawn fan hyn, diolch, Madog,' atebais innau.

'Nid gofyn ydw i, ond gorchymyn! Fel y pencerdd dwi'n mynnu dy fod ti'n symud,' taranodd Madog.

Ond er rhyddhad mawr i mi bu'n rhaid i Madog roi'r gorau i'w ymdrechion oherwydd cododd y meuryn, Heinrich Suse, ar ei draed a chyhoeddi bod y gystadleuaeth ar fin dechrau. Byddai'r capteiniaid, Madog Benfras a Giovanni Boccaccio, yn cynnig ccrdd bedair llinell yr un ar y pwnc 'Tymestl'. Gyda hynny, gafaelodd y meuryn yn yr amserydd tywod a'i droi wyneb i waered.

Wna i ddim diflasu'r rheiny ohonoch nad ydych yn ymhyfrydu mewn barddoniaeth drwy adrodd am bopeth a ddigwyddodd yn ystod yr ornest y prynhawn hwnnw. Yr uchafbwyntiau amdani felly.

Gweithiodd fy nghynllun i a Wil i'r dim a llwyddais i drechu Roberto a Luigi Boccaccio yn ein heriau benben, yn ogystal â helpu i ennill pob un o'r rowndiau tîm. Serch hynny, cafodd ffrae Iolo a Madog effaith fawr ar eu perfformiad. I wneud pethau'n waeth, roedd y ddau'n twt-twtian a mwmial dan eu gwynt bob tro y byddai'r llall yn colli rownd. Dwi ddim yn un i frolio, fel y gwyddoch erbyn hyn, ddarllenwyr triw, ond fy ymdrechion glew i a lwyddodd i'n cadw yn y gystadleuaeth.

Gydag un rownd yn unig ar ôl, felly, a minnau'n mynd benben â Giovanni Boccaccio yn honno, roedd y sgôr yn gyfartal. Cododd Heinrich Suse ar ei draed a chyhoeddi mai'r pwnc fyddai cerdd chwe llinell ar 'gariad ffug'. Trodd yr amserydd ben i waered eto. Eisteddais yno, gan esgus edrych i'r nef am ysbrydoliaeth yn ôl fy arfer.

Ond y tro hwn doedd dim ysgrifen yn y drych. Edrychais yn wyllt ar y gadair lle roedd Wil yn eistedd. Ond doedd e ddim yno. Troais fy mhen a syllu ar Giovanni Boccaccio. Gwelais ei wefusau'n symud yn gyflym wrth iddo feddwl am ei gynnig.

Roedd fy ngwefusau innau'n symud hefyd, ond crynu mewn ofn oedd fy rhai i. Eisteddais yno, wedi rhewi yn fy sedd. Yna, teimlais benelin Iolo Goch yn fy asennau. Troais a gweld bod y tywod wedi cyrraedd gwaelod yr amserydd. Roedd hi'n bryd i Giovanni Boccaccio a minnau godi ar ein traed. Adroddodd Giovanni Boccaccio ei gerdd a chael sgôr o naw gan Heinrich Suse.

'Mae'n rhaid i Dafydd sgorio deg allan o ddeg er mwyn inni ennill,' clywais y Bwa Bach, a eisteddai yn y rhes flaen brin lathen i ffwrdd, yn dweud wrth Morfudd. 'Mae'r Eidalwyr wedi ennill mwy o rowndiau oherwydd perfformiad gwael Madog ac Iolo. Ond paid â phoeni, Morfudd, dyw Daf ddim wedi sgorio llai na naw hyd yn hyn.'

Ond doedd gen i ddim i'w gynnig. Ni allwn gofio yr un gair o unrhyw gerdd roedd Wil (a minnau) wedi eu hysgrifennu dros y gaeaf. Trodd Heinrich Suse ataf a gofyn am fy nghynnig. Gwyddwn ei bod hi ar ben arnaf, ac yn waeth na hynny, roedd hi ar ben ar fy ngwlad, ac yn waeth na hynny hyd yn oed, roedd hi ar ben ar fy ngyrfa.

XI

Mae'n flin gen i amharu ar y foment dyngedfennol hon, ond yn ôl Wil mae'n bwysig cadw tensiwn mewn naratif. Felly rwyf am gymryd y cyfle hwn i esbonio absenoldeb Wil ar adeg mor argyfyngus.

Yn ôl Wil, mi welodd Picil yn rhedeg allan o dan draed nifer o wylwyr yr ornest. Ar y pryd roedd Madog a Roberto Boccaccio wrthi'n herio'i gilydd yn y rownd olaf ond un.

Bu'n rhaid iddo wneud penderfyniad sydyn; naill ai aros i'm helpu i neu geisio achub ei anifail anwes. Teimlai'n sicr fod ganddo ddigon o amser i wneud y ddau beth. Rhoddodd ei femrwn ar ei sedd a rhuthro ar ôl y llygoden Ffrengig, oedd newydd sgathru allan drwy'r drws. Gwelodd y creadur yn neidio i mewn i'r domen. Heb oedi, neidiodd Wil i ganol y domen ar ei hôl i geisio dal ei chynffon. Ond pan gododd Wil ei ddwylo o'r domen, nid cynffon llygoden oedd ynddyn nhw ond pâr arall o ddwylo, sef dwylo Beda Ddoeth ei hun. Ac yn eistedd yn y cwpan roedd Picil.

Sylweddolodd fod y crair a Picil wcdi syrthio allan o ysgrepan y lleidr Owain ab Owen pan gwympodd hwnnw i'r domen wrth iddo ddianc o'r dafarn. Yn ôl Wil, roedd e'n hollol grediniol fod y llygoden Ffrengig wedi wincio arno, a hynny ar yr union eiliad pan glywodd floedd uchel. Dyna pryd y cofiodd ei fod wedi gadael ei sedd.

'Pan glywais y dorf, suddodd fy nghalon am nad o'n i yno i dy helpu,' meddai wrthyf yn ddiweddarach y noson honno, heb lawer o arddeliad yn fy marn i.

Mae'n wir nad Wil oedd yr unig un oedd yn y cachu ar y foment honno. Roedd y meistr ifanc hefyd ynddo o'i gorun i'w sawdl.

Yn ôl at hynny, felly.

Fel y gwyddoch eisoes, roedd y meuryn, Heinrich Suse, yn aros imi gyflwyno fy nghynnig chwe llinell am gariad ffug. Syllais ar y Bwa Bach, cyn troi a syllu ar Madog ac Iolo, yna ar Dyddgu, a safai ger drws y gegin. Yn olaf syllais ar Morfudd. Astudiais ei hwyneb. Roeddwn wedi aberthu cymaint dros y misoedd diwethaf er mwyn ceisio ennill ei chalon.

Ond doedd hi ddim yn cdrych arna i. Edrychai'n daer ar Giovanni Boccaccio. Cofiais am Giovanni'n adrodd llinell i Morfudd. Wfft i'n perthynas ysbrydol, meddyliais. Yna cofiais linellau Luigi Boccaccio i Dyddgu, a'm hatgoffodd o eiriau Roberto Boccaccio i Iolo Goch.

Roedd fy Lladin yn eithaf da. Wedi'r cyfan, roeddwn wedi astudio gweithiau Ofydd gyda'm hewythr Llywelyn yn ystod fy llencyndod, ac wedi treulio oriau di-rif yn dysgu'r iaith dan oruchwyliaeth yr abad Clement ap Rhisiart yn Ystrad Fflur. Gwyddwn felly fod y tri darn a glywais yn debygol o fodloni gofynion y pwnc dan sylw.

Cymerais gam ymlaen, ac ynganu'r geiriau, '*Tum podex*

carmen extulit horridulum, Quam pulchra es sicut venti qui ex tuo naturale exeunt, Quod sicut risus quasi caseus tuoque pene infest.'

Bu tawelwch llethol yn yr Hen Lew Du am ychydig. Yna cododd y meuryn, Heinrich Suse, a rhoi ei farciau. Cefais ddeg allan o ddeg.

Aeth y lle'n wyllt. Ar y balconi bloeddiodd Harri ap Niclas, 'Mae ap Gwilym wedi mabwysiadu techneg yr Eidalwyr a'i defnyddio yn eu herbyn. *Catenaccio* a hanner, Alun! Ydi hynny'n gyfreithlon?'

'Yn hollol gyfreithlon, Niclas! Hollol gyfreithlon. Mam fach, mae'r boi 'ma'n wyrthiol. Mae'n giamstar nid yn unig yn ei iaith ei hun ond mae wedi llunio cerdd yn iaith y gwrthwynebwyr. Am fardd, Harri! Am fardd!' atebodd Alun ap Malcolm.

Erbyn hyn roedd Madog, Iolo a'r Bwa Bach wedi fy nghodi ar eu hysgwyddau. Ar hynny rhuthrodd Wil i mewn i'r dafarn. Roedd yn dal crair Beda Ddoeth yn ei ddwylo ac roedd Picil yn eistedd ar ei ysgwydd. 'Daeth picil o hyd i'r cwpan! Mae'n ddieuog,' meddai, gan daflu'r tlws i fy mreichiau. Fe'i daliais a'i godi'n orfoleddus i'r awyr.

XII

Roeddwn i, Wil (gyda Picil ar ei ysgwydd), y Bwa Bach, Morfudd, Dyddgu, Madog Benfras ac Iolo Goch yn eistedd o amgylch bwrdd yng nghegin yr Hen Lew Du yn cael diod yn hwyr y noson honno. Gyda ni roedd y meuryn, yr Almaenwr Heinrich Suse, a oedd, yn wahanol i bawb arall, yn yfed dŵr. Roedd y Bwa Bach yn feddw gocls erbyn hyn.

'Dere mla'n, Dafydd achan, beth am inni gael cyfieithiad Cymraeg o'r gerdd enillodd y gystadleuaeth,' meddai.

'Mi fyddai'n well gen i beidio,' meddwn.

Edrychais ar Morfudd, Dyddgu ac Iolo yn eu tro. Mi wydden nhw'n iawn fy mod wedi defnyddio'r llinellau a adroddwyd iddynt dros y dyddiau diwethaf.

'Falle ddylai'r meuryn ei hun esbonio,' ychwanegais.

Amneidiodd hwnnw â'i ben. 'Yn fras, mae'r darn cyntaf yn dweud bod y fenyw benddu mor brydferth â'r gân fach anweddus sy'n dod o'i thin.'

Daeth cwmwl dros wyneb Dyddgu wrth iddi gofio geiriau ffug Luigi Boccaccio. Aeth Heinrich Suse yn ei flaen.

'Mae'r ail ddarn yn dweud bod y fenyw benfelen mor brydferth â'r arogl drwg sy'n dod o ran benodol o'i chorff. Y rhan isaf ar hynny.'

Daeth cwmwl dros wyneb Morfudd wrth iddi hithau gofio geiriau ffug Giovanni Boccaccio.

'Ac mae'r darn olaf hyd yn oed yn well. Mae'n sôn am dyfiant cawsaidd penodol iawn ar ...' dechreuodd Heinrich Suse, cyn i Iolo ymyrryd.

'Diddorol iawn. Dwi am gynnig llwncdestun ... i Gymru!' bloeddiodd.

Cododd pawb eu diodydd a gweiddi, 'Cymru!'

Sylwais fod Madog Benfras yn syllu'n daer ar Iolo. Gwyddwn y byddent yn siŵr o ailadeiladu eu perthynas. Wedi'r cyfan, byddent am drafod codiad cyflog gyda Morfudd a'r Bwa Bach, nawr eu bod yn Bencampwyr Ewrop.

Troais at Wil, a oedd yn syllu'n gariadus ar Dyddgu. 'Mi wnei di ennill ei chalon ryw ddydd, Wil,' meddwn wrtho'n dawel. Gyda hynny, ncidiodd Picil oddi ar ysgwydd Wil a rhedeg at ddrws y dafarn lle roedd llygoden ffyrnig arall yn eistedd.

'Mae'n amlwg bod un ohonon ni wedi cael cariad, ta beth,' meddai Wil, a chwifio'i law dde i ffarwelio â'i gyfaill.

'Dere mla'n, ry'n ni'n bencampwyr Ewrop nawr, Wil,' meddwn, gan arllwys mwy o win i'w gwpan.

'Hefyd, syr, ni yw enillwyr cwpan Beda Ddoeth, neu Gwpan y *Bede* fel fydde'r Saeson yn dweud,' meddai Wil, a chodi'i fraich yn fuddugoliaethus.

Dyna pryd y sylwais i fod gan Wil bloryn bach o dan ei gesail chwith.

'Beth yw hwnna?' gofynnais, gan bwyntio ato.

'Ro'n i ar fin gofyn am yr un sydd gennych chi,' meddai Wil.

Edrychais o dan fy nghesail, ac yn wir, roedd gen innau bloryn tebyg.

A dyna pryd y gwnaeth y ddau ohonom disian ar yr un pryd.

'Gwich, gwich,' meddai Picil ger y drws, cyn troi a rhedeg mewn hapusrwydd heintus ar ôl ei gariad.